SGビジネス双書

Qualitative Consumer and Marketing Research

消費者理解のための
定性的マーケティング・リサーチ

ラッセル・ベルク／アイリーン・フィッシャー／ロバート・V・コジネッツ［著］
松井　剛［訳］

［発行所］碩学舎　［発売元］中央経済社

日本語版へのまえがき

同僚のアイリーン・フィッシャーとロバート・コジネッツとともに、『消費者理解のための定性的マーケティング・リサーチ』日本語版が出版されることを喜んでいます。松井剛教授と松井ゼミナールの学生諸君に翻訳の労をとっていただいたことに心より感謝しています。本書によって、定性的方法を活用した学術調査や企業調査がより活発になることを願ってやみません。

「ビッグデータ」やスキャナーデータ、インターネットデータといった定量データが至るところに見られるようになったという事実には、ある種の皮肉が見いだせます。むしろ、消費者や市場に関する定性データへの需要がずば抜けて高まっているのです。消費者がどのように考えて感じているのか、どのように作用し合っているのか、またオンラインや現実世界において、消費にまつわる意味を共創することにどのように熱中しているのか。定量的なトレンドやリレーションシップでは、こういったことへのインサイトを得ることができないからこそ定性データへの需要が高まっていると、私たちは強く感じています。

産業界、学界の双方において、消費者や市場についての定性調査が劇的に増えています。産業界では、世界有数の消費財企業の多くが、消費者を研究するために消費人類学者をスタッフとして抱えています。北アメリカ、ヨーロッパ、アジアでは、定性消費者調査の実務家のためのカンファランスが開催されています。そして、エスノグラフィー、ネトノグラフィー、ビデオグラフィーの調査サービスを産業界に提供することに特化した調査会社が多くあります。インターネットによって、消費者と市場に関する定性調査の新たな調査機会が増えたため、この種の需要に応える組織が多数あります。

学界では、2005年以来、消費文化理論カンファランス（Consumer Culture Theory Conference）が毎年開催されるようになり、またそれに続いて消費文化理論コンソーシアムが立ち上がり、定性的消費研究が大きく花開いています。カンファランスは、これまでヨーロッパと北アメリカの双方で交互に開催され、（最近では300名を超えているように）毎年、参加者が増えています。またフェイスブックのグループには何千人も参加しています。消費者と市場に関する定性調査をビジネス専攻の学生に教育する動きは迅速であり、ヨーロッパ、北アメリカ、アジア、南アフリカ、オーストラリアでは博士課程の学生のための国際セミナーが開催されています。こうした方法を使ったジャーナル論文の数はまだ多くないものの、近年の調査によれば、被引用件数によって測定すると、最もインパクトがある論文は定性調査に基づいたものです。

皆さんも本書を読めば、消費者と市場に関する定性調査を日本で主導する動きの一部を担うことになるでしょう。日本で定性消費調査のプレゼンスが高まるのは、私たちにとって非常に勇気づけられることであり、いつか皆さんにお会いできればと思います。それまでに、本書で紹介されたテクニックを使ってみたり、自分で新しい定性調査法を発展させたりすることを皆さんに期待します。

ラッセル・ベルク（ヨーク大学）

◎目　次

日本語版へのまえがき　i

第1章　イントロダクション　1

1　導入エクササイズ　2
2　定性調査と定量調査はどこが違うのか？　4
3　なぜ定性調査は有益なのか？　7
4　なぜ今、定性調査を学ぶことが大事なのか？　9
5　マーケティングにおける定性調査：略史　12
(1)　産業界における定性的市場調査の発達・12
(2)　学界における定性調査の進化・15
6　本書の概要　19

第2章 はじめてみよう：定性調査プロジェクトの始め方 25
1 リサーチ・クエスチョンと経験的現象の選択 27
2 調査トラディションの中に位置づけてみる 32
3 データ収集計画と調査トラディションをマッチングさせる 41

第3章 深層インタビュー 49
1 インタビューの準備、インフォーマントの募集、場の設定 51
2 会話としてのインタビュー 55
3 フォーカスグループ 65
(1) フォーカスグループのメンバー募集・66
(2) フォーカスグループの準備と運営・67
(3) フォーカスグループを使う場合、使わない場合・68
(4) フォーカスグループから得られたデータの分析・68
4 投影法 70
5 要約：深層インタビューと投影法 85

第4章　エスノグラフィーと観察法　89
1　観察の原則　90
2　エスノグラフィーについて　97
3　エスノグラフィーをする　106
4　実際の例　107
(1) 絆づくり、没入（immersion）、参加・109
(2) フィールドノーツを書く・111
(3) 観察型インタビュー・118
(4) 観察調査においてビデオグラフィーやカメラや監視カメラを使うこと・121
(5) ネット上での観察と流行予測の技法・126
(6) 歴史的アーカイブ、考古学、人工物に関する観察の調査・131
(7) 観察法の強みと制約：簡単な要約・138
第5章　オンライン上の観察とネトノグラフィー　143
1　データマイニング　145
2　データマイニングとは　147

3 オピニオンマイニング……153
4 社会ネットワーク分析……161
5 社会ネットワーク分析に向けてのデータ収集……163
6 ネトノグラフィー入門……165
7 ネトノグラフィーでのデータ収集……169
8 オンラインデータのキャプチャーと収集の基本原則……176
9 ネトノグラフィーのデータ収集のための準備……178
10 データ収集とデータ分析ソフトウェアの選択……184
11 オンラインインタビュー……185
12 要　約……188

第6章 データ収集のための道具……189
1 録　音……191
2 写真撮影……199
3 動画撮影……204
4 調査対象者が生み出すマテリアル……208

5　ローテクデータとハイテクデータ収集のためのその他の道具……211
6　結　論……215

第7章　学術調査のためのデータ分析・解釈・理論構築のアプローチ……217
1　データ分析……219
(1) リサーチ・クエスチョンとコーディング・226
(2) 先行文献とコーディング・227
(3) 調査トラディションとコーディング・228
2　解釈と理論構築……233
(1) バリエーションを見つける・233
(2) コード間の関係を見つける：現象の要素、プロセス、結果・236
3　既存の理論パースペクティブを利用する……244

第8章　実務家のための分析・理論・プレゼンテーション……249
1　実務での意思決定のための定性調査……250

2　実務に焦点を合わせたデータ分析・解釈の進め方……262
3　実務向けの市場分析のための12のガイドライン……267
4　実務向けの分析の質の評価……277
5　定性的消費者調査・市場調査を実務家にプレゼンテーションする……282

第9章　プレゼンテーション・公開・共有……287

1　目指されること……289
(1)　目標の1つ：人々の感情を動かす・289
(2)　もう1つの目標：納得してもらう・291
2　共有するものを創る……296
(1)　先行文献と理論の役目・296
(2)　面白さについて・297
(3)　定性調査のプレゼンテーションに含まれるべき内容とは・302
3　学術ジャーナルで論文を出版する……306
(1)　発表媒体を選択し投稿論文を準備する・306
(2)　査読者とエディターへの対応・309

4 結　論……315
第10章 最後に……317
訳者あとがき・331
参考文献・361
索　引・365

著者について

ラッセル・ベルク（Russell Belk）は、ヨーク大学シュリック・ビジネススクールのクラフトフーズ・カナダ・マーケティング担当チェアである。マーケティング・開発国際学会（International Association of Marketing and Development）の会長職を務め、現在フェローである。消費者行動オデュッセイア（Consumer Behavior Odyssey）と消費文化理論カンファランス（Consumer Culture Theory Conference）は定性的消費研究において重要な2つの重要なイベントであり、彼はこれらの創始者の1人である。長年に渡る消費研究への貢献に対して、ポール・D・コンバース賞とシェス財団／『ジャーナル・オブ・コンシューマー・リサーチ』賞を受賞している。

アイリーン・フィッシャー（Eileen Fischer）は、ヨーク大学シュリック・ビジネススクールのマーケティング教授であり、マックス・アンド・アン・タンネンバウム起業家精神および家族企業担当チェアである。米国経営学会（Academy of Management）の起業家精神部門のチェアを務めた。研究上の関心は、起業家精神から消費者行動まで多岐に渡る。現在、『ジャーナル・オブ・コンシューマー・リサーチ』と『ジャーナル・オブ・ビジネス・ベンチャーリング』のシニア・エディターを務めている。

ロバート・V・コジネッツ（Robert V. Kozinets）は、マーケティングの教授であり、ヨーク大学シュリック・ビジネススクールのマーケティングエリアのチェアである（訳者注：2016年に南カリフォルニア大学に移籍した）。80以上の研究業績があり，その中には，マーケティング領域のトップジャーナル掲載の論文，教科書，2つの書籍が含まれる。現在，『ジャーナル・オブ・マーケティング』と『ジャーナル・オブ・リテイリング』のシニア・エディターを務めている。ネトノグラフィーの創始者である。

第1章

イントロダクション

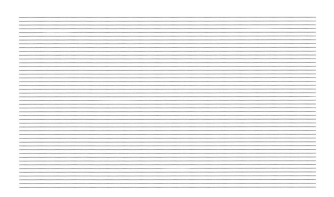

1 導入エクササイズ

21世紀のロンドンにおいてグリーティングカードに見られる意味の変化を知りたいとしよう。あなたがとりわけ関心があるのは、次のようなものである。ネットユーザーであり、社交的であり、求職中あるいは新しいキャリアを始めようとしている18～30歳の若い独身というセグメントが、グリーティングカードにどのような意味を見出して、どのように使っているのか。あなたはeカードがますます人気になってきていることを知っているが、このターゲットセグメントの若者たちにとって、eカードと従来の紙のカードが両方とも時代遅れだと感じているのかどうか知りたい。また、グレーターロンドン（訳注：イギリスの首都圏）は文化的に多様化しており、たくさんのエスニシティやサブカルチャーによって構成されていることもあなたは理解している。この疑問に対する答えは、カードの贈り主と受け取り主との関係性や、贈る状況によって変化する。どのような方法で、この疑問に答えようとするのか？　次の手法を用いて、少なくとも1つの調査方法を考えてほしい。

- オンライン上でのサーベイ調査
- フォーカスグループでの議論（訳注：グループインタビューのこと）
- 観察調査
- 個人への深層インタビュー
- オンライン上のフォーラム、ディスカッション・グループ、ソーシャルメディアへの調査
- オンライン・グリーティングカードの利用登録者の記録

どのように調査を実施するのか、何を観察し、何を質問して、何を分析するのか、ということを細かく考えてみよう。もし上の6つの手法のうち1つだけ選べるとしたら、どれを選ぶだろうか？　もし右にあげた6つの手法のうち3つだけ選べるとしたら、それをどのような順番で用いるだろうか？　これらの調査をどのようにして実行して活用するのか書き出してみよう。本書を読み終えるか、かなり読み進めた段階で、書き出した内容を読み直して、今行ったこのエクササイズについて、その時にどう思うのかを考えて欲しい。後に続く章を読み、そこにあるエクササイズをすることで、調査についてのあなたの考えはきっと変わっているだろう。

本書には、かなりはっきりした目的が1つある。それは、定性調査のスキルを高める手助けをすることである。私たちの目的は、読者にとって価値がある実践的なアドバイスを提供することにある。新人の研究者や実務家、（産学の）既に定性的手法を使い始めている人、さらに上手く使いこなしたい人を問わず、役に立つアドバイスをしたい。

これに加えて、本書にはより野心的な目的もある。（新製品のためのコミュニケーション戦略を策定することと、学術ジャーナルに論文を発表することの目的が違うように）目的の違いに応じて行われる様々な定性調査のどこが同じでどこが違うのかについて、より深い理解を広めたい。現実のビジネスに関わる定性調査を行っている人には、効果的な調査のためのガイドラインを強調したい。学術ジャーナルや書籍での出版を目指し定性調査を行っている人には、消費者や市場やマーケティングを調査している研究者たちが進化させてきた様々なトラディション（訳注：研究の流派のこと。第2章参照）を紹介したい。研究者や企業の調査者がどのトラディションを採用するかによって、違うタイプのデータを収集したり、理論構築のために違う分析方法を用いたりするだろう。理論そのものの性質自体もコンテクストに応じて変化する。だから、より良い定性調査をする手助けをするという本書の直接的な目的を果たそうとするなら、実施したい調査の目的の違いにこだわる必要がある。

2　定性調査と定量調査はどこが違うのか？

私たち著者の目的を達成する第一歩として、はじめに私たちが考える定性調査と定量調査の違いを見てみよう。まず両方の共通点を指摘しよう。「すべての」調査は解釈的（interpretive）であると私たちは考える。これは、定量的な観察から見いだされた関係についてのパターンを解釈することでも、会話や文章やイメージや行為において繰り返しみられるパターンを解釈することでも、同様である。したがって私たちは、解釈的であることが定性調査と定量調査を区別するとは考えない。では、何が違うだろうか？　表1・1で、ここで議論している基本的な相違点がまとめられている。他の細かな相違点については、後の章で詳しく明確にするし、また、Sherry and Kozinets（2001）が議論している。

定量データよりも豊富かつ詳細なデータを扱う

定性調査の顕著な特徴は、定量化されていないデータの分析が主だったものであるということである。だからといって定性調査者が、自分の分析のある側面を裏付ける数字を一切示さない、というわけではない。むしろ裏付けとして数字を含めるのはまったく問題がない。しかしながら、定性調査の主要な貢献は、統計的に比較と対照が可能な尺度化された変数や二値変数に概念を還元することにあるわけでない。こうした統計的なやり方は、理解したい行動を適切に測定できるという仮定に基づいている。むしろ、定性調査は、興味がある現象についての詳細かつ細やかな観察と解釈に基づくものである。これを実現するためには、写真や言葉、あるいは両方を使って、概念を深く説明することにこだわる必要がある。

表1・1　定性調査と定量調査の違い

	定性調査	定量調査
データの性質	視覚と言語に基づいて詳細に記録する。	反応を数値のかたちにする。
コンテクストとの関連性	一般に、結果は、特定の時間、場所、人、文化に特有であると考える。	一般に、結果は、コンテクストや文化とは無関係で、一般化されると考える。
潜在的な要因の性質とコントロール	観察と議論の対象となる行動を形成する多様な要因を、ありのままに描き出すことが理想とされる。	理想的な状況がコントロールされており、シンプルな因果推論を可能にすべく、変数は操作化もしくは尺度化されている。
調査道具として重要なもの	調査者自身が調査道具であり、信頼に基づいた洞察を得るために、対人スキルとラポール（訳注：調査相手と築く信頼関係のこと）が用いられる。	調査者の存在は調査相手からは極力見えないようにして、構造化された尺度や選択肢に対する反応に依存する。

コンテクストから離脱するのではなく、コンテクストと融合する

定性調査を区別するもう1つの特性は、コンテクスト（訳注：抽象的なことではなく、個別具体的な出来事のこと）と融合する（contextualized）ことである。定性調査では、データが収集されているコンテクストに見られる様々な特徴、すなわち文化、社会、制度、時間、個人、人間関係などを含むすべての特徴を考慮の対象とする。定性調査はコンテクストと融合するだろうが、実際は、様々なコンテクストから定性調査のデータが収集されている。そのため解釈において強調されるのは、時間と場所を超えて、どこまで一般化可能か、ということである。通常、定性調査では、データはひとつのコンテクスト、あるいはごく狭い範囲の複数のコンテクストから集められることが多い。そのため定性調査者は、興味を持っている現象に対して、調査しているそのコンテクストがどのような意味を持つのかを理解しようと努めている。理論的な主張や実務的なインサイトは、そのコンテクストの特徴に基づいた定性データ分析

から生み出される。そのため、定性調査者は、調査のコンテクストから得られた発見事実を応用することができる領域は限られていると考える。例えば、私たちの学部の博士課程の学生マンディー・アーリーは、ニューヨーク市の「ウォール街を占拠せよ」（Occupy Wall Street）運動に参加している活動家について調査している。観察とインタビューを通じてデータ収集がなされる時間と場所という制約があるので、別の時間と場所で行われている占拠運動について一般化することは難しい。

操作するのではなく、ありのままに観察する

3番目の特徴は、定性調査がインタビューや観察を伴う場合、実験室のように調査者によって操作される場面で調査が行われるのではないという点である。定性調査は、人々が生活をし、働き、遊び、商品を買いそして単に時間を過ごしている場面の中でしばしば行われる。例外があるものの、定性調査の世界では、日常的な認知や行動を形成する状況下で人々を観察したり彼らと相互作用を試みたりすることが一般的である。この「本来の場所で」（in situ）という定性調査の特徴のおかげで、日常生活での事柄を当たり前と感じる人々からは容易には伝達されることのないインサイトを得られる。そしてそのことが意味するのは、定性調査において、実験対象となる人々が考えを明瞭に表現することができない、ということである。例えば本書の著者の一人（アイリーン）は、企業家が投資家とコミュニケーションする際にツイッターをどのように利用するのかを観察している。まず彼女は、コミュニケーションにツイッターを使う理由と方法について企業家が明言していることをインタビューした。現在の時点で彼女の分析は、数名の企業家がしたツイートに見られる周期的なパターン（かなり感情的な言葉遣いを使うなど）を示している。これらの感情が含まれたツイートは、ただインタビューするだけの調査では予期されなかったことであろう。そしてコーポレート・コミュニケーションに基づいたソーシャルメディアに関する操作された実験で

は、感情的な言葉遣いの多様性が存在するとは考えられなかったであろう。他の定性調査と同様にこのプロジェクトでも、実際の行動を観察するというありのまま（naturalism）に見ることが定量調査では見逃していたインサイトを得ることを可能にしている。

データと距離を置くのではなく、調査者自体がデータ収集のための道具となる

定量調査と定性調査の最後の相違点は、データと調査者の関係である。定量調査では、調査者が収集されるデータに影響をできるだけ与えないよう細心の注意を払いながら質問票などを作成する。一方、定性調査では、調査者こそがデータ収集の際の主要な道具である。ある状況で生じていることを聞いたり見たりするスキル、その状況に深く没入する前には思いも付かなかった質問を投げかけるスキルと同様に、調査相手との信頼関係を築き上げるスキルを調査者が持つことは、定性調査のプロジェクトの成功には重要である。多くの定量調査に見られる不干渉的かつ間接的なアプローチとは違い、定性調査をする者は、調査されるコンテクストと深いつながりを持ち、そして調査対象となる人々との関係を築く。

3　なぜ定性調査は有益なのか？

私たち3人は、定量調査がもたらすインサイトに大きな敬意を払っている。しかし、関心のあることを理解するために、職業人生のほとんどを定性的手法に費やしてきた人がいることから分かるように、定性調査には計り知れない価値があると私たちは確信している。定性調査は、消費者や市場が「どのように」動き、「なぜ」そのような動きが起こるかについて独自のインサイトをもたらすからである。

例として、クリスマスでのギフト購入を考える。それがどのように行われ、なぜカップルなど家庭の多くでは、女性がこの役割を果たさなければならないのか特に理解しようとしているとしよう（Fischer and Arnold 1990）。定量的アプローチは、家族1人ひとりがいくつギフトを購入したのか、成人はその購入にどのくらいの時間を費やすのか、ギフト1つ当たりにいくら費やすのか、他の人へのギフトに対して自分へのギフトをいくつ買うのか、といった変数の測定に非常に優れている。また、社会心理学的変数（性役割に対する態度や性アイデンティティなど）と特定の購買行動の間に見られる関連性のパターンを調べることにも優れている。

一方で、定性調査は、購買活動に意味を与えるような文化的な言説や市場で信じられていることを特定することに役立つ。まず北アメリカでは、家族を気遣い家族の絆を永続させるという女性化された役割の延長として、クリスマスのギフト購入が社会的に構築されてきたことを定性調査によって理解することができる。また、12月25日までの数週間でピークに達するクリスマス商戦での買い物を楽しむ人、クリスマスの買い物が引き起こす山のような仕事を恐れる人、ギフト選びを1年の日課に組み込もうとする人など、様々な人から語られる様々な経験を理解することにも定性調査は役立つ（Fischer and Arnold 1990）。

また、これらに加えて消費者がギフトを贈りにくい人について触れたとき、それが何を意味しているのか理解したり、また、ギフトを贈ることで特定の望ましい社会的役割を果たすことができたりする場合、消費者はギフトを贈りやすいと感じるということを理解する助けにもなる（Otnes et al. 1993）。

この例が示しているように、定量的な調査方法は、定性的な調査方法に優れているわけでも劣っているわけでもない。クリスマスに「対処」することに神経をすり減らす女性を助けようとしているマーケターの立場からであろうが、性別による労働分担における持続的な傾向を理解しようと試みている研究者の立場からであろうが、日常における複雑な現象のこととなると、定性的な手法と定量的な手法は互いに貴重であり補完しあうものである。

4 なぜ今、定性調査を学ぶことが大事なのか？

実務家であれ研究者であれ、定性的な市場調査に取り組む人にとっては、定性調査のスキルを身に付けて洗練させることに時間を割くのが最も重要だと思っている。ここまで断定できる理由はいくつかある。

まず1つ目に、定性的手法が効果的に適用されるコンテクストが急増していることが挙げられる。特に、オンライン上で消費者やマーケターが関わる活動が急増している。それがソーシャルメディアのサイトを用いたネットワーク作りであれ、オンライン市場での為替取引であれ、会社のウェブサイトを通じての不平の訴えの処理であれ、そこには、定性的なデータを収集できる場であったり、消費活動に対する新たなインサイトを得たりマーケティングが行われたりする場など、豊富な新しいコンテクストの存在がある。このような新たな調査コンテクストの激増に関連する要因として、より経済的に発展をしている国々、いわゆる昔の「第一世界」の外の国々のコンテクストを調査する必要性を、より多くの人が認識し始めていることが挙げられる。そしてなによりも定性的な手法は、以前は見過ごされてきた文化的コンテクストにおいて、あるいは大きく異なる文化的コンテクスト間を超えて、消費者やマーケティングに関する現象を観察するのに、より適しているのだ。

2つ目に、定性調査に熟練した人々のインサイトは大きな利益をもたらしうるという認識がマーケティングの実務家の間で高まってきていることが挙げられる。その腕利きたちが依頼する定性調査の種類は多岐に渡っており、従来のフォーカスグループや、文化的背景を考慮したエスノグラフィックなインタビュー、ネトノグラフィー、パントリー調査（訳注：食器や食品などを貯える小部屋の中身を調べること）、購買に付き添う調査など、他にも様々ある。詳しくは第4章、第5章、第8章で述べる。同時に、彼らが依頼する調査の質を判断する基準は、要求が多く厳しいものであり続けている。定性調査サービスの提供者は、依頼元のやり方に合わせながらも、新たな技法をいつも取り込みながら、データ収集を行う必要がある。また、技術やデータソースにかかわらず、実務の意思決定に役に立つ解釈を提供しなくてはならない。実際は、多くの産業での激しい競争やグローバル企業における専門的経営の役割の継続的な「科学化」によって、あらゆるデータ形式を横断するデータ分析の需要の増加している。ビジネスでは、決断のための高品質データが常に求められている。スキャナーパネルデータ（訳注：POSシステムなどで集められた個人の購買履歴データ）やオンライン・アナリティクスなど消費や競争に関する定量調査の方法がかつてないほど容易に利用可能になり豊富になったと同時に、定性的な市場調査法も増加している。なぜならば、数字で表わせないより深い理解を得ることへのニーズが高まっており、こうしたビジネスが発展しているからである。

第3に、消費者行動とマーケティングの分野で活動する研究者のために、定性的な論文原稿を受け入れ、定性的な論文をたくさん載せる投稿先が、これまで以上に増えてきた。（減ってきてはいるが）少数のジャーナル（訳注：学術雑誌のこと。研究者が投稿した論文が掲載されるためには査読を経て採択される必要がある）は、定性調査に対して根強い偏見を持っている。しかし、いわゆるトップレベルの出版物の大半は、原稿が定性データを備えていて、体系的で徹底的なデータ分析がなされており、インサイトがあり、独創的で重要な理論的貢献をしていると査読者が納得できれば、定性調査の掲載に前向きである。第9章で説明するように、ビデオグラフィーを使用した消費者調査や市場調査についても同じことが言える。消費研究フィルム・フェスティバル、DVD版・オンライン版ジャーナル特集号、査読付きオンライン・動画ストリーミング、そして様々なブロードキャストやナローキャストが、良質のビデオグラフィーを求めている。

学術的な定性調査の研究者にとって、（それは好機でもあるものの）課題なのは、論文査読者（peer reviewers）たちがどのようなものをインサイトのある理論的貢献とみなすのかということを理解することである。データが豊富で（訳者注：調査対象との）関連性があるかどうか、分析が確実に行われているかということについては、ある程度コンセンサスがある。しかし何をインサイトのある理論的貢献とみなすかということについては定性研究者によってかなり異なっている。この点については第7章と第8章で詳しく述べるが、ここで主張しておきたいのは、もし定性調査を出版するのならば、理論的貢献の構築方法には絶対に正しいルールなど1つもないという前提から始めるべきだ、ということだ。むしろ、どこから出版したいかということに応じて学ぶべき多様な慣例があり、それに合わせる必要がある。例えば、ある一流のジャーナルでは、理論的貢献を示す標準的な方法は、命題の一覧をつくることである。しかし別のジャーナルでは命題一覧はタブーであり、発見事実はテーマに関連づけて示されるべきである。定性研究者のコミュニティが実に多種多様であるというのは見かけ上の話である。定性データを集めるための技法やそれを分析するための方法だけでなく、理論的貢献を形作る際に実際に展開される定性的調査の仕方の違いについて説明すれば、本書のような実用書は読者のためになるだろう。

産業界と学界の両方に関わっている調査者は、貢献を伝える方法がずいぶん異なっていることを理解する必要がある。この本の著者である私たち3人はかつてあるいは現在もこの分野の一流ジャーナルの共同エディターであり、著者としても、論文の査読者としても豊富な経験を有している。これに加えて、産業界にも深く関わっているため、様々な異なる視点から提案を行うことができる。だから私たちは、読み手に受け入れられるような定性調査の指導ができるのである。

5 マーケティングにおける定性調査：略史

今日のマーケティングにおける定性調査の最新の実績を理解するためには、定性調査というものが、いつ、どのように普及し始めたかを理解することが大事である。そのためには、学問と産業に分けて考えなければならない。定性調査の手法の中には、論文として学術ジャーナルから扱われるようになる前にマーケティングの実務家の間で認められていたものもあったからだ。

(1) 産業界における定性的市場調査の発達

マーケティング歴史学者によると、1930年代に定性調査が初めて市場調査として認識され始めた（Levy 2006; Kassarjian 1995）。特にオーストリア生まれで、ヨーロッパをはじめアメリカのマーケティング思想の先頭にも立っていたポール・ラザースフェルドは、消費者を対象に行われた数百件のインタビューのシステム的分析を含む経済心理学の研究をしていた（Fullerton 1990）。彼は深く細かい質問を用いたインタビューと、多量の詳細なアンケートデータ収集の両方を使っていた。彼の「チューリヒでの靴購入」は市場分析の古典として評価されている（Fullerton 1990）。

ラザースフェルドは、フロイトなどの心理学的インサイトに影響を受けた自分の消費者データの収集と解釈のための念入りな手法を『ハーバード・ビジネス・レビュー』（Lazarsfeld 1934）や他の雑誌で発表された論文で紹介している。彼の手法は弟子を通じても有名になっていた。中でももっとも有名（あるいは悪名）なのは、アーネスト・ディヒターである。ディヒターはアイボリーソープ（訳注：P&Gの石鹸ブランド）などの有名ブランドに対する定性調査を行った。また、彼はモチベーション・リサーチとして知られている精神分析的な定性調査の手法の先駆者である（Dichter 1947）。ディヒターは彼の師匠であるラザースフェルドと比べて「自由奔放」な面があったが，実務家たちの間では比べようのないほどの名声を得ていた（Durgee 1991; Levy 2006; Parkin 2004; Stern 2004）。

１９４６年に設立されたSocial Research Inc.（SRI）の支援のもとで，投影法やエスノグラフィーなどのより多様な定性調査の手法が，グリーティングカードやラジオの昼メロドラマなどの製品カテゴリーでの分析として用いられた。１９５０年代，ビール，タバコ，石鹸，洗剤，自動車の購入と使用における消費者の動機に関する定性調査が『シカゴ・トリビューン』（訳注：アメリカ中西部における主要な新聞）によって行われ，産業界のリーダーたちに向け，大々的に発表・出版された。１９４８年，ＳＲＩに参加したシドニー・レビーは，言語学者と心理学者の成果に基づいた解釈的焦点を用いて，人々がどのように「消費している製品とブランドを通じて自らの生活を象徴化し，目指すことを実現するためにお互いにどのような話をするのか」を説明した（Levy 2006, p.8）。

フォーカスグループは，専門家の間で流行した数ある定性調査法の中で最も人気を博した。フォーカスグループは今日に至るまで主要な市場調査法である。フォーカスグループ法の先駆者は，その技法を第二次世界大戦におけるアメリカ合衆国の関与に対する人々の態度にメディアが与えた影響を調査するのに使ったラザースフェルドと同僚のロバート・マートンである（Merton and Kendall 1946）。ラザースフェルドとマートンは，戦費支援を奨励するために作られたラジオ番組を聴いて意見を述べてもらうために，いくつかのグループを集めた。初めは，参加者たちは自分の反応が楽観的か悲観的どうか示すためにボタンを押すようにと指示された。しかしながらこの実験で得られたデータでは，なぜ参加者たちがそのような反応を示したのかを明らかにすることはできなかった。そしてその後の調査では，少人数の人々をテーブルの周りに集めて司会を置き，ある程度，事前に準備された（semi-structured）質問をすることで，参加者の意見に定性的な意見を持たせるようなグループインタビューを行うという代替的なアプローチが作られた（Stewart et al. 2007）。学術研究者が個人インタビューにより強い興味を持っていた一方で、商業的な市場調査では1950年代から1960年代にかけてフォーカスグループ法を取り入れ始めた。事実、フォーカスグループはあまりにも人気があるために、この調査を依頼する人からすれば、フォーカスグループは定性的市場調査そのものである（Robson and Foster 1989）。

しかしながら、フォーカスグループが人気の高いことの隠された理由を考えることで、専門家のコミュニティが抱えている定性調査のいくつかの課題を明らかになる。はっきり言うと、フォーカスグループに限らず定性調査の信憑性には一部欠陥があると考えられている。なぜならば、定性調査はしばしば時間がかからない（それゆえに安い）ため、サーベイ（訳者注：アンケート）調査に替わる方法だとみなされているからである。良い定性調査がなされるために必要な努力をよく理解している人なら知っているだろうが、注意深く行われる定性データの分析は、速くできることはまずないし、かなり時間を費やすことが多いのである。分析がすぐに終わったのならば、その分析は皮相的でしかないということだろう。そして定性分析の質が皮相的であることが、定性調査法の支持者にとっての長年の悩みの種である。この問題は少なくとも、ラザースフェルドが、便宜的な定性データ分析のアプローチが一般的になり過ぎて定性調査の評判が悪くなるだろうと警告した1950年代に遡る（Catterall 1998）。

定性調査はマーケットシェアの観点から言えば成長し続けたものの、その地位については、異議が唱えられることがしばしばである。Catterall（1998）が表明した懸念は、市場調査業界が、定性調査を探索段階のものであり、より厳密で信頼性のある定量調査の補完するものとして考えている、ということである。Morgan and Krueger（1993, p.9）は、「真の調査」は定量的であるという通念が市場調査者間で支配的であると主張している。

Catterall（1998）は、定性調査が批判にさらされるのには、定性調査の専門家にも責任の一端があるとも指摘している。例えば、1つや2つのグループインタビューではクライアントのニーズに応えられないにもかかわらず、定性調査で生計を立てている人の多くは、それだけの数のインタビューで済ませて欲しいというクライアントの要求をなかなか拒むことができないという。あるいは、クライアントの立会人がマジックミラーの後ろにいることで、データ取得に悪影響を与えてしまうかもしれないのにもかかわらず、調査者は、クライアントの調査への立会いの要求を断るのに苦労しているとも述べられている。したがって、定性的な調査に対してこれまで蓄積された偏見と、プロが考える理想に達し得ない不十分なデータ収集技術や貧弱な分析という2つの理由から、産業界では定性調査の正当性が未だ確立していないのである。

(2) 学界における定性調査の進化

マーケティングや消費者についての研究者が、論理経験主義（logical empiricism）と、理論検証の中で使われている定量的な方法の十分性について声をあげて議論し始めたのは、1970年代終わりから1980年代初めにかけてだった（Anderson 1983）。バーガーとルックマンの『現実の社会的構成―知識社会学論考』（1966年）や、グレイザーとストラウスの『データ対話型理論の発見―調査からいかに理論をうみだすか』（1967年）など、1960年代に出版された影響力のある社会学の成果のおかげで、支配的な定量的な方法に対して調査者が抱いている不満に焦点を合わせることができた。他のビジネスの学問分野（特に組織調査）がダイナミックに発展したことで、科学哲学と、それに関連した方法論に関する疑問について再考されるようになった。バーレルとモーガンの1979年の著書『組織理論のパラダイム―機能主義の分析枠組』や、ヴァン＝マーネンの1988年の著書『フィールドワークの物語―エスノグラフィーの文章作法』によって、経営学や組織論分野の多くの新鋭の研究者がインスピレーションを受けて、新たな理論を生み出す手段としての定性的な方法を試みたのである。

インスピレーションの源が何であれ、1980年代半ばから終わりにかけて、サーベイや実験といった主流の調査法に替わるものを求める自由を、市場調査や消費者調査の研究者が必要としているとする論文が急増した。いくつかの例が（1980年代に限定して、出版日の年代順に列挙されている）どれだけの拡がりがあったのかを示している。

- Bonoma（1985）は、帰納的な事例調査は典型的な演繹的調査方法に対する有効な代替案として考えられるべきであると主張した。
- Holbrook and Grayson（1986）は、映画における象徴的消費の記号的分析を実施した。
- Hirschman（1986）は、市場調査における「人文主義的研究」を提唱した。
- ラス（訳注：本書の著者の1人、ラッセル・ベルク教授のニックネーム）とジョン・シェリーやメラニー・ワーレンドルフらは、1986年に全米を旅して、深層インタビューと参与観察を行った。これは、消費者行動オデュッセイア（Consumer Behavior 'Odyssey'）と呼ばれる（訳注：オデュッセイアとは古代ギリシャの長編叙事詩のこと）。これらは、例えば不用品交換会の機能についての論文（1985年の予備研究に基づく—Belk et al. 1988）や、聖的かつ俗的な消費の本質（Belk et al. 1989）を明らかにする論文という成果につながった。その計画はBelk（1991b）にまとめられている。より深く詳しい説明はBradshaw and Brown（2008）を参照してほしい。
- Wallendorf and Arnoruld（1988）は、モノへの愛着や所有欲、社会的つながりが、文化を超えていかに異なるのかを調査するために、比較に基づいたエスノグラフィー調査を行った。
- Witkoswski（1989）はアーカイブ（訳注：保管された文書のこと）のデータに基づき、輸入禁止運動

（1764-1776）期における植民地（訳注：アメリカ）の消費者の価値観や行動を歴史的に分析したものを発表した。

- Stern（1989）は、広告に見られるレトリックの文芸批評を行った。
- Thompson et al.（1989）は、実存主義的現象学の技法を提唱した。

しかし、マーケティング研究者たちによる定性調査がすんなり受け入れられたわけではなく、多くの反感を主流の研究者らが抱いていたことは特筆すべきである。例えば、Calder and Tybout（1987）は、定性調査が「生活の知恵」を生むことはできるが、「科学的知識」は「科学的進歩」を提供する定量的方法に依存すると主張した。そしてHunt（例えば1990）は、定性調査の研究をサポートした重要な相対主義であればどの形態であっても、それを主張する者に反論し始めた。

定性調査に対する明らかな批判は１９９０年代初頭に衰え、『ジャーナル・オブ・マーケティング』（*Journal of Marketing*）、『ジャーナル・オブ・コンシューマー・リサーチ』（*Journal of Consumer Research*）、『ジャーナル・オブ・アカデミー・オブ・ザ・マーケティング・サイエンス』（*Journal of the Academy of Marketing Science*）、『ジャーナル・オブ・リテイリング』（*Journal of Retailing*）のようなトップジャーナルに掲載をアクセプト（訳注：採択）された定性調査の論文の数は着実に増加した。マーケティングや消費者行動分野における定性調査の受け皿は拡大し、状況は改善しているため、私たちは現状を非常に楽観している。

しかし、次のような事実から、定性調査の将来に関する私たちの楽観的な見方は盤石ではない。なぜならば、マーケティング学界における定性調査への偏見は、いかんともしがたく蔓延しており、残念ながらまだ残っているのだ。定性調査が、定量調査と同じくらい受け入れられているとみなすのは間違いなのだろう。この固定化してしまった不平等の例はいくつかある。もっとも有名なマーケティングのジャーナルの1つである『ジャーナル・オブ・マーケティング・リサーチ』（*Journal of Marketing Research*）は、多様なタイプの定性データ収集と分析を説明している論文を少数出版してきたのだが、定性データにのみ基づいて方法論的貢献よりも理論的貢献を提供した論文を、たった1つしか出版していないのだ（Workman 1993）。また、他の例として、多くのビジネススクール（これらの中でも世界で最も有名ないくつかのスクール）では、マーケティング部門で定性研究者を、いまだに1人しか雇っていないという事例があげられる。それに加えて、定性志向の研究者を1人以上雇っているスクールはごく少ない。他にも、市場調査と消費者調査の博士号の学生が定量調査を教わるのはほぼ当然のことだが、この分野の多くの新人研究者は、定性調査法の講義を一度も受けることなく卒業している。

定性研究者は、ずっと以前からあるこうした制度的な壁に対抗するため、慎重かつ断固として行動している。ここ10年間で、制度構築にはかなりの進展が見られた。「消費文化理論（ＣＣＴ）」（Arnould and Thompson 2005, 2007）の呼び名は定性調査を行う多くの人に、ブランド名として採用されてきた。定性調査を発展させるためにつくられたＣＣＴ年次カンファランスは、２００６年の開始以来、規模、質とともに毎年成長してきた。そして、シニアの研究者たちが、この分野の学生を支援するためのネットワークを築くことに強い関心を持ってきている。国境を超えた教育の場は、博士課程の学生と若手の研究者が、定性調査を学び、ＣＣＴ調査における個々の関連した理論になじむ機会を提供するために設立された（例として、トルコのアンカラにあるビルケント大学、オーデンセにある南デンマーク大学、トロントにあるヨーク大学シュリック・ビジネススクールや、ノルウェイのバーゲンにあるＮＨＨがある）。そして、そこには、定性調査を教育し推奨する先導的なマーケティング講座が多くある（例として、バース大学、エクセター大学、マルセイユにあるユーロメッドマネジメント、ウィスコンシン大学マディソン校、さらにアリゾナ大学がある）。

こうした取り組みは、望みどおりの効果が得られているようだ。例えば、MacInnis and Folkes（2010）など、この分野を吟味した論文によれば、ＣＣＴの研究成果には価値があり、（訳注：定量研究と）対等の地位があり、消費研究（consumer research）全体の価値を補完し高めている。『ジャーナル・オブ・マーケティング』と『ジャーナル・オブ・コンシューマー・リサーチ』の編集委員会は、質の高い定性研究をオープンに明快に支持しており、実際にこうした研究にページを割くことで、その支持を実現している。そして『ジャーナル・オブ・コンシューマー・カルチャー』（*Journal of Consumer Culture*）や、『コンサンプション・マーケット・アンド・カルチャー』（*Consumption, Markets and Cultures*）など、定性研究を発表するための質の高い場がますます増えている。本書が、定性研究の初心者を育てるだけではなく、定性研究の価値や正当性を示す研究に貢献することを、私たちは望んでいる。こうした私たちの指摘のせいで、学生が定性調査を避けることになってはいけない。むしろ定性調査の理論的根拠に精通することで得られる見返りに注目すべきである。

6 本書の概要

本章は、定性調査者が今、直面している機会と課題についてインサイトを深めること目指している。また、現代の「最先端」に先行し、その「最先端」を創り上げるもととなったマーケティングにおける定性調査の歴史についても紹介した。

第2章は、読者が定性調査プロジェクトに取り組む際に、何から着手したらよいのかを示す。また、実務上の目的のための応用プロジェクトを始める調査者と学術的なプロジェクトを始める研究者の両者が取り組む定性調査の違いを扱っている。そして，リサーチ・クエスチョンを選ぶ際に考慮すべき重要な検討事項を取り扱っている。また，どのようなリサーチ・クエスチョンならば定性調査が答えを提供できる（あるいはできない）かということについても見る。この章は，様々な種類の定性調査を支えている「調査トラディション」という考え方を導入している。また，特定のトラディションに最もふさわしいデータ収集アプローチとは何かを明らかにする。

続く4つの章は，定性データを収集する方法について説明する。第3章はインタビューの技巧について論じる。この章ではどのようにインタビューの準備をするのかを述べ，深層インタビューを行うための指針を示す。また，言語連想法や文章完成法，写真投影法など投影法をどのように用い，標準的なインタビューを補うのかについて概観する。その上，消費者経験についてのメタファーを見出すザルトマンの技法「ZMET法」について解説する。

第4章では，観察データの収集について述べて，エスノグラフィックな参与観察にどのように取り組むべきかを説明する。この章は，観察調査の一部としてのインタビューの実施方法について議論するため，第3章と補完的な関係にある。また写真やビデオ，監視カメラのような観察調査の「支援ツール（aids）」の活用について議論する。実務家の間で非常に好まれつつあるトレンド・スポッティングのような観察技法のいくつかについても議論する。第4章では，過去の消費を調査するために歴史的な定性データ源としてのアーカイブや人工物についても議論する。

第5章では，オンラインでのデータ収集において調査者がどのようにして観察調査，参加型調査，インタビューの技法を適用できるか，また，どのようなオンラインデータが存在するのかについて詳しく述べる。専門家がこのようなデータを獲得し，加工する際に用いることが多くなっているデータマイニングと社会ネットワーク分析について見てみる。次に，オンライン・エスノグラフィーの特徴，特にネトノグラフィーとして発展した消費者調査・市場調査の指針、手順について議論する。この際、オフラインではなく、オンラインで観察、参加することの意義を具体的に説明し、オンラインでの観察調査、参加型調査、インタビューの実施方法についての指針を提供する。

第6章は、インタビューによるデータ、観察調査によるデータ、アーカイブ・データそれぞれの収集を、効率的に補完する方法を見直しながら、データ収集についてのセクションを終える。これらの方法には、録音、写真撮影、動画撮影、消費者に図や絵を描かせる調査、その他にローテク、ハイテクなデータ収集方法がある。

本書における次のセクションでは、定性調査の分析に焦点を当てている。第7章では、学術的な調査向けに、データを分析し、仮説を立てる方法を概説する。また、コーディングをデータ分析の中心的な活動と位置づけ、「オープン・コーディング」の取り組み方について議論する。さらに、リサーチ・クエスチョンの内容や、研究対象に関連する先行文献や、取り組んでいる定性調査のトラディションが、分析結果の根幹となるコードをどう形づくるかについて概説するとともに、具体例を挙げる。次に、データにバリエーションを設けることや、コード間の関連を見出すこと、既存の理論的な観点を利用することなど、解釈や仮説を立てる方法を詳細に説明する。

第8章では、実務での意思決定を目的とした定性データの分析方法、解釈方法について見てみる。また、実務に応用するために行う分析は、適切なマーケティング意思決定の情報を与えることに焦点を当てなければならないことを主張するとともに、マーケティング意思決定の主なタイプをいくつか紹介する。さらに、この章では実務的なデータ分析プロセスを段階ごとに概説し、実務的なインサイトの質を高める12の戦術を提供する。最後に、実務に役立つ判断をするためのいくつかの提案をすることで、第8章の結論とする。

第9章は、定性調査をプレゼンテーションし、広め、共有する上での機会と課題について述べている。人々の感情を動かしたり行動を変えたりすることから、納得させることまで、目的の違いによって、定性調査の結果をプレゼンテーションの仕方が変わることをこの章は示す。専門的な論文を発表するつもりならば、既存の研究や理論が、調査にどのような影響を与えるのかについて特に説明する。第9章はこれに加え、その研究が公表できるかどうかを決める基本的な問題について焦点を当てている。どのようにすれば面白い研究になるのか、そして他人の研究が面白いかそうでないか、どのように判断すれば良いのかについて説明する。調査報告書に何を書くべきなのか、どのような順序にすべきかについていくつかの方法を紹介する。そして最後に、掲載を目指して研究論文を投稿する手順と、査読結果にどのように対応し、原稿の改訂を行うのかという問題を扱う。本書の他の部分と同じように、定性調査を進めるにあたって踏むべき手順を学ぶためのエクササイズが提供されている。

第10章は、結論として考えていること、アドバイス、励まし、そして提案を述べている。第1章から第9章までで述べてきたことの全体的なまとめと、追加的に強調するべきいくつかの点を思い起こさせるのが目的である。この章を通じて、定性的な消費者調査と市場調査の重要性と、それらが与える影響について、さらに深く考えることができるだろう。そして、創意工夫や技術がますます進歩することで、将来、新しいタイプの定性調査が生まれるに違いないという見解を強く主張している。

第1章から順に読む必要はない。いくつかの章（特に第2章と第7章）は、学術的調査に重きを置き、その他の章（第5章の一部と第8章）は実務的調査に関する内容となっている。この2つの調査方法には共通点があるが、同時に相違点も大いにある。調査を行う際のしきたりや、対象とする出版物、発表の機会が調査に影響を与えることなど、どれほど異なるかについての議論が生じるのも、定性調査を取り扱うときにユニークな点である。ネトノグラフィー、動画、データマイニング、監視カメラ、ソーシャルメディア、ZMETなど、調査のための新しい技術が生まれ、状況が変化していることも強調しておきたい。定性的な消費者調査と市場調査は急速に発展しているので、あなたが本書を読む頃には、確実に新しい技術が登場し、消費の状況も変わっているだろう。したがって、読者に、偏見のない広い心で、新しい可能性に常に目を向けてもらうことを私たちは願っている。それと同時に、発展に伴って新しい道具や技術が現れても、本書で書かれている定性調査の基礎は、時代の変化に関係なく通用するものである。本書は、追加エクササイズを掲載したウェブサイトとリンクしており、定性的な消費者調査と市場調査の新たな展開ともリンクしている。

第2章

はじめてみよう：
定性調査プロジェクトの始め方

あなたが最初に思いつく調査計画についてのアイディアは、おそらく観察したり、読んだり、興味深いと感じた事柄がきっかけになるだろう。そのテーマは、グルーポン（Groupon）のオンライントレードの利用のようなできごとかもしれないし、家庭用ロボット、3Dテレビ、ナノテクノロジーなどの技術開発に対する消費者の反応かもしれない。また、理論、ポップカルチャー、ストーリーなど、あなたの関心を刺激するどんなものでも、アイディアの源泉になり得る。そのため、調査の対象を絞り、リサーチ・クエスチョンを定め、データ収集の方法について考える必要がある。その上で、事前調査として、資料などの読み込み、観察、インタビューをし、本格的に調査計画書を書き始める。調査計画は順番通りにいかないため、読み込み、観察し、考察し、議論し、書くという作業を行ったり来たりするだろう。この章は、調査計画で、定性データを集めて分析する際に下さなければならない意思決定について論じる。はじめの選択が計画全体を方向づけるということを私たちは強調したい。この章では、調査の目的は、理論的な貢献を必要とされる学術ジャーナルに論文を出版することにあると仮定し、実務上のインプリケーションについては考えないことにする。第8章で、実務的プロジェクトが取り上げられ、学術ジャーナルでの出版を望まない場合は、どのように異なるのか検討する。

普段は意識して考えていないが、私たちが定性調査を行う際は必ず一連の意思決定を行わなければならない。意思決定の順序は様々で、当初の意思決定を再検討、修正することもある。ただし、ある特定のプロジェクトにおいて一般的に研究者が早い段階で下す意思決定には次のようなものがある。

- どのような経験的現象をもとに、どのようなリサーチ・クエスチョンを定めるか。
- どのような定性調査トラディションで調査を補強するか。
- どのようなデータを収集すべきか。

これらの意思決定は相互に関係しているため、1つの選択が他の課題の選択に影響を与える。次節では、実際にリサーチ・クエスチョン、調査トラディション、データ収集に関する意思決定をする際に考慮すべきことを取り上げる。後の章では、調査計画のプロセスで出てくる他の課題、特に次の3つの課題を深く検討する。

- どのようにデータを分析するか。
- データを解釈する際に、理論をどう導くか。
- どのように理論的な貢献を生み出すか。

1 リサーチ・クエスチョンと経験的現象の選択

調査プロジェクトの成功のために何よりも重要なことは、査読者（訳注：学術ジャーナルに投稿された論文を審査する人）や読者が（またはあなたが）(1)独創的である、(2)重要である、(3)面白いと感じるリサーチ・クエスチョンを選ぶことである。プロジェクトの学術的な価値を決めるものは、結局のところ、研究のコンテクストではなくリサーチ・クエスチョンである。つまり、その場や出来事や現象が面白いからといって、その調査プロジェクトが面白く重要であるかどうかは保証できないのだ。研究成果が否定的に評価されたり、完全に却下されたりすることはよくあることである。なぜならば、そのリサーチ・クエスチョンがいまだ解決されていないということを、納得いくように論じることが不可能だからである。もし課題が新しいものだと読者（査読者や学位論文審査委員会にかかわらず）を納得させることができたとしても、課題を解決することで得られるであろうインサイトが、とても重要であり、探求する価値が十分にあることをさらに主張する必要がある。

原則として、新しくて重要なリサーチ・クエスチョンのインスピレーションには、既存研究と経験的現象という2つの基本的な源泉がある。既存研究とは、理論的な著作と経験的な研究の両方のことである（訳注：「経験的」とは、具体的なという意味。すなわち、「経験的な研究」とは、具体的な出来事についての研究であり、次の「経験的現象」とは、具体的な現象という意味になる）。経験的現象とは、特定のコンテクスト（例えば、特定の地域やコミュニティ、市場での行動者や行動）や習慣のタイプ（ギフトを贈る、ガーデニング、うわさ話など）を意味する。もちろん他にもこれまで経験したこと、小説、詩、歌、美術品などにインスピレーションの源泉はあるかもしれない。実際には、インスピレーションの源泉は様々あり、これらは複雑にからみあっている。なぜならば、優れたリサーチ・クエスチョンを見つける上で大事なのは、既存研究によってでは十分に説明できない重要な経験的現象（あるいはその諸相）を見つけることであるからだ。もし実務に関連した調査を行うことが目的であるならば、優れたリサーチ・クエスチョンにはさらに次の特徴があることを覚えておいて欲しい。それは、問いに答えることで、そのできごとに関わっている組織を運営する者（ブランドマネージャー、事業主、政府の政策立案者など）に、具体的なアクションが提案できるインプリケーションを示さなければならない、ということである。

まだ本格的に調査に飛び込んでいない新米の研究者にとって課題となるのは、何が十分に理解されていないのかを知ることである。経験的現象によって影響を受けた研究のケースをまず考えてみよう。過去に研究されていないコンテクストやある種の行動は調査のしがいがあるだろう、と考えたくなる。しかし、例えばあなたが誰も研究したことのないブランド・コミュニティを発見したとしよう。この場合、もし誰も研究していないコミュニティを研究すればこの分野に対して独創的で重要な貢献をもたらしたり、ブランドマネージャーのためになるインサイトを生みだしたりするかもしれない、ということなのだろうか？**必ずしもそうではない。**ブランド・コミュニティについての研究は山のようにある（どれほど研究されてきたかを知るためには、Schau et al. 2009やThomas et al. forthcomingにある文献レビューや一連の研究を見てみよう）。これまでに幅広いブランド・コミュニティの特徴や慣習が発見されてきた。つまりそのブランド・コミュニティは見過ごされてきたかもしれないのが、それを研究することで新しい理論的な貢献を生み出すことができるとは必ずしも限らない。

特定のコンテクストあるいは一連の行動を研究する際、独創的かつ重要なリサーチ・クエスチョンを立てられるかどうか考える上で役立つアプローチの1つは、**そのコンテクストにおいて、かなり際立っている特徴やダイナミクスを探す**ことである。例えば、研究がなされてきた他のブランド・コミュニティが発展・成長を遂げていたり、あなたが関心を持っているブランド・コミュニティの消滅やコミュニティ集団が失われかけていたりするとしよう。その場合にはブランド・コミュニティ衰退のプロセスを導く要因に関して、新しく説得力のあるリサーチ・クエスチョンを作り上げることができるかもしれない。もしあなたの所属するブランド・コミュニティ内で衝突が生じており、既存研究が衝突を直接取り上げていなかったならば、ブランド・コミュニティ内部で起こる衝突に影響を与えるものやその衝突による影響に関するリサーチ・クエスチョンを作り上げることができるかもしれない。次のことに注意すべきである。他では見つけようのないユニークさや特徴のあるコンテクストを見つけることが一見望ましいように見えるが、これは正しくない。**もしコンテクストあるいは一連の行動を研究するつもりならば、それがいくら極端だとしても、自分が焦点を当てているダイナミクスや特徴は、実際は他のコンテクストや行動でも見つかるものであり、見つかるものだからこそ説明する価値があるのだ、ということを主張すべきである。**

まったく逆の場合はどうだろうか？（スターバックスやマクドナルド、ラスベガスなど）コンテクストが研究し尽くされているので、研究対象とすべきではない、ということを意味するのだろうか？　繰り返しになるが、必ずしもそうではない。重要なことは、独自性のある、もしくは洗練された、または従来のものに取って替わるリサーチ・クエスチョンと、独創的で理論的な貢献をもたらす研究の枠組みを発見することである。例えば、もし欧米の子どもとその両親の視点からサンタクロースについての研究が、かつて行われていたのであれば、欧米移民による文化変容（acculturation）に焦点を当てたサンタクロース、欧米以外の地域におけるサンタクロース、大人のノスタルジーに焦点を当てたサンタクロースの役割などについて調査するのはどうだろうか？　もし現代の文化という観点でサンタクロースが研究されているのであれば、百貨店によって変えられたサンタクロースのイメージが、どのように生まれ、商品を贈り物として買うことを促進させたのかについて、過去の研究は何を示しうるのだろうか、という研究をしたり、もしくは老人から見たサンタクロースの神話がどういった意味を持つのかについて、贈り物に関する文化的期待について年齢やジェンダーの観点から研究するのはどうだろうか？

先行文献を批判的に読むことによってリサーチ・クエスチョンを思いつくことについて考えてみよう。その際、最初に立ちはだかる課題は、どの本や論文を「先行文献」として扱うかである。トピックに関する資料の山に境界線を引くことは決して容易なことではない。難しさの理由の1つは、関連した論文が同じ専門用語を用いていないことである。もしブランド・コミュニティに関する文献に貢献したいと考えているのならば、その用語に関する論文だけではなく、ブランド、消費サブカルチャー、マイクロカルチャーの消費といった多くの関連用語に関する論文も読まなければならないだろう。そして自分たちの研究領域に関する出版物だけではなく、関連した分野（社会学、戦略論、カルチュラル・スタディーズなど）についても研究しなければならない。実際、最も結びつきが弱い分野から最も独創的なインサイトを得ることができたこともある。

先行研究を調べれば調べるほど、新しく、重要でかつ答えが出ていないリサーチ・クエスチョンを見つけることは難しく感じる。そこで、これを行いやすくするための提案が3つある。第1に、**「当たり前のこと」(taken for granted) とされているが、まだ体系的に考察されていない概念や構造を探す**ことである。ラスの「欲望」に関する論文(Belk et al. 2003を参照)は、明確には明らかにされてこなかったその主要な構造に関する疑問を投げかけ、それに答えた研究の1つである。第2に、**いつもは前提とされているが、あらゆる状況に応用できるわけではない前提を探す**ことである。例えば、ゼーネップ・アーセルとクレイグ・トンプソンは、市場の神話がアイデンティティの源として概念化されてきたという過去の文献に見られる慣例を知った。彼らは、そのような神話がときおり消費者のアイデンティティ活動に好ましくない押しつけをすることに気付いたため、そのような状況下で消費者が企てるアイデンティティ形成についてのリサーチ・クエスチョンを立てた。具体的には「ヒップスター」のサブカルチャーについての調査を行っている(Arsel and Thompson 2011)。第3に、**無視されていたり、十分には理解されていないプロセスを探す**ことである。例えば、私たちの同僚のマークス・ギースラーは、市場についての研究に目を向け、市場がどのように変化するのかこれまでほとんど説明されていないことが分かった。そこで彼は特定の市場(創造的文化市場)が進化する過程と、価格や価値の計算がどのように発展するのかというリサーチ・クエスチョンを考えた(Giesler 2008)。

要約すると、素晴らしいリサーチ・クエスチョンは、初めのうちは過去の成果を批判的に読んだり、何らかの形であなたを悩ませる実際の現場や様々な行動に直接触れたりする中で、生まれるだろう。そして、リサーチ・クエスチョンが洗練されるにつれて、あなたが深く入り込んでいる先行文献や経験的現象の間を行ったり来たりするはずである。ロブ(訳注:本書の著者の1人、ロバート・コジネッツ教授のニックネーム)は、これを、「行ったり来たり」(meet in the middle) プロセスと呼んでいる。

EXERCISE 2・1

1 定性データを用いた消費者のアイデンティティに関する最近の論文を2つ選んで，仲間と一緒に読もう。

2 その論文が取り組んでいるリサーチ・クエスチョンを特定しよう（すべての論文が明確なリサーチ・クエスチョンを述べているわけではない。調査対象や調査目的などの言葉がリサーチ・クエスチョンを示していることがある）。

3 調査されている特定のコンテクストや一連の行動がどのようにリサーチ・クエスチョンと結びついているか話し合おう。特に彼らが取り組んでいる新しく，重要なリサーチ・クエスチョンを発見するために，著者はそれらのどの側面を参考にしているのか話し合おう。

2 調査トラディションの中に位置づけてみる

定性調査を構築する1つの単純な手法というものは存在しない。その代わり，多様な定性調査トラディションがある。ここでいうトラディションという用語は，哲学的な仮定，およびその仮定に基づいてなされる実際の調査の両方を指す。はじめから，トラディションおよびそれに関連する用語が分かりにくくて混乱してしまう可能性があることは認めておきたい。加えて，人によって，同じトラディションを異なる言い方で言及することが多いので，この混乱はさらにひどくなる。特に，解釈主義という用語は混乱しやすい。すべての定性調査に関係することもあれば（例えばHudson and Ozanne 1988），特定の定性調査に関係することもある（例えばPrasad 2005）。

トラディションについて議論する前に、1つ注目してもらいたいのは、私たちはこの手の調査のジャンル、つまり、リサーチ・クエスチョンと実際の調査に影響を与える哲学的（すなわち存在論的、認識論的、そしてもしくは価値論的）仮定を含む調査のジャンルについて、限定的に見ていたということである。トラディションという用語の別の使い方によれば、ほぼ全部の（もしくは、少なくとも多くの異なる種類の）哲学的仮定に関連づけることができる一連の調査方法を指すこともある。例えば、時としてエスノグラフィーはトラディションとして述べられていた（例えばMarshall and Rossman 2011）が、私たちはそのような使い方をしない。なぜなら、エスノグラフィーには一連の調査方法（観察調査、参加型調査、インタビュー）は伴うが、哲学的仮定は1つも含まれないのだ（本書では第4章と第5章でエスノグラフィーの実施について述べる）。同様に、グラウンデッド・セオリーで発展した技法は、実際の調査から導かれたものであるため、哲学的仮定には結び付けることはできない（グラウンデッド・セオリーの発達に関連したいくつかの重要な技法については、第7章で述べる）。私たちはまた、定性的な消費者調査や市場調査に役立てるためにしばしば採用されてきた特定の理論からトラディションを切り離している。その上で、シンボリック相互作用論、ブルデューの人間行動学（Praexology）、ギデンズの構造化理論、ラトゥールらのアクター・ネットワーク理論などに触れることを読者に勧めたい。たとえこれらの理論が完全には特定のトラディションと調和していないとしても、理論の中には、それらとうまく結びついているものがある。第7章では、これらの様々な調査トラディションが、データ分析と理論化の方法にどのように影響するかについて議論する。また、理論がデータ分析にどのように役立つかについて述べる。

定性調査を始めてしばらくすると、次第に1つか2つのトラディションのもとで調査することを好むようになり、そして、それらのアプローチを支える仮定について考えることはめったになくなる。実際、あらゆる確立された研究プログラムの研究者は、その目的と「事実」と方法の相互関連を当然視する傾向がある（Laudan 1984）。しかし、若い研究者は、主要な定性調査トラディションの違いをよく理解した上で、どの仮定が自分の研究に適しているか考えるべきである。既存の様々なトラディションや自分にとって魅力的なトラディションについて理解することで、自分の問いと目指すべき貢献の間に一貫性をつくることができる。以下では、いくつかのトラディションについて議論する際に、よくあるリサーチ・クエスチョンの例を出し、そして部分的または完全に特定のトラディションに基づいている研究を取り上げる。本書は実用的でありたいので、消費者調査と市場調査の分野でとても一般的なトラディションについて簡単に説明する。その上で、さらに学びたい人のために、参考文献を紹介する。紹介するトラディションは、現象学、解釈学、ポストモダン、記号論、新実証主義トラディションである。

現象学、特に**実存主義現象学**は、消費研究において多くの注目を集めたトラディションの1つである。クレイグ・トンプソンたち（Thompson et al. 1989）が、このトラディションの鍵となる仮定を徹底的に記述しており、消費研究者の間で大きな注目を集めてきた。特にこの研究にふさわしい焦点は、個人の生活世界（life-world）であり、人々の経験から見出される意味は、その時に経験されるコンテクストに位置づけられ、首尾一貫した継続的な生活の営みに関連づけられる。つまり、このトラディションにおいて、私たちは現象に対する普遍的な理解を求めていない。例えば「消費者が初めて持つ車」を考えたい。求めているのは「初めて持つ車はあなたにとってどういう意味があるのか」という問題に対する深い理解であって、さらに、ここでいう「あなた」とは、特定の重要な消費者である。**こうした仮定に基づくため、実存主義現象学トラディションに適する研究は、人々の実生活の経験をたずねることが多い。**このような質問への典型的な答えは、テーマに見られるパターン（thematic patterns）の記述であり（例えば、車とは自由、車とは自己の拡張、車とは性の象徴といったような）、各々と関連し合い、最終的に相互作用・個性・活動を含め、生活世界全般のコンテクストに関連することになる。はじめは、特定の人物からの視点であるが、最終的にその個々の視点を集約させ、構築された考え方の相違を理解することを試みる（例えばTian and Belk 2006）。例えば、実存主義現象学トラディションを利用し、クレイグ・トンプソンたち（Thompson et al. 1990）は、白人でアッパーミドルで既婚である母親たちを調査した。彼らの調査目的は、伝統的女性の役割が変化している時代における既婚の母親たちの生活経験を理解することであった。この目的を達成するために、彼らは誘導的に3つの女性の経験と互い関連する解釈テーマを明示した。さらに彼らは、これらのテーマ間に弁証法的緊張を見出している。これは、自由選択の現代的意味に対するインサイトを提供してくれるものである。

現象学的インタビュー技法（Thompson et al. 1989を参照）が消費者調査者と市場調査者の間でかなり使われ続けているのにもかかわらず、完全に現象学的な手法だけに依存して研究を進めることは珍しい。これはおそらく記述的なリサーチ・クエスチョンやその成果は、『ジャーナル・オブ・コンシューマー・リサーチ』や『ジャーナル・オブ・マーケティング』などの影響力が大きい学術ジャーナルにはほとんど掲載されないためだ。しかし、記述的な手法を見過ごしてはいけない。この手法は定性調査で重要な位置を占めている。

解釈学は、現象学と共通点があるが、まったく異なる手法である（Arnold and Fischer 1994）。このトラディションの鍵となる考え方は次のようなものである。すべての理解は言語に基づいており、研究者としての私たちは、信念・理論・コード・比喩・神話・行為・制度・イデオロギーが蓄積された文化的な世界に属している。この文化的な世界が私たちの理解と私たちが理解しようとするテクストを形作る。このような時代精神はデータ分析において資産になる。このような仮定のもとで、**解釈学トラディションに相応しいリサーチ・クエスチョンは、文化的観念が特定の経験や行動をどのように形作っているのかを問う。**

概して解釈学トラディションの理論的な貢献としては、考え方や行動の形成に影響を及ぼす文化的要素の分析がある。例えばアイリーン（訳注：本書の著者の1人、アイリーン・フィッシャー教授）とシール・オトネズ、リンダ・タンケーは、不妊治療を受けている女性に関する研究で「文化的な言説が、目標追求に関して鍵となる認知にどのような影響を及ぼすのか」をたずねた。消費者が達成することは難しいが、文化において高く評価されているチャレンジに対して、人生設計を形作ろうとするその個人の言説と、その文化で広く流布されている言説が、どのように影響を及ぼすかを描いていることが、彼女らの理論的な貢献である（Fischer et al. 2007）。かなり広めに考えると、現代の消費者調査と市場調査のうち、かなりのものが解釈学トラディションに位置づけることができる。

　ポストモダニズムは解釈主義のように、定性データを含むすべての研究を言及するのに時々使われる（例えばSherry 1991a）。より厳密な使い方をすると（Firat and Venkatesh 1995を参照）、**ポストモダニズム**研究のトラディションは次のような考え方に特徴づけられる。「メタ物語」（自由市場の考えや需要と供給の法則のように、社会がどのように動いているのかを説明してくれる広く共有される文化的記述）は、普遍的に見えるが裏付けのないものである。この普遍的な物語は、科学的または価値中立的な考え方であるように振る舞ったり、かき乱す必要があるくらい過度な単純化をする。しかし、競合するメタ物語と取って代わるものではない。私たち自身という意識を含めてすべての知識は、社会的に構築された言語の産物であり、批判できるものである。このような前提を考慮すると、**ポストモダン・トラディションに適切なリサーチ・クエスチョンは、当たり前のこととされている現象の理解がどれだけ疑問を投げかけることができるものなのかということである。**そのような疑問に対する答えは、関心をもった現象に対する（権威的であったり普遍的であったりするわけではない）代替的な見解を提供するだろう。例えばこのトラディションで研究を行ったダグラス・ホルト（Holt 2002）は、なぜブランドやブランド品マーケターの行為が市場で「問題を起こす」のかという疑問に対する批判理論（訳注：フランクフルト学派が発展させた社会哲学の理論。左記参照）の見解の妥当性を疑った。彼は、ブランドやブランディングの実務家が、現代の状況においてどのような影響を消費者に与え、消費者をどう方向づけるかを説明するために、代替的かつ弁証法的な見解を提示した。

現在発表されている定性調査のかなりの部分において、ポストモダンの考え方に基づいたインサイトがよく見られる。アイデンティティの分断や普遍的物語の減退、自我の脱中心化のような多くのポストモダン仮説が私たちにもたらした影響はあまりにも大きいため、ポストモダニズムは今や特定のトラディションであるというよりも、むしろ半ば紋切り型の解釈レンズと考えることができるであろう。同時に、厳密にこのトラディションに位置している論文の数は比較的少ない。これはポストモダニストの原則を深く受容するということは、ものごとについての既に確立した評価や理解に対して皮肉を込めた批評を行うということであるからだ。そのような批判は示唆に富むが、解体されることよりもより権威に基づいた説明を求める人にとっては、かなり苛立たしいものであろう。

批判トラディションによる研究は、ポストモダン・トラディションのように当たり前だとされることを批評する。しかしながら、これら2つのジャンルの研究の主な重要な違いは、批判トラディションは社会において下層にいるグループを抑圧することを支持するような当たり前だとされる仮説や実践を検証したり、変化の可能性を明らかにするということである（Murray and Ozanne 1991参照）。批判トラディションで研究を行う人は、次のような前提を共有している。現実は社会的に構築されるが、いったん構築されると、それは人々に「作用する」ようになり、形成された特権や抑圧のパターンを維持して人々の仮定や慣習を形作るという前提、権力を強化したり人々の特定のカテゴリーに対する抑圧を持続させる仮定や慣習を発見することに分析は役立つべきだという前提、個人には抑圧の状態に気付きその状況を変えようと努力する潜在能力があるという前提である。このような前提を考えると，**批判トラディションにおいて調査する者は，ある人々の集団に対する抑圧や排斥の原因にはどのような要因があり，この状況をどうすれば改善することができるのか，ということを問う傾向にある。**例えば，ロブによるバーニングマン（訳注：年に1度，1週間，ネバダ州の砂漠に町が作られる大規模イベントのこと）のエスノグラフィーの中で，彼は，消費者が達成しうる自由の程度や，消費者が抑圧的だと感じる現代の市場から逃げることを可能にしてきた社会的な慣習の種類に関するリサーチ・クエスチョンの枠組みをつくった。リサーチ・クエスチョンを解決する中で，彼は，効率的で合理的な市場論理から消費者コミュニティが逃れるために行われている慣習をいくつか発見した。そして，そのような方法によって消費者が市場から遠ざかっても，それは一時的で局所的にでしか起こりにくいということを強調した。

批判トラディションに影響を受けた多くの著作（ロブのバーニングマンのエスノグラフィーを含め）は，他のトラディションにも影響を受けている。学術ジャーナルにおいて求められる理論構築では，解放を目指す人々の戦略を見出すだけでなく，研究から得られる理論的インサイトを発見するということも概して求められるからである。それと同時に，最近の変革志向消費研究（transformative consumer research）は，批判トラディションの研究や論文を公表することの重要性を強調しているだろう（例えば，決定的な変化を引き起こすための参加型アクションリサーチについてはOzanne and Saatcioglu（2008）を参照）。

市場調査や消費者調査において地位を確立している他のトラディションは，**記号論**と言われるものである（例えばMick（1986）を参照）。記号論的分析は，言語によるものと言語によらないもの双方において，意味を創造するできごとの構造に焦点を当てており，記号やシンボルの創造や解釈を容易にする記号体系やコードを研究するものである。このトラディションは人間の理解と言語には親密な繋がりがあること，記号はどの言語システムであれ示している事柄に恣意的に結び付くこと，異なる言語システムは概念的なカテゴリーを異なった形で区分することを前提にしている。**記号論的分析において提起される問いは、シンボルの仕組みの中にある特定の言葉、フレーズ、ジェスチャー、神話、イメージ、産物、慣習などが、どのように意味を獲得していくのか、というものになることが多い。**例えば、ラスとシン・ジャオは、中国の広告について記号論トラディションに位置づけて共同研究を行った（Zhao and Belk 2008）。彼らのリサーチ・クエスチョンは次のようなものである。中国における広告が、歴史的に、消費の促進を正当化するために、支配的な反消費主義（anti consumerism）のイデオロギーをどのように取り入れたのか。この広告が、どのようにしてシニフィアン（訳注：意味内容の記号表現のことを指す記号論の用語）を共産主義と消費主義の架け橋にしたのか。どの表現の構造的パターンがこのイデオロギーの変遷を容易にしたのか。これらの問いに答える際、彼らはイデオロギーの変遷に関する構造的なフレームワークを作った。

詳細に見るトラディションの最後のものは、**新実証主義**である。実証主義と定量調査の間によくあるとされている強い結びつきを考慮すると、私たちが新実証主義を定性調査のトラディションとして扱うことに驚く人がいるかもしれない。けれども、新実証主義的定性研究のトラディション（しばしば比較に基づいた事例研究の形態をとる）は強力なものである。なかにはこれを不適切だとみなす者もいる（例えばPrasad 2005, p.4）。しかし、一方で批判を認めない支持者もいる（Eisenhardt 1989参照）。新実証主義トラディションにおける定性研究は、次のような前提に基づいている。社会現象を機械論的に、因果を示し、予測できるようには説明できないが、社会現象のパターン化された規則性は、相関的に、確率論的に説明することが可能で、それが望ましいのである。そのような説明を追求する際に、説明に役立つ、あるいは説明が求められる構成概念を明確に特定する必要がある。調査の目的はしばしば、一連の構成概念間にみられそうな関係と、その関係が生じうる不確かな条件の双方を特定することである。これらの前提を考慮すると、**このトラディションでの研究は、特定の現象を説明するのに役立つ諸要因、あるいは特定の現象**

が起こった時に生じうる結果について問うことが多いだろう。例えばスーザン・フルニエ（Fournier 1998）は、消費者がブランドとの関係をどのように形成するようになったのかについての基本的な疑問を呈した。彼女の帰納的な分析によって、ブランド・リレーションシップの構成概念を詳しく説明できるようになり、より質の高いブランド・リレーションシップに影響力のある諸要因を特定できるようになった。定性調査の新実証主義トラディションが消費者調査や市場調査の分野で明確に認められることはほとんどないのだが、多くの調査計画において、社会現象におけるパターン化された規則性を説明しようという努力が伴うという点にその影響は見られる。

調査トラディションについての議論を終わらせるにあたり、3つの見解を示そう。第1に、1つの調査において、2つもしくは3つの調査トラディションが盛り込まれるのはとてもよくあることである。ただし、これら複数のトラディションが等しく使われるのではなく、どれかが強調されるだろう。第2に、調査トラディションは型にはまっていない。時間の経過とともに発展する。ある1つのトラディションで行われたことが、別のトラディションの目的にかなうように変えられることもある。第3に、これらのトラディションの大半は、人々の取る行動ではなく、人々が言ったり書いたりする言葉に最も重点を置いてきたのである。ただし、観察の手順（第4章参照）は、人の話すことと行うことはしばしば矛盾していると いう前提から始まる。また、ほとんどの最良の定性調査は可能な限り観察を取り入れていると私たちは考えている。行動の観察に基づいたインサイトに限らず、モノの物質性への評価（Zwick and Dholakia 2006参照）も含めようとする進化が、調査トラディションで起こっており、私たちはこれを歓迎している。このことから、調査トラディションとは限定されたやり方に固執する厳格なものではない、と私たちが主張していることが分かるだろう。むしろこの議論によって、初心者が定性調査の様々な具体例から見出される多様性を評価することと、自分の調査がこの多様性の中でどのような位置づけになるのかを考えることができるのである。

EXERCISE 2・2

1 定性調査の分析に基づいた新しい論文を2つ読もう。
2 その論文がどの調査トラディションに分類されるのかを特定しよう。
3 ある調査プロジェクトが、違う調査トラディションに分類されていたらどのような違いが生じたか考えよう。

3 データ収集計画と調査トラディションをマッチングさせる

定性データは、インタビュー、投影法、記録文書、民族誌、ネトノグラフィー、観察（オンラインまたはオフライン）を通じて収集することができる。また、リサーチ・クエスチョンと調査トラディションのどちらも、特定の種類のデータの使用を厳しく指定したり禁じたりはしない。しかしながら、リサーチ・クエスチョンが分類される調査トラディションによって、収集することが望ましいとされるデータが存在することもある。

特に、もしあなたの研究が現象学トラディションを用いるならば、インタビューによるデータを大量に集める計画を立てることを勧める。現象学は個人の生活世界に焦点を当てているので、入念につくられた誘導的ではないインタビューなしでは、インサイトを深めることはできない。現象学的アプローチには、内観法もデータの情報源になりうる（Giorgi 1985）。補完物として、個人の日記や手紙も役に立つかもしれない。例を挙げると、観察法によるデータは、インタビューや内観法の補完物としては有用だろうが、現象学研究において分析の主な目標である思慮に富む思考を生み出す方法としては不十分である。自らの行動パターンに気がついていないインフォーマント（訳注：情報提供者）によって述べられたフィードバックが、インフォーマントにさらなる内観を促すこともある。しかし、あなたが研究を現象学トラディションの中に位置づけるならば、観察法それだけでは十分ではない。

解釈学トラディションを用いて研究を行うならば、インタビューや関連する人々や集団によって作られたテクスト、そしてエスノグラフィーやネトノグラフィーを参考にできる。解釈学トラディションを用いた研究での適切なインタビューと、現象学トラディションを用いた研究での適切なインタビューは異なることは大事である。Moisander et al.（2009）が主張するように、現象学研究においては心理学志向のインタビューが適切であるが、解釈学研究においては、人々のものの見方や行為が分かるような文化的カテゴリーや言説の調査に重点を置くことが必要になる。

解釈学トラディションに基づいた研究においては、インフォーマントによってはっきり述べられた見解を手に入れることが必要なので、観察法だけで十分に足りるということはめったにない。しかし、観察法は、被験者ははっきりと述べていないが当然視している解釈を、調査者が正しく認識するのに役立つ。そのため、インタビューデータのきわめて有用な補完物になりうる。確かに、この種の研究において、会話と行動の対比は非常に価値がある（Arnould and Wallendorf 1994）。解釈学の手法を研究している研究者はより広い文化的解釈（暗黙の了解といった解釈も含む）を参考にするので、社会歴史的コンテクスト上の調査のもとに経験上の現象を位置づけるのに役立つ歴史的、社会学的、そして文化的な学識に精通していることが不可欠である。オンラインで保存されたアーカイブ・データやマスメディアも、文化的理解を深めるのに役立つ。

もしあなたが、狭い意味でのポストモダン・トラディションを使って研究の位置付けを行いたいならば、テクストが主要なデータ源となるだろう。ポストモダン分析の典型的なターゲットであるメタ物語は、広告から他の研究者の論文に至るまで、様々な種類のテクストとして記されているだろう。インタビューデータは、文書データの補完物となるだろう。というのも、人々が言うことは、影響や彼らの論理を明らかにするために分析されうるメタ物語や当然の解釈に必然的に影響を受けているからである。

批判トラディションは、人々が経験する社会的無視や無力感や、彼らが不愉快であると感じたものを理解し緩和しようとする努力を解釈するために、インタビューやエスノグラフィーのデータをよく利用している。一方に権利を与え、他方は社会的に無視するといった状況を形作る要因を見つけ、これらの要因を緩和しうる方法を見つけるために、他のデータもまた必然的に必要とされる。権力や支配が生じる状況を明らかにするテクストのデータは、関心の対象となるコンテクストについての歴史的、社会学的、そして文化的な分析に役立つ。

記号論を利用する人は、広告のようなコミュニケーション目的のために意図的に作られた保存されたテクスト（言語的にも、視覚的にも）を主として研究するだろう。しかし、インタビューデータのような、質問の応答として作られたテクストもまた、記号論トラディションで用いられてきた（例えばGrayson and Martinec 2004）。記号論トラディションを用いた研究が、観察データやエスノグラフィーデータを集めるのはまれだろう。

最後に、新実証主義トラディションを用いた研究は、実質的にはどの種類のデータも利用する。インタビューデータのみに依存して研究することは、今まで挙げてきたトラディションの中ではまれだろうが、インタビューデータが、このような研究のために収集された一連のデータに含まれるのは普通である。つまり、これらのトラディションを用いた研究は、データソースをもとにトライアンギュレーションをよく行うので、1つのデータソースからのインサイト（例えばインタビュー）と、他のソースからのインサイト（例えばメディアで保存されたデータ）を比べることは普通なのである。

もう一度言うが、私たちはこれらの見解を提案しているのであって、ルールとして提供しているわけではない。定性調査法は、常に革新と創造の余地が残されている。しかし、これらの見解は、どのように、そしてなぜ、ある方法でものごとが典型的になされるのかを理解する手助けとなると私たちは信じている。次は、あなたたちにとって役立つであろうもう1つのエクササイズである。

EXERCISE 2・3

1　あなたが尊敬する著者を見つけて、その人がどのような技法を使っているのかを見よう。
2　彼らがよく引用する研究の特徴を考えよう。それらはどのような共通点があるのか考えよう。
3　彼らのリサーチ・クエスチョンを見てみよう。どのような共通点をみつけられるか考えよう。
4　違いを感じるために、その人のアプローチを、あなたが知っている他の著者と比較し、対比してみよう。

このエクササイズをすることを提案しつつも、研究論文の最終稿（文献レビュー、理論的展望、方法、発見事実、議論）に、実際に行われた研究がうまく反映されることは多くない、ということを注意しておきたい。研究は通常、直線的に展開するのではなく、データ収集や文献読解、思索、突発的な分析、画期的な考えや行き詰まり、アイディアの検討・洗練・放棄・再考・受け入れといった作業を前に後ろに循環しながら展開するのである。第9章で見るとおり、自分の研究には、独創性と創造性が入り込む相当な余地があるし、他の知的生産物と組み合わせることもできる。いったん自分の研究が査読プロセスに提出されると、研究結果をどのように組み立てて、解釈したのかについて、また、最初の分析および結論において、どこかうまくいって、どこがうまくいっていないかについて、相当な量の追加のインプットを得ることができる。とはいえ、私たちは自分を乗り越えようとしているのだ。まだプロジェクトの始まりに過ぎない。後の章でさらなるステージを展開させよう。

■調査トラディションや特定の理論についての追加的読書リスト

一般的な読み物

Anderson, Paul F.（1986）'Method in Consumer Research: A Critical Relativist Perspective', *Journal of Consumer Research*, 13（September）, 155–173.

Prasad, Pushkala（2005）*Crafting Qualitative Research: Working in the Postpositivist Traditions*, Armonk, NY: M.E. Sharpe

現象学に関する読み物

Kvale, Steinar（1983）'The Qualitative Research Interview: A Phenomenological and a Hermeneutical Mode of Understanding', *Journal of Phenomenological Psychology*, 14（Fall）, 171–196.

Valle, Ronald S. and Mark King（1978）'An Introduction to Existential-phenomenological Thought in Psychology', in Ronald S. Valle and Mark King（eds）, *Existential-phenomenological Alternatives for Psychology*, New York: Oxford University Press, pp.6–17.

Wertz, Frederick J. (1983) 'From Everyday to Psychological Description: Analysing the Moments of a Qualitative Data Analysis', *Journal of Phenomenological Psychology*, 14 (Fall), 197–242.

解釈学に関する読み物

Hekman, Susan J. (1986) *Hermeneutics and Social Science Knowledge*, Notre Dame, IN: University of Notre Dame Press.

Ricoeur, Paul (1981) *Hermeneutics and the Social Sciences*, Cambridge: Cambridge University Press.

Thompson, Craig J., Howard Pollio, and Willian Locander (1994) 'The Spoken and the Unspoken: A Hermeneutic Approach to Understanding the Cultural Viewponts that Underlie Consumers' Expressed Meanings', *Journal of Consumer Research*, 21 (December), 432–452.

ポストモダニズムに関する読み物

Clarke, David B. (2003) *The Consumer Society and the Postmodern City*, New York: Routledge.

Firat, A. Fuat and Alladi Venkatesh (1995) 'Liberatory Postmodernism and the Reenchantment of Consumption', *Journal of Consumer Research*, 22 (December), 239–267.

批判理論に関する読み物

Murray, Jeff B. and Julie L. Ozanne (1991) 'The Critical Imagination: Emancipatory Interests in Consumer Research', *Journal of Consumer Research*, 18 (September), 129–144.

Murray Jeff B., Julie L. Ozanne, and Jon M. Shapiro (1994) 'Revitalizing the Critical Imagination: Unleashing the

Crouched Tiger', *Journal of Consumer Research*, 21 (December), 559–566.

記号論に関する読み物

Gottdiener, Mark (1995) *Postmodern Semiotics*, Oxford: Blackwell.

Grayson, Kent and Radan Martinec (2004) 'Consumer Perceptions of Iconicity and Indexicality and Their Influence on Assessments of Authentic Market Offerings', *Journal of Consumer Research*, 31 (September), 296–312.

アクター・ネットワーク理論に関する読み物

Cheetham, Fiona (forthcoming) 'An Actor-Network-Theory Perspective on Collecting and Collectables', in Sandra Dudley, Amy Barnes, Jennifer Binnie, Julia Petrov, and Jennifer Walklate (eds), *Collecting Stories, Narrating Objects*, London: Routledge.

Latour, Bruno (2005) *Reassembling the Social: An Introduction to Actor-Network-Theory*, Oxford: Oxford University Press.

第3章

深層インタビュー

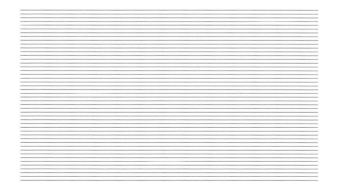

深層インタビューは、観察と参与観察とともに定性調査でのデータ収集の核心をなす。深層インタビューは、インフォーマントが語ることができるトピックについて深い理解を得ようとするものである。通常の場合、インフォーマントの人生で大事なことについて、または、インフォーマントが明らかにできる大量の情報や意見を取り扱う。カジュアルインタビュー、グループインタビュー、セルフインタビューなどの他のインタビュー方式もあるが、深層インタビューはフォーマルで長いものが多い。基本的には1時間かそれ以上続く。トピックや行動についてのインタビュー相手の知識に表面的に触れるのではなく、インタビューが進むにつれて次第にトピックについて深く探究しようとする。これを成し遂げるためには、ある程度の親密さや十分なスキルが必要である。他の定性調査法と同様に、成功の秘訣は、練習、練習、そして練習である。だから、この章のインタビューのエクササイズをすることを強く勧める。以下では、調査者自身がインタビュアーであるという仮定する。なぜならば、ほとんどの場合、それがベストだからである。しかし、インタビュアーを雇って訓練させる場合には、インタビュアーが直面しがちな問題に細心の注意を払えるように、自分自身がインタビューのエクササイズをする必要性がますます高まる。研究者は必ずしも自分でインタビューを行えるわけではない。例えば、あなたが男性で、中東諸国のムスリムの女性がインタビューの対象であると考えよう。ラスはこうした状況に直面し、女性の同僚であるラーナ・ソブヘにインタビューを行ってもらわざるをえなかった。また、インタビューが行われる場で使われる言語を話せることが望ましい。アラビア語を話せないことは、ラスが自分自身でインタビューする上で2つ目の大きな障害となった。通訳者に質問をX語からY語に訳し、そして回答をY語からX語に訳してもらうのは、ぎこちない上に、通訳により大量の情報が失われる。この場合、研究者はインフォーマントの言語が堪能なインタビュアーを訓練して、そして自分がインタビューを実施する現場から離れるべきである。これは逆のやり方をしていた時の手痛い経験から得た教訓である。そうするしかない場合もあるだろうが、通訳しながらインタビューをするのは決して理想的ではない。こうしたことから、調査者自身とインフォーマントが上手な言語で、かつ、自分自身でインタビューを行うと仮定した上で、話を進める。

1 インタビューの準備、インフォーマントの募集、場の設定

良い深層インタビューは現場に入る前から始まる。McCracken（1998）が指摘したように、なじみのない文化では、すべての物事が新しく独特であるから、実は調査をしやすい。自分が属する文化で調査をする場合、調査対象のトピックとある程度の距離をおき、それについて既に知っていることを忘れる必要がある。さもないと、自分の知識や思い込みを押し付けてしまったり、何でも知ってると思われてインフォーマントが発言しなくなったりする恐れがある。例えば、男と車について調査するとしよう。もしあなたが車についてとても詳しいことをインフォーマントに明かしたらまずいことになりうる。なぜならばインフォーマントは「私の発言の意味するところが分かりますよね」と言い、本当はある現象に対する考え方が異なったのに、両者とも相手の考えを理解できると思い込んでしまう可能性があるからだ。取り上げているテーマについて知らないふりをすれば有利になることもある（もっとも、そのテーマに関して、ある程度は知っているということを明らかにしても良いが）。ある現象を知らないという立場をとったら、インフォーマントはより詳しく、この場合は自分の車に愛着を感じる理由について、説明してくれる。

しかし偏見のない心とは、何も空っぽの頭を意味するのではない。現場に入る前、自分がどのような現象に興味があるのかをはっきりさせて、関連する文献を読んでおくべきだ。さもないと、呼吸する、握手する、食べる、座ることについて、いちいち説明を求める火星から来た人類学者になってしまう。理解し合うための共有されるものをある程度持つ必要があるのは明らかだ。スーツを着ている人にインタビュー

をする時、ジーンズやTシャツを着ているのはおかしいし、その逆もおかしい。あなたの外見とインフォーマントの外見が違い過ぎると、対等でないと思われてしまう。現場でインタビューを行う場合には、その集団の規範に従っていることが要求されるのだ。Douglas et al.（1977）がヌーディスト・ビーチを調査する場合と、ラスとジャナイン・コスタ（Belk and Costa 1998）がマウンテンマン・ランデブー（訳注：もともとは、19世紀前半に、ロッキー山脈を徘徊していた罠猟師や探検家の交易所のこと）を調査する場合がまさにそうであった。どちらのケースでも、脳漿《のうしょう》なめしのシカ皮（brain tanned buckskin）を身にまとうべきかもしれないし、もしくは何にも着ないといったように、その場にふさわしい格好をする必要がある。

しかしながら、インタビューされるのは自分ではない、という事実を見失ってはいけない。すべてはインフォーマントのためのものである。したがって、自分の経験したことや感じたことを差し挟むのは不適切だけではなく、自身の見解と知識をあらわにしてしまうと、インタビュー自体がだめになってしまうかもしれないのだ。知り過ぎているより、理解が足りないように見えるほうが望ましい。また一般的には、インタビュアーは目立つ服を着ず、すべての注目はインタビューされている人に向かうのである。

インタビューの準備では、新しい電池が入ったレコーダーと、もし予備のレコーダーがないのならば予備の電池を揃えるべきである。多くの場合、使われるのはデジタルレコーダーであるが、人々の相互作用に見られる視覚的側面が重要であったり、ビデオそのものがプロジェクトで期待された成果の1つであったりするならば、ポータブルビデオカメラも使われるだろう。どちらの場合においても、インフォーマントは、インタビューされることだけでなく、音声や動画として記録されることについても許可を与えるべきである。インフォーマントはインタビュー中に秘密が漏れることを完全には予期できていないので、ビデオを用いる時は、最初にインフォーマントにインタビューすることと記録することに同意してもらい、インタビューの最後に記録がどのように使われるのかについて同意してもらう。この記録の使い道には、情報を使用しないこと（レコーダーを破壊する）から、研究のみに用いること、学生や同僚に見せること、テレビ・ネット公開などすべてに用いることまでありうる。正確なインフォームド・コンセントの書式とあなたが用いる手続きは、プロジェクト（子供が親から特別に許可を貰うことを必要とするなど）のみならず、調査を行う場によっても変わりうる。制度や国によってインフォームド・コンセントに関する要求内容が違うからである。かなり事前の段階から、その場に特有な要求内容について学んでおくべきである。

もしビデオを撮るのならば、インフォームド・コンセントにはさらに注意が必要となる。ビデオ録画は通常、インフォーマントを特定することが可能なので、ビデオの使用用途を分かった上で同意しているかどうかに注意する必要がある。中産階級の人々には用途は伝わるであろうが、バングラディッシュの電気の通っていない田舎の村に住む人々には理解できないであろう。ビデオが録画されたら他人の目からどう見えるのかを調査者に見せることが好ましい。インタビュー中、いつでもインタビューを止めたり録画停止ボタンを押したりする許可を明確化する必要がある。インフォーマントが時に「オフレコ」を求めたり、装置がうまく作動しなかったり、録画に人が映っていなかったりする可能性があるので、インタビュアーは可能な限りインタビュー後に、まとめではなく一字一句を引用して内容を思い出す練習をする必要がある。このためには積極的に話を聞き練習することが必要である。録画のない場合は、洗面所や車の中、道の角などに隠れてさっとメモすることで、インタビュー後にできる限り書き留められるようにする。時にはキーフレーズを書き留めるだけでも、より完全な書き起こしを作成する際に詳細を思い出せるので、十分である。例えば、大きなパーティ、青いドレス、お父さんが怒っている、パンクしたタイヤなど。このようなメモや説明は、インタビュー後すぐに作られるべきである。

インタビューをする前には、誰をインタビュー対象にしたいのかも考えるべきである。小売店舗や職場でインタビューを行う場合（例えばMarschan-Piekkari et al. 2004）、初めに管理者から許可を得るための正式なプロセスが必要な場合もある。その他、募集ポスターや広告、「スノーボーリング」(訳注：雪だるま式の意) という方法 (初めてインタビューを受ける対象から知り合いが紹介してもらうこと) など、あるいは特定の基準を設けてインフォーマントを募集してくれる企業を用いる方法 (ラスとナン・ジョウは、中国で人はどう広告のことを理解しているのかという調査で使ったことがあり、ラスと松井剛、箕輪諭卯子は、日本で団塊の世代がギフトを贈る習慣についての調査でも使ったことがある) などがある。もしインフォーマントが実際に現場で会った際に集められた場合は、インタビューはその場で行われるかもしれないし、あるいは後にインフォーマントの家や、調査者が選んだ場所で行わなければならない。会社の従業員をインタビューする時に、プライバシーが確保される場所が企業内にないならば、会社から離れている中立な場所を選ぶべきである。そうすることで、インフォーマントは、インタビューが匿名性を確保できておらず、上司が内容を知ることができるという懸念を払拭することができる。ケリー・ティアンとラス (Tian and Belk 2005) がハイテクノロジー企業を調査した際には、近くにあるレストランを選んだ。その場にある余計な雑音に気をつけるべきである。静かなレストランは非常に良いが、騒がしいカフェでは録音することがほとんど無意味になる。

研究対象となる集団に対して横断的に比較が十分できるためには、どうすべきかも考えるべきである。グループ内の男性と女性、若者と年寄り、新しいメンバーと古いメンバーの双方と確実に話をすることである。これは正式的なサンプリングではないが、調査中にもし何か違いが発見された場合、その違いが再現されるのかを繰り返して確認するのは価値がある (例えば、カップルの男性と女性が休日についての語ることが違う傾向にある場合、この発見事実がそのカップル特有のものではないことを確信するまで、十分な数のカップルに対してインタビューをすべきである)。アクセスしやすいからと言う理由でインフォーマントを選んではいけない。さもないと歪んだイメージを得てしまう結果になる。

インフォーマントの家でインタビューを行うのが理想的であることが多い。インフォーマントがリラックスできるだけではなく、インタビューの焦点が家の中の物になるかもしれないからだ（例えば、パントリー（訳注：食器や食品などを貯える小部屋）を見て、インフォーマントたちがどのようなブランドの食品を持っているのかを知ることができる）。インフォーマントの「なわばり」であろうと、中立な場所であろうと、あなたの「なわばり」であろうと、プライバシーを保証し、リラックスできることが大事である。通常は、インフォーマントと向かい合って座る、あるいは対角線方向に座る。ただし、もし何かを見せる場合には、横に座るほうがよい。そのやり方の別のメリットとしては、インフォーマントが質問に答えながらそのものを見ている時や、あなたに見せている時に、あなたの視線に合わなくても良いということが挙げられる。自意識過剰にならず、時には、インタビューであることも忘れるかもしれない。インタビュアーのカジュアルだがプロフェッショナルな態度は、くつろいだ気持ちにさせることができる。正解や不正解はないこと、インタビュアーの関心はインフォーマントの個人的見解であることを最初から確信させることが大事である。インフォームド・コンセントを確立するために、インフォーマントがインタビュアーに質問をできること、インタビューを中止することができること、休憩を取れること、いつでもオフレコでの発言ができることを伝えるべきである。

2　会話としてのインタビュー

深層インタビューは特殊なタイプの会話である。他の会話と同じように、深層インタビューでは交互に発言をし、相手の言うことに興味を持ち、そして1つの話題に関して1つの会話の流れが存在する。深層インタビューは、質問やそれらの順序が決まっており、話題の流れや論理に関心を持たないサーベイ調査

（訳注：アンケート調査）とは異なるものである。たとえサーベイ調査における質問票（訳注：アンケート用紙）が幅広い解釈が可能な回答を求めていても、会話の論理や連続性に関心を持たず、車、家、持ち物に関する質問を行き来する。私たちは日常的な会話において、サーベイ調査のような形式が決まりきったものには耐えられないだろうし、深層インタビューでもこれを許容すべきではない。深層インタビューが、質問票を用いるサーベイ調査と異なるもう1つの点は、サーベイ調査が質問をリスト化した用紙を用いる一方で、深層インタビューは代わりに**プロトコル**を用いるということである（McCracken 1988）。プロトコルとは、質問のリストではなく話題のリストのことである。インタビュアーは一般的にプロトコルを記憶しておくが、予め決めた具体的な質問やその順序については記憶しないでおく。最初に行うインタビューでこれを守るのは比較的簡単であるが、繰り返しているうちに目に見えない質問票を読むかのように決まった順序でインタビューを始めないよう気をつけるべきである。別の友達に、同じ順序で質問する会話などしないだろう。インタビュー相手についても同様であり、そうすべきではない。

しかし深層インタビューは会話のようではあるが、深層インタビューは多くの点で日常会話とはかなり異なる。いくつかの点は、はっきりしている。インタビュアーとインタビュー相手は赤の他人であろう。インタビューは何らかの方法で記録され、インタビュー相手は口頭か書面によってそれを許可することを認める。インタビューの最初では、これから話す話題が何であるか、インタビュー相手は何を期待されているのか、そしてそのインタビューがどのくらいの時間を要するのかをインタビュアーが説明する。その他の違いはそれほど大きくない。例えば、インタビューでは交互に発言をするが、インタビュアーが明らかに会話を主導し方向づける。インタビューを受ける人は自身や家族や組織について明らかにすることを期待される一方で、インタビュアーはそうすることを一般的には期待されていない。むしろ会話でのインタビュアーの発言は、お願いごと、質問、プローブ（訳注：質問を深掘りすること）、分かったことを示す返事ばかりである。インタビュー相手が返事をしたり依頼されたことをしている際に、インタビュアーは視覚的マテリアルを用いる場合もある。例えば、ラスとロサ・ラマは異なる文化における笑顔の意味と解釈についての研究を行っている。このプロジェクトの一部として、彼らはインタビューを受ける人に写真や絵を見せ、その後で何が起こっているのか自分の考えを述べるよう頼んだ。異なった民族、ジェンダーの人々が異なったコンテクストで笑ったり他の感情を表現することを描写するために、視覚的マテリアルが用いられた。これはインタビューを受ける人々が写真に写る人々に対して自己の感情を表現する機会を得ることを意図した投影的課題である。この章の後半で投影的方法について詳しく述べる。

エスノグラフィックな調査では、インタビューという呼び方をまったく良しとしない形式ばらない会話から、事前に準備し記録される深層インタビューまで、様々なインタビューのタイプがある。また、追加インタビュー、事前インタビュー、複数の日に分けて行うインタビュー、最初の報告書に記された情報などの正確さについてインフォーマントが確認するメンバー・チェックなども行われる。これらの様々なインタビューは、深さ、幅、詳しさの程度でかなりの違いがある。そのインタビューは、彼らの個人的な生活についてというよりも、その人のビジネス、組織もしくは専門家としての役割についてかもしれない。グループインタビューやペアでのインタビュー（カップル、親子など）が適切である場合もあるが、多くの深層インタビューはインタビュアーとインタビューを受ける人の1対1であろう。この章の後半でフォーカスグループについて議論する際に、グループインタビューについて述べる。

深層インタビューが普通の会話と異なるもう1つの重要な点は、普通の会話であれば失礼にあたったり、場にそぐわないかったりするような方法でインタビュアーが会話を進める点である。一般的にインタビューは、インタビューされる人についてのバックグラウンドの一通りの紹介や、内容とは無関係の話題から始まる。例えば、彼らの経歴について、子供時代から話してもらうことから始まったりする。これらは「無駄」なトピックかもしれない。しかし、インタビュー中に立ち戻りたくなるような、その人をより深く理解するのに役立つコンテクストをもたらしうる。例えば、インタビューを受けた人が、彼が10歳の時に両親が離婚したということを話せば、子供時代の経験や家庭環境、家族の収入など様々なトピックの枠組みづくりに役立つだろう。

初めの「グランドツアー」質問（訳注：右にあるような本格的なインタビューの前に訊ねる質問）が終わったあと、インタビューの相手と十分に打ち解けていたら、インタビュアーは「〜について教えてください」（休暇とか、ミニクーパーや馬などへのこだわり、あるいは興味のあるものなら何でも）という形式の質問をする。しかし、トピックが極めて個人的なものであったり触れにくいものであったりする場合（コンドームの使用など）や、抽象的な概念（消費者の欲求など）を含む場合、調査の焦点を初めは明らかにしないことが重要な場合（微笑みの研究など）は、インタビューの初めのほうで「〜について教えてください」という形式の質問をすることは好ましくないだろう。このような場合は、一般的な質問や差し障りのない質問、投影的な質問（訳注：本章4節参照）から始めて、的を絞ったディスカッションに掘り下げていくべきである。全体から細部へと質問を進める流れはほぼ間違いない方法であり、じょうごアプローチ、すなわち（訳注：じょうごが狭い穴に液体を通すように）広いところから始め、段々狭くしていくような考え方である。例えば、子供にお菓子を与えることに関する研究であれば、まずはおおざっぱな家族の食習慣についてのディスカッションから始め、最近の食事、おやつや間食、そのあとでインタビューの相手の子供時代におけるお菓子との関わり、そして、最後に彼らの子供たちはどのようなお菓子を、どこで、いつ、だれと、口にするかに焦点を合わせる。したがって、**ガイドライン1：じょうごのように、全体から細部へと進めていく質問をしよう。**

深層インタビューを行っているインタビュアーは何を、どこで、いつ、だれと、どのように、ではなく、なぜという点に関心がある場合がよくある。しかし、皮肉なことだが、「なぜ？」という質問は極力しないほうがよい。なぜよくないのか？　これにはいくつか理由がある。おそらく最大の理由は、そのような質問は調査の参加者が彼らの行動について説明するとき、筋が通っていたり、分別があったり、責任感があると思われるような説明を強いてしまうからである。彼らの説明はもっともらしく聞こえるが、実際の理由を詳しく説明することよりも、筋が通っていたり、分別があったり、責任感がある人と思わせるために答えているかもしれない。例えば、なぜ子供たちにお菓子を買い与えるのか、回答者も分からないことがある。また、分かっているが話したくないのかもしれない（それがスージーをおとなしくさせる唯一の方法で、それによって束の間の平穏が訪れる、など）。一般的に、理由を訊ねることは相手を受け身にし、たとえ、合理的に動機づけられていなくても、訊ねられている行動を正当化したり合理的に説明したりする必要があると感じさせてしまう。なぜそのような行動をするのか分からないのかもしれないし、本当の理由を話したくなかったり、話すことができなかったりするのかもしれない。したがって、**ガイドライン2：「なぜ？」という質問はしない。**もし理由を訊ねる必要があるのであれば、やわらかい表現や、間接的な方法で訊ねよう（どういうことでしょうか、それについてもう少し話してくれませんか、どういう意味でしょうか、など）。

もし深層インタビューがうまくいっていれば、インタビューの相手は長く、詳細な回答をしてくれ、インフォーマントはインタビューを進めていくための最小限の発言をするだけである。もし、質問の長さが回答と同じかそれ以上の長さであれば、それはインタビューがうまくいっていないサインと受け取ってよい。このようなとき、その落ち度はほとんどの場合、インタビュアー側にある。彼らの質問を調べると、具体的な質問、とりわけイエス・ノーと答えるだけで十分な質問（あなたはXをしたことがありますか。それはあなたが初めて分かったときのことですか。それはあなたが考えたことですか、など）をしている。

そのような質問をすること自体はよいのだが、それに引き続いてより詳細な回答を求めるような質問を用意すべきである。例えば、「それについてもっと詳しく話してくれませんか」などといった質問を続けることができる。しかし、これらは追加的な質問ではなく、イエス・ノー・クエスチョンの代わりに訊ねるべきものである。半構造化された自由形式のインタビューでは、インタビュアーは回答を反映させた次の質問を用意する必要がある。**ガイドライン3：イエス・ノー・クエスチョンをしない**。これをすべきでない理由が他にもある。もし、得られる回答がシンプルなイエス・ノー（もしくは数字や、それに匹敵する短い回答）であったら、頭の中で次の質問を考える時間がほとんどないのである。

深層インタビューは、深い内省と分厚い記述（thick description）（訳注：その人の行動を理解するためにコンテクストも含めて記述すること。文化人類学者のクリフォード・ギアツによる）を得るためのものであるため、インタビュアーがリラックスすることと、インタビュー相手をリラックスさせることが重要になってくる。インタビュー相手にとっては、急かされると感じることなく時間と自信を持ってインタビューを続けるために、あるいはインタビュアーにとっては、次の議題に移るのが早すぎて表面的な回答しか得られないままに議題を終えてしまうことを避けるために、リラックスすることが大事になってくる。インタビュー相手を話し続けさせて初めの回答をより詳細に述べさせるために使われるある1つの常套手段は、**プローブ**を使うことだ。これは、短い言葉や身振りなどで、より詳しい答えを求めることである。もっとも一般的なプローブの1つとして、繰り返しプローブがある。インタビュー相手の話が止まったときにこの繰り返しすることで、インタビュアーが話す番になる。質問をする代わりに、語尾の声のトーンを上げながらインタビュー相手の最後のフレーズやキーワードを繰り返すことによって、それを明確な説明や詳細を求める質問に変えてしまうのだ。例えば、インタビュー相手が「いつもの感じで彼に贈り物をしました」といったように曖昧な表現で回答を終えた場合に、インタビュアーは「いつもの感じ？」と探りを入れるのだ。他のプローブとしては、言葉を用いずに、単にうなずくことや、「なるほど面白いですね、続けてください」という意味で眉毛を上げることなどがある。これらは言葉でも表現できるが、少し会話を遮ってしまう恐れもある。また、インタビュアーは短く「ふうむ」と口ずさむなどして興味を示すこともできる。この後者のプローブの目的は、自分は話を聞いているし、相手の言ったことを面白いと感じているし、もっと聞きたいと思っている、といった考えを暗示することにある。インタビュアーは、「あぁ」「分かります」「なるほど」といった応答もできるが、それは特定の回答を促すものではないことは明白にしておかねばならない。目的は、相手が話すことと詳細に述べることを促すことであるが、特定の回答を求めてはいないのだ。インタビュアーは何を言われようがそれを受け入れるべきであり、「それが聞きたかった」や「それはいいね」と言わんばかりに評価することは避けなければならない。

進行具合に応じて、より特定された詳細について尋ねることもできる。「その出来事を初めて経験したのはいつですか?」「どのような気分になりましたか?」「その後どうなりましたか?」といったように聞く。たまに、また別種のプローブを使うこともある。それは「沈黙」である。沈黙は心地よいものではないし、数秒の間でも体感ではもっと長く感じうるため、最終的にインタビューされる人はより詳しく述べるのだ。この手法は普段の会話の中では比較的失礼にあたるかもしれないが、再度確認しておくが、深層インタビューは普通の会話ではない。一般的に、返事に間があいて途切れた時が、プローブを使うよいタイミングだとされる。もしも会話が非生産的な方向に向かってしまい、もとの軌道に戻したいと思わない限りは、相手が話し続けていれば、探りを入れる必要はないのだ(しかし次を参照)。軌道がずれた場合、「数分前、あなたはご自身のご家族が貧乏な時のクリスマスギフトについて述べていましたが、それについてもう少し詳しく教えていただけますか?」といった風に聞くことができる。そうでなくとも、インタビュー相手が、家族が貧乏だったころのクリスマスギフトの話から、リサーチ・クエスチョンの解決に有効な何かについての話（例えば、貧乏でなくなった現在のクリスマスギフトの話など）になった場合には、彼らの話を遮るようなことはせず、貧乏だったころの話に戻すことだけを忘れなければよいだけの話なのだ。**ガイドライン４：回答がうまくいってる流れをさえぎることなく、慎重かつ戦略的にプローブを使って詳しい情報を聞き出すこと。**おそらくプローブが深層インタビューにおいて詳しい情報を得るために最も重要な要素であるだろう。不慣れなインタビュアーは、沈黙をたいそう心地悪く感じて次の話題にすぐに移ってしまいがちになってしまう。それをやってしまうと、表面的な回答しか得られないし、インタビュー相手が言うべきことを引き出せずに終わってしまう。

インタビューで既に述べられた関心のあるトピックに戻ることで、既に取り上げられたかもしれないし、そうではないかもしれない、論理的に関連するトピックについて考える機会を得ることができる。そのため、「あれは、あなたが過去に子供にあげたクリスマスギフトですね…」などと調査者は言うかもしれない。調査者はそれを言っているとき、自分が見落としていることはないか考えるべきである（例えば、子供のときにもらったクリスマスギフト、自分の子供たちへの今回のクリスマスギフト、あるいはクリスマスギフトに限らず、例えば、誕生日に子供たちにあげたギフト、なんでもない日に子供たちにあげるギフトなど）。時代、世代、および状況は、調査者が探究しようと考えている次元のほんの一部である。このコンテクストでは、他には、感情（うれしい、悲しい）、理想主義（理想、現実）、家族の役割（子、親）、ギフトでの役割（贈り手、受け手）などがあるだろう。そのため、もう一度前に戻ることで、あまりにも簡潔に言及されたトピックをより深く追求するだけでなく、物質的、または感情的な分野をカバーするのにあたって、見落としているものを知ることができる。そこで、私たちはこう提案する。**ガイドライン５：より深い理解を得るために、あるいは議論がされていない内容に引き込むために、前のトピックに戻ること。**

全体から細部へと進んだり、前のトピックに戻ったり、戦略的なプローブをしたり、論理的に前から次のトピックへとつなぐことは、インタビューの回答が表面的なものに留まるのではなく、深く分厚い記述を確実に行う上で役立つ。それだけでなく、深層インタビューに何らかの構造を与えることにもつながる。それと同時にそのようなことを行うことで、インタビュアーはインタビューを滞りなく生産的にする必要がある。それでも、私たちは何を発見するか分からない。分かっているなら深層インタビューを行う必要はないだろう。これは、インタビューでは関心や関連性がある新しいトピックを探索するために、インタビューのプロトコルから離れることをいとわない柔軟さが必要である、ということである。インフォーマントに調査全体の目的を伝えたら、それは、私たちは目的地、つまり「インタビューで到達したいこと」を明らかにしたということである。目的地を頭に入れておきながら、私たちはインフォーマントが質問に答えるとき、彼らが望むのであればすすんで脱線をする必要もある。いくつかのケースでは、脱線しすぎてしまうので、インタビュアーとして本線に戻るようインフォーマントを導く必要があるだろう。しかし、他のケースでは、その脱線が、インタビューが元々進行していた本線よりも面白く有益だと分かるかもしれない。例えば、先ほどの例であるギフト贈与の研究において、インタビューをされている人が、彼女が受け継いできた日本文化や、包装が日本文化でどれほどに重要なのかについて話し始めるとする研究の初期の焦点がギフト自体にあったとしても、ギフト包装やギフト贈与の習慣もギフトの一部であると考えることができると理解し始める。この場合、ギフト包装について話すという脱線した内容は、今回、もしくは今後のインタビューで徹底的に調査されるべきである。他の場合では、脱線した内容は行き止まりになる可能性もある。もしインタビューされる人が、ギフトを受け取る人に関する長話を始めたら、これがそのケースかもしれない。寄り道を続けるかどうかは常に判断が必要であり、インタビュアーが判断を誤る場合は、その誤りは脱線しなかったことよりも脱線しすぎたことにあることが多い。したがって、

ガイドライン6：インタビューされる人が話す脱線したトピックを深掘りするのをいとわない姿勢を持とう。そのとき注意すべきことは、いつインタビューを元の話題に戻すべきか適切な判断をすることである。

これは、調査段階やどれくらい分析が進んでいるかによるだろう。第7章、第8章で述べるように、分析は現場で始めるべきである。調査の初期段階では、インタビューはより探索的であるだろうし、本線を外れたほうが実りある場合がある。

EXERCISE 3・1

まず、できればあなたと同じく、より良い深層インタビューを行おうと努力している人をパートナーに選ぼう。そして、相手をインタビューしている時に録音して内容を記録しよう。これまで説明してきたガイドラインや最高のインタビュー・スキルを使って、この人の趣味や特別に関心のあることについて出来る限り知ろう。「グランドツアー」質問から始めてインタビューを構築してみよう。じょうごアプローチとプローブを用いよう。上手に自然な流れをインタビューでつくろう。その際には、流れが止まった際に振り返って聞いてみたいことを忘れないようにしよう。

15分程度のインタビューを終えたら、立場を変えて、今度はパートナーにインタビューしてもらおう。同時に非言語的なことで知ったこともフィールドノーツに記録しよう。録音を聴き直し、上手くいったところとそうでないところを聞いて、パートナーからも感想をもらおう。どのくらいの情報を聞き出すだけではなく、あなたとパートナーが2役とも快適に感じているかどうかを注意しよう。深層インタビューのプロセスと結果を向上させる上でどのような教訓が得られるだろうか。

3　フォーカスグループ

皮肉なことに、フォーカスグループ（訳注：グループインタビュー）はビジネスの中で最も一般的に使用される定性的な方法だが、学界で最も一般的に使用されていない定性的な方法である。産業界でフォーカスグループが人気である理由は、比較的に迅速、簡単かつ安価で実施することできると同時に、実務家（しばしばマジックミラーの後ろにいる）が潜在的顧客を直接、見ることができるからである（Stewart 2010）。学術研究においてフォーカスグループの不人気である主な理由は、グループ・ダイナミクスが生じるため状況を複雑にしており、1対1のインタビューに見られる深みが概して欠けているからである。フォーカスグループはたいてい見知らぬ他人から構成されているにもかかわらず、より消極的に自分の感情や動作を表現することがあるという理由もある。支配的もしくは説得力のあるグループメンバーのせいで集団浅慮（group think）に陥ってしまうこともまた、グループ・ダイナミクスである。さらに、グループ内の責任の拡散に起因した「リスキー・シフト」（risky shift）により、フォーカスグループ内で危険なスタンスを取る傾向もそうである（Catterall and Maclaren 2006）。しかし適切に運営されたフォーカスグループでは、自由に意見の共有をできるグループ・ダイナミクスが実現する。それが可能なのは、参加者は受け入れられていると感じ、間違っている答えなどはないことが理解され、意見の多様性が確保されているようなクリエイティブな環境をモデレーター（訳注：司会）が作ることができた場合である。より細かくフォーカスグループのメリットを検討する前に、良いフォーカスグループインタビューを実施するためのガイドラインを見てみよう。

(1) フォーカスグループのメンバー募集

一般的にフォーカスグループのメンバー数は6人から12人ほどが望ましいが、8人になることが多い(Catterall and Maclaran 2006; Stewart et al. 2007)。この人数は、1箇所にグループメンバーを集め、直接対面する形のインタビューであることを想定した上でのことである。もしこれがインターネット上で行われるバーチャルフォーカスグループなら、5人程度の少なめの人数が良いだろう(Kozinets 2010a)。一般的に言って、直接対面するフォーカスグループの場合、年齢、性別、興味分野(例えば、料理、車の手入れ、ガーデニング)の経験値といった点でメンバーが同質的である必要があるべきだ。というのもメンバーがより楽に会話ができるようにするためである(Fox et al. 2007; Kozinets 2010a)。同期的(訳注:チャットなどその場でのやりとりがあること)に視覚的なコミュニケーションが行われない限り、バーチャルフォーカスグループならば、年齢や所得の同質性があまり重要ではない。しかしながら、会員制の掲示板など非同期的(訳注:メールなど時間をおいたやりとりのこと)なバーチャルフォーカスグループの場合は、(グループとしての自然さはあまりないにしても)参加者にとって会話がしやすい(Fox et al. 2007; Kozinets 2010a)。与えられたプロジェクトのフォーカスグループがあまりにも小さくてその代表性が疑われても、メンバーの間に所得や教育の水準などの異質性が適切な水準であればインサイトは得られる。市場調査会社に依頼すると、クライアントの具体的な要請に合わせたフォーカスグループの募集サービスを提供してくれるが、こうすると「プロ」のフォーカスグループメンバーが中にいるかもしれないという危険が生じる。彼らは、たいていは金目当てで複数のフォーカスグループに参加し、特にセントラルロケーション(訳注:会場に集まってもらうこと)での調査でよく見られる。こうした人は、調査を重ねる中で非典型的な消費者タイプになってしまう。一般的に言ってフォーカスグループは、友人同士よりも互いに見知らぬ人たちが集まるため、匿名で行われる（Catterall and Maclaren 2006）。これが例外的なのは、日々のチャットやソーシャルメディアへの投稿から発生する集団現象など自然に起きる相互作用について調査する場合である。医者やＣＥＯのようにメンバーの募集が難しい場合は高いインセンティブとクリエイティビティが必要とされる。Stewart et al.（2007）は、ＣＥＯを対象にしたフォーカスグループのため、ＣＥＯたちと彼らのパートナーを週末クルージング（全額を研究費で負担）に招いた調査プロジェクトに関して述べている。

(2) フォーカスグループの準備と運営

プロトコルの準備、じょうごアプローチ、プローブ、投影法などの個人インタビューの技術がフォーカスグループにも使えるが、いくつか追加的に考慮する点がある。典型的な1～2時間のグループインタビューの場合、メンバーたちには彼ら自ら会話の前に自己紹介ができるよう、名字か名前が書いている名札を配る必要がある。彼らには水やソフトドリンク、軽いおやつなどが提供される。調査者が関心あることに注目を集めるために、たまには製品やパッケージ、広告などの刺激が使われる場合もある。モデレーターはフォーカスグループメンバーが気楽に意見を表現できるよう、安全で心地よい環境を提供する必要がある。一部のメンバーが主導権を握り始めたら、他のメンバーの意見を聞くなど刺激する必要がある。集団浅慮が起こりだしたら、モデレーターは他の考えや観点などがあるのか些細なところまで聞く必要がある。投影法（後述）を使うと、より多様な意見を求めることができる。プロトコルはどれが最も有効なのか事前テストをする必要がある。コンフリクトの解決、コンセンサスの形成、意気投合などプロセスを観察するなど、グループ・ダイナミクス自体が調査者の関心の対象となる場合もある（Gaskell 2000; Mariampolski 2006）。

(3) フォーカスグループを使う場合、使わない場合

フォーカスグループは、共有されている意味や言葉遣いを調べたいと思っている時、特に効果的であるとCatteral and Maclaren (2006) は述べている。例えば、もし調査者がオランダのヒップホップカルチャーもしくは、冬にクロスカントリースキーのレースに出る人々の夏のローラースケートの使い方について基本的な知識を得ようとする際、参与観察の前に適切に選別されたメンバーで構成されたフォーカスグループを行えば、本格的な調査を始める上での良い導入になるだろう。また、グループ・ダイナミクスの弊害が残るものの、味や匂いのテストやパッケージ・デザインへの反応を知る上でフォーカスグループは役に立つ。右で述べているように、フォーカスグループは、男性と女性（あるいは両性が混ざったグループ）がコンセンサスを得るプロセスなど、ある種のグループ・ダイナミクスを調べる上でも良い方法でもある（Faskell 2000）。同時に、フォーカスグループに不適切なトピックもいくつかある。長い物語を引き出す場合や態度を測定したい場合などがそうである（Barbour 2008）。一般的に言って、フォーカスグループは探索的調査として用いるのが最善の方法だと言える。モデレーターが最善の努力を尽くしても、フォーカスグループは集団浅慮を引き起こす危険があり、どのケースでもまったく代表性がないということを肝に銘じておく必要があるだろう。顧客サービス・ポリシーの変更など具体的な実務上の問題に対する答えを引き出すことをできるかもしれないが、フォーカスグループから得られたデータのみを根拠にした論文が学術ジャーナルに載るのはごく稀なことである。

(4) フォーカスグループから得られたデータの分析

フォーカスグループのモデレーターは、フォーカスグループが行われてからすぐレポートを提出するよ

うに要求されることが多い。しかし、急《せ》かさずに十分フォーカスグループの音声とビデオの再収集と再分析をすることが最も重要である。深層インタビューのように、このフォーカスグループは十分気をつけて解釈されるべきである。グループ・ダイナミクスが起こることを考えるならば、文字に起こした記録の中にある非言語的な情報がより重要である場合もある。第6章でフィールドワークとインタビューを記録する方法について詳しく述べることにする。フォーカスグループでより難しいのは、誰が何をしゃべったかという点である。モデレーターがどれほど調整しようとしても、メンバーが他の人がしゃべっている上に発言するため、音声記録は解釈しづらいという特性がある。ビデオ記録がこのような場合より有効ではあるが、楕円型のテーブルが使われる場合、2つのカメラでテーブルの両サイドから話を撮影する必要がある。バウンダリマイク（訳者注：テーブル上などに置く外付けマイク）もテーブル全体の会話をより良い音質で録るためには必要だ。記録ができたら、第7章と第8章で記述するコーディングとデータ整理を活用した分析が行われる。

EXERCISE 3・2

6～8人のチームを作ろう。グループごとにモデレーターを決めよう。音楽・車・オーガニックフードなど、今時流行りのトピックのフォーカスグループのためのプロトコルを準備しよう。モデレーターとして優れたテクニックを発揮してフォーカスグループを行おう。ディスカッションが終わるか時間が経ったらグループメンバーと振り返ってみよう。グループで出した意見は本当にグループ全体の意見なのか？　すべてのメンバーが何かしら発言できるトピックであったか？　十分に議論に加わることができなかった人がいたのはなぜか？モデレーターがどうすればより上手くなれるか？

4 投影法

投影法は精神療法に由来する。人々は感情の根源を自分自身に見出すより、自身の感情を他者（または動物やカートゥーン）に投影する傾向があるという考え方に基づくものである。加えて、ブランドイメージに関するより直接的な質問において人々が使うであろう言葉よりも、ボキャブラリーが「不適切」に使用されて自分の考え方や特徴づけが形作られるメタファー（例えば、もしブランドXが動物だとしたら、それは…）のほうが、隠されたものをあらわにすることができる。さらには、投影法エクササイズは、インタビューのペースを変えて、みんなをリラックスさせるので、参加者と調査者の両方にとって気楽な休憩となる（Gordon and Langmaid 1988）。インタビュアーは深層インタビューの質問には正解も誤答もないということをいつも明確にすべきであるが、これは、カートゥーン（訳注：マンガ絵のこと）を見せて描かれている人は何を考えているだろうかと質問する際にもまさに当てはまることである。

インタビューで投影法を使用する理由は他にもいくつかあるので、この手法はもっと用いられるべきである。Moisander et al.（2009）が強調したように、消費者は、自分の人生の経験についての真実の答えが詰まっている壺ではない。投影法は、インフォーマントが直接言いづらいことを間接的に言いやすくする。センシティブなトピックや社会的に望ましい答えが求められるようなトピックについて投影法を用いると、インフォーマントは脅威に感じず、自分を目立たせないまま回答ができる。消費に関する想像の多くは本質的に非現実的であるから、投影法は消費者がつくりだす空想に迫る上で素晴らしい働きをする。そして投影法は楽しいので、質問に「真面目に」答えるという決まり事から逃れることができる。デニス・ルック（Rook 2006）は、集めた情報の量に応じて投影法を3つのグループに分けた。少ない情報を生み出すものは、言語連想法（word association）や文章完成法（sentence completion）、カートゥーンテスト法（cartoon test）、シンボルマッチング法（symbol matching）である。中くらいの情報が生み出されるのは、擬人化法（object personification）や買い物リスト分析（shopping list analysis）、絵画描画法（picture drawing）である。最も多く情報が生み出されるのが、コラージュ構成法（collage construction）、テーマストーリー法（thematic stories）、ドリームエクササイズ法（dream exercises）、サイコドラマ法（psychodrama）、オートドライビング法（autodriving）である。調査目的に応じて、これらのメソッドから選択すべきである。情報は必ずしも多ければよいということではない。

Gordon and Langmaid（1988）によれば、1878年に**言語連想法**を初めて用いたのはフランシス・ゴルトン卿（訳注：イギリスの人類学者、統計学者、探検家、遺伝学者）である。その考え方は、被験者に一連の関係のない言葉を1つずつ提示して最初に思いついたことを答えてもらうというものだ。例えば、もし言葉の1つが「ビール」という言葉だったら、連想するのはブランド名だったり「水っぽい」というような特徴だったりするであろう。そのような最初に思い浮かんだ無防備な連想は、消費者から製品カテゴリーはどのように思われているのかということにインサイトを与えてくれる。コンピュータのスクリーンに言葉を映し出すことによって、その人がどれほどその連想語に慣れ親しみ満足に感じているかを示すものとして、被験者の隠れた反応を測ることができる。例えば、もしあなたが言語連想法を使ってこども向けシリアルのブランド名候補をテストしており、例えばクァックス（Quax）という名前はアヒルや医者、老いぼれ馬のような連想をさせるとしよう。連想の頻度と反応の短さが示唆するのは、この連想は容易に生じるということだ。何の連想が行われているかを早く把握する1つの方法は、連想語をワードクラウドで描くことである。Danes et al.（2010）は2つのファストフードチェーン店の連想語について研究した。**図3・1**はインアンドアウトバーガー（上）とマクドナルド（下）のワードクラウドを示している。あな

図３・１　インアンドアウトバーガー（上）とマクドナルド（下）の言語連想法

出所：Jeffrey E. Danes, Jeffrey S. Hess, John W. Story, and Jonathan L. York (2010) 'Brand Image Associations for Large Virtual Groups', *Qualitative Market Research*, 13(3), 309-323.

たはこれらの結果をどう解釈するだろうか？

文章完成法も、まずふと心に浮かんだ連想をつかむためのものであるが、一語で行うよりも刺激的である。例えば、ラス（Belk 1985）は、物質主義のものさしを検証するために、以下のものを含む空欄補充を用いた。

クリスマスは～する時である。
庭付きの家を持つことは～。
今この時点において、私の人生の中で私が最も幸せになるものを１つ挙げるとすると～。

そして、その結果は物質主義と非物質主義に分類され、それぞれの連想のタイプの例は物質主義的な尺度において、スコア

図３・２　ＡとＢ

出所：Tian, Vane-Ing, Chinese University of Hong Kong提供。

を比べられる。

言葉連想法や文章補充法は数語しか引き出せないのに対して、**カートゥーンテスト法**は、状況を単純に描いたものを使って、参加者に、なにが起こっているか聞くテストである。それに対する回答は、前提や態度を暴くものであるかもしれない。例えば、**図３・２Ａ**と**３・２Ｂ**のカートゥーンは、小売サービスでの出来事におけるジェンダーの役割について学ぶために、それぞれ、怒った男性客と女性店員、怒った女性客と男性店員を描いている。カートゥーンテストにおいては、時に、登場人物に対して、考えていることや話したことの吹き出しが用いられることもある。例えば、**図３・３**において、靴を買うことと、どの靴を履こうか選んでいる、という気持ちを読み取ることができる。これと同様の手法は、自分自身に買う場合と他の人への贈り物として買う場合について調べた贈答に関するMcGrath et al.（1993）による研究で用いられた。

シンボルマッチング法では、私たちは、人、ブランド、その会社、他の興味対象について、簡単な目に見えるメタファーを知ることができる。例えば、上品で繊細なティーカップからごつごつしていて大きなマグカップまで、カップを並べ、どれが会社を一番よく表しているか質問するとする。または、**図３・４**のように動物の絵を並べて、例えば「もしオプラ・ウィンフリー（訳注：アメリカ人なら

図3・3　AとB

A　　B

図3・4

知らない人はいないテレビ番組の司会者兼プロデューサー、慈善家）がこれらの動物のうちの1つだったら、彼女はどれだと思いますか？」と質問することができる。同様のことは、様々な人間の特徴を捉えるような犬の種類でもできる。例えば、すばしこいグレイハウンド、頑健なシベリアン・ハスキー犬、エレガントなプードル、素朴でかわいいパグ、働き者のコリー、どちらかというと飲み込みの悪いブラッドハウンドなどである。または、人やブランドや企業を、様々な自動車、抽象的なデザイン、飾られた部屋、形、色、靴下、服、帽子、家など、何かを表現するシンボルとつなぎ合わせることもできる。子どもに関するある研究では、子どもの消費のステレオタイプを調べるために、刺激やシンボルを見せて、（絵に示された）車や家のうちどれを、祖父、友達が多い人、医者、郵便配達人などは持っていると思うかを質問した（Belk et al. 1982）。車は、小さいものと大きいもの、新車と中古車、スポーツカーかそうでないかの組み合わせで選ばれたのに対して、家は、新築と古い家、大きい家と小さい家の組み合わせで選ばれた。年齢が違う学生の間でどれだけ同意があったかどうかを調べることで、この研究では、異なる年齢において、消費タイプに関してどれだけ強いステレオタイプがあるかを結論づけることができた。

これらのシンボルマッチングの中には**擬人化法**に酷似した投影法もあるが、しばしば不可視的である点では異なる。擬人化法の際に、私たちは「このブランドがテレビスター、あるいはムービースターだとすると、誰にあたるだろうか」と問うかもしれない。あるいは、動物や車など、より人間に似た記号を用いるかもしれない。例えば、敬虔なアップル信者の研究において、マッキントッシュと、ウィンドウズOSのPCは、どの車にあたるのかと問うだろう（Belk and Tumbat 2005）。アップルはフォルクスワーゲンの「ビートル」やバン（場合によってはバックミンスター・フラーのダイマクションカー（訳注：アメリカの発明家・建築家フラーが1933年に設計したコンセプトカー））にあたるとする一方で、ウィンドウズは失敗に終わりそうな特徴のないシボレーにあたると、常々言われていた。これらの描写はこう示唆する。

表3・1　メイソン・ヘアが行った研究での買い物客のタイプ

タイプ	ネスカフェ	マックスウェルハウス
怠け者	48%	4%
家のものの買い物やスケジュール管理が上手くいっていない	48%	12%
倹約家	4%	16%
浪費家	12%	0%
良い妻ではない	16%	0%
良い妻である	4%	16%

（当時）マックは「小人」とか主流のPCに敗れた者とみなされていた。また，マックは，ヒッピーの時代とその文化の一部分であったフォルクスワーゲンのバンを思い出させた（Vanden Bergh 1992）。そしてウィンドウズは，マックと比べるとレトリック的な面白味に欠けており，信頼性に欠けるとみなされていた。

投影法を用いた最古のマーケティング研究の1つに，メイソン・ヘア（Haire 1950）による**買い物リスト分析**がある。1950年代の主婦たちは，インスタントコーヒーが便利であるにもかかわらず，買いたがらなかった。そこで，ヘアは2つの似通った買い物リストのうち1つを彼女らにみせた。ラムフォードのベーキングパウダー，人参一束，ワンダーブレッド2個，1・5ポンドのハンバーガー，デルモンテの桃2缶，5ポンドのジャガイモが両方のリストに載っている。しかし，一方でマックスウェルコーヒーの1ポンド缶（ドリップ用の挽き豆）が，他方でネスカフェのインスタントコーヒーがっている。女性たちは，そのリストを作った買い物客の性格や特徴を記述するよう求められた。結果は，**表3・1**のようなパターンを示した。インスタントコーヒーを買う客は浪費家だと思われる傾向にあると同時に，この買い物客は怠惰で，計画性がなく，貧しい主婦だと思われるという結果が顕著に得られた。明らかに，インスタントコーヒーは，コーヒーを入れるという「正しい」主婦の役割から外れた簡単すぎるものだとみなされていた。この実験の追試ではこうした考え方がなくなっていったことが明らかになったが、買い物リストの調査を利用すると、より直接的な質問では得られないような結果が見えてくる。よく似た方法が、部屋の中のモノやそれらが整理されているか（Gosling 2008）とか、財布の中身（Belk 1978）を見たときに得られる印象についての調査に使われている。

絵画描画法は、児童心理学に由来する1つの技術である。例えばマコーバーの人物描画法テストは、子どもに男の子の絵または女の子の絵を描いてもらい、その絵に基づいて児童の知能および性格を推測する（例えばGoodenough 1926; Levy 1950）。例えば、Chan（2006）は香港の子どもたちに「たくさん新しく高価なおもちゃを持っているある子ども」と「おもちゃをほとんど持っていないある子ども」を描いてもらった。その絵のサンプルは**図3・5A**および**図3・5B**に示されている。チャンは、幼い子どもたち（6～8歳）が、幸福および友情、気持ちの良さで違いがあることを示そうとすることを見つけた。それに対して、年上の子どもたち（11～12歳）が、新しく高価なおもちゃを持っているのは無駄だと表現していることが分かった。Clark（1995）は子どもが架空の人物に対する理解を研究するために、子どもたちにサンタクロースや、イースターバニー（訳注：イースター（復活祭）で飾り付けられるエッグを運ぶウサギのこと）、「歯の妖精」などの絵を描いてもらった。その発見の1つとして、子どもがイースターバニーを写実的に描くことが多く、それに対し、大人たちはそのキャラクターを具体化し、擬人化する可能性が高いことが分かった。絵について詳しく述べ、その絵に何が起きているかを詳しく述べることができる子供をインタビューに集中させるのに、絵が便利であることは明らかである。消費者調査と市場調査における絵の活用は、児童にとどまらず、様々な問題に使われている。消費者調査において、ビジュアルを作ってもらう技法を用いる場合は、それそのものを主なデータとするのではなく、インタビューを補足するものとして使うのが良い。Gordon and Langmaid（1988）は、すべての投影的な課題を参加者と一緒に解釈を解くべき

図3・5　AとB

この子どもは、新しくて高いおもちゃをたくさん持っている。	この子どもは、おもちゃをたくさん持っていない。

A

この子どもは、新しくて高いおもちゃをたくさん持っている。	この子どもは、おもちゃをたくさん持っていない。

B

出所：Kara Chan (2006), 'Exploring Children's Perceptions of Material Possessions: A Drawing Study', *Qualitative Market Research*, 9(4), 352-366.

だと提唱している。

また、参加者と協力して解釈を作成するべきであるというアドバイスによれば、**コラージュ構成法**もおすすめである。伝統的には、はさみ、接着剤、雑誌とポスターボードを参加者に与えて、複数のコラージュを用い、欲求（Belk et al. 2003）、夢（または悪夢）、ハネムーン（Leonard 2005）、ノスタルジア（Havlenaa and Holak 1996）など、ある特定なテーマを表現する1つのコラージュを作ることを求める。次ページの**図3・6**は、前述の2つの研究で作ったいくつかのコラージュである。作成者の説明なしにコラージュを理解しようとすることを勧めることはないが、この場合、それぞれのコラージュのどちらが男性あるいは女性が作成したのかを、推測できるかもしれない。また、欲望についてのコラージュのどちらが地中海トルコのもので、どちらがアメリカからのものか、あなたは推測できるかもしれない。ラスがヨーロッパの博士課程の学生に定性研究法を教えるチームの一員だったとき、財政保障のコラージュを作成するためにグループ分けをした。偶然にも、グループの1つは北欧人から構成され、もう1つは地中海ヨーロッパ人から構成された。最初のグループは、比較的に伝統的な内容を用い、同じ間隔で慎重にイメージを配置した。南欧人はそれに対し、角度をつけたりして空白をほとんど残さず、様々な色彩に富んだ挑発的なイメージを派手に使った。財政的保障のイメージをはるかに超えて、私たちは偶然にも文化的差異について多くを学んだ。雑誌はもちろん、写真など他の印刷物を参加者に提供することができるし、参加者自らに集めてもらうこともできる。将来は、切り抜きおよび貼付がはさみや接着剤ではなく、コンピュータによって行われるだろう。これは**ザルトマン・メタファー誘引法**（Zaltman Metaphor Elicitation Technique、ZMET法と略する）の一部として、コラージュを用いる例である。コンピュータのコラージュは、標準の画像のセットを参加者に提供することもできる。

ZMET法は、あるトピックについて消費者がどのように考え、感じているかを表現する基本的なメタ

図3・6　AとBとC

(A) 欲望についてのコラージュ

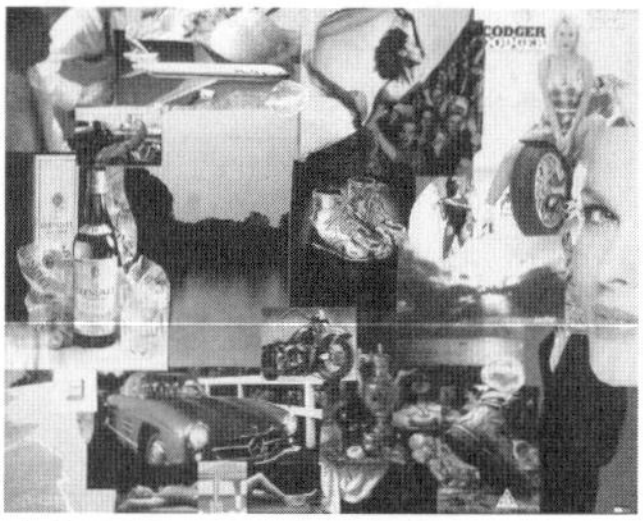

(B) 欲望についてのコラージュ

(C) 悪夢のハネムーンについての2つのコラージュ

出所：Güliz Ger, Bilkent University, Rusell W. Belk, Hillary Leonard, University of Rhode Island提供。

ファーを明かすための調査法の1段階として、コラージュ作成がある（Venkatesh et al. 2010; Zaltman 2003; Zaltman and Zalmtan 2008）。メタファーは、これらの考えや感じ方を理解するための強力な方法となりうる。例えば、Durgee and Manli（2006）は、入浴やシャワーについての次のようなメタファーを引き出して新製品についての様々なアイディアを見い出した。洗車、スピードボードの防水パネル、サウナ、水中エアロビクス、そして熱帯の島である。Coulter（2006）は、ブロードウェイの演劇を見に行く体験のどこが注目されるかについて、ZMET法の6つのステップの例を**表3・2**に示している。この場合、インフォーマントは、頭の中で表したブロードウェイの体験をイメージに引き出すように言われる。ある一人のインフォーマントが思い浮かんだ総括的なメタファーは、「ブロードウェイは日常にバランスを与えてくれる」というものであった。これは、**図3・7**に示してあるデジタルコラージュで視覚的に描き出されている。

テーマストーリー法は、参加者に絵や写真を渡して、そのストーリーについて語ってもらうというものである。これは、心理学で発達した主題統覚検査（TAT）の変化形と考えられており、達成動機のような特質を図るためのスコアリングマニュアルと連動して使われる（Morgan and Murray 1935）。しかし、TATが定性調査から信頼性のある定量的なスコアを生み出すように作られた一方で、定性調査におけるストーリーテリングは定性的に解釈される。それにもかかわらず、TAT調査で通常与えられる同じ指示書は、解釈的な調査の参加者に与えられうる。1つ1つの写真や絵について、指示書は参加者に、10分間で次の質問の答えとなる物語を話すように指示する。

1．何が起こっているのか？　人々は誰なのか？
2．この状況につながるものは何か？　過去に何が起きたのか？

表3・2　ZMETのステップ：ブロードウェイの経験

ストーリーテリング：インフォーマントは、ブロードウェイの体験について、個々のイメージがどのように自身の考えや感情を表現しているかを説明する。インタビュアーによるプローブ：「このイメージが、ブロードウェイでの経験についてのあなたの考え方や感じ方にとのように結びついているか、教えて下さい」。

失われたイメージ：インフォーマントは、表現したい重要なアイディアがあるが、関連したイメージを探せないということがあるかどうか尋ねられる。インタビュアーによるプローブ：「イメージを探せないような考えや感情はありますか？その考えや感情を説明し、それらを表現するのに使いたいイメージについて教えてください」。

メタファー調査／枠組みの拡大：インフォーマントは、選択した写真の枠組みを拡大するように求められ、自身の考え方や感情をよりよく理解できるような写真が他にないかどうか尋ねられる。インタビュアーによるプローブ：「もしあなたが四方八方にこの写真の枠組みを拡大できるのなら、あなたの人生に影響を与えたブロードウェイの演劇や役についての自分の考えや感情をより理解するための手助けとなるものは他にありますか？」

感覚のメタファー：インフォーマントは、色、味、音、そして感情といった様々な感覚のイメージを使ってアイディアを表現するように求められる。インタビュアーによるプローブ：「あなたの人生に影響を与えた、ブロードウェイの演劇や役についての考えや感情を表すような音は、どのようなものですか？」。

挿話：インフォーマントは、ブロードウェイの体験についての物語を作るように求められる。インタビュアーによるプローブ：「あなたの想像力を使って短い物語を作ってもらいます。物語は、あなたの人生に影響を与えたブロードウェイの演劇や役についての自分の考えや感情を表現したものでなければなりません。少なくとも次の3つの特徴を盛り込んでください。1）あなた自身、2）ブロードウェイ劇場の演劇、3）あなたが楽しいと感じる似たようなエンターテイメント」。

デジタルイメージ：インフォーマントは、必要に応じて、特殊技術を持つコンピューターグラフィックイメージャーを使って、自分のイメージや補足イメージのコラージュの概要を作る。

図３・７　デジタルZMETコラージュ「ブロードウェイは日常生活にバランスをもたらす」

出所：Robin Coulter, University of Connecticut提供。

3．何が考えられるか？　何が欲しがられているのか？　誰によって？
4．何が起こるだろうか？　何がなされるだろうか？

Rook（1988）は，最低でも3つの写真や絵を用いて上の中から質問を選び，観察者に謎を解く気を起こさせることを提案している。記憶を呼び起こす写真や絵を見つけるために予備調査を行うことが望ましい。ここで用いる写真や絵は，曖昧さの程度が異なるべきだし，（製品コンテクスト，ブランド，性格の異なるひとなど）理論的かつ実務的な関心をもたらすものを示すべきである。この考えは，広告，ブランドイメージ，パッケージ，そしてその他の消費とマーケティングにおける空想を多く含む要素のためのアイディアの豊かな情報源である消費者の空想を利用している。

ドリームエクササイズ法では，調査者は理想とは様々な出来事が起こりうる空想の世界であるという事実を利用している。ある人は，BMWに関する理想を，そしてある人は車のショールームにいる男性についての理想を表すように指示されるだろう。このやり方が持つストーリーを引き出す力については，McCann-Erickson（1988）による調査で言及されている。ある広告代理店が、女性がなぜブラックフラグ・ローチ・モーテル（訳注：アメリカ版ゴキブリホイホイ）を購入しないのかについて興味をもった。彼らは女性から理想的なゴキブリの駆除方法について引き出し、そして彼女らの理想に基づく場面を描いてもらった。彼女たちの話や絵の分析によって、女性は一般にゴキブリを、自分を不当に扱う男性と結びつけて考えているという結論に至った。したがって、女性は通常のスプレータイプの殺虫剤を用いて、ゴキブリがもがき苦しんで死ぬのを見ることに大きな喜びを感じているのだ！　しかしローチ・モーテルを使うと、ゴキブリが視界から消えてしまうので彼女たちが望む状況は生じないのである。

サイコドラマ法は、精神療法を取り入れたテクニックである（例えばYablonsky 1976）。この手法では、インフォーマントはある状況の中で特定の役を演じるように指示される。例えば、車を点検に出しているときに、約束の時間までには直せず、修理には予定の2倍の費用がかかると告げられた女性客役を演じるとする。調査者または雇われた役者は、客に代替車を提案したり、待ち時間に暇をつぶすためのお菓子や本、テレビなどを用意したりする修理工場のマネージャー役を演じる場合もある。心理劇が治療目的で行われる際には、インフォーマントは修理工場のマネージャーを演じるというような役割交替も行われるが、消費者調査のコンテクストではあまり役割交替は必要ない。

オートドライビング法、または**視覚誘発**（visual elicitation）は、インフォーマントから解釈やストーリーを引き出すために視覚刺激を用いる深層インタビューである（Heisley and Levy 1991; Sayre 2006）。多くの場合、これらの刺激は、それ以前に経験したコンテクストにおけるインフォーマントを描いた写真やビデオである。例えば、不用品交換会（swap meets）で交渉をしている人を観察しているとしよう。その行動について質問するために交渉を中断させることは、交渉の大きな妨げになるのでできないだろう。しかし、彼らの行動を写真に撮ったりビデオ録画したりすることで、交渉が完全に終わってからそれらを見てもらうことができる。交渉時に一定の適正価格を設定しそれを下回れば購入すると主張するなど、交渉中に彼らの頭の中で実際に何が起きているのかを見つけることにつながる。この手法は、自分の家族写真を刺激として用いるときにも使える（Chaffen 1987）。スマートフォンを使って調査者はインフォーマントに電話をかけ、その時の環境の写真を撮って調査者にメールで送るよう頼み、それを用いてオートドライビングを行うこともできる。また、インフォーマントの過去に関わる重要な写真を使って記憶を思い出させ、そして生じた変化を比較することも可能である（例えばPage 2001）。

5 要約：深層インタビューと投影法

深層インタビューと投影法のやり方には多様な技法や論点がある。この章では、より身近で基本的なトピックやタイプのサンプルのみを紹介した。調査者とインフォーマントのジェンダーの組み合わせがもたらす影響（Warren 1988）などのトピックについては触れていない。また、触れることのできなかった調査テクニックとしては、調査対象に子供時代を回想させる手法（Rapaile 2006）、日記調査（Patterson 2005）、オーラルヒストリー（Elliott and Davies 2006）、創造的インタビュー（Douglas 1986）、物語形式で回答を誘導する手法（Elliott 2005; Hopkinson and Hogg 2006）、調査対象にビデオカメラを貸し、自分の話をさせる手法（Sunderland and Denny 2007）、内省とオートエスノグラフィー（Brown 2006a; Gould 1995, 2006）などがある。その他の関連した手法のネトノグラフィー、オンラインインタビュー、ビデオグラフィー、エスノグラフィーなどは、第4章から第6章にかけて扱う。また、この章では言及することのなかった調査対象の行動のノンバーバルな分析（Gordon and Langmaid 1988; Mariampolski 2006）などのトピックは、第4章と第5章に含まれる。

定性調査の手法を本当に習得する唯一の方法は実践であるという注意を述べて、この章を終える。したがって、最後に提供する2つのエクササイズを試すことを強く勧める。また結びとして、消費者調査を行う人類学者ジョン・シェリーの話をもとに投影法に関する話を1つ紹介しよう。ジョンはノースウェスタン大学の学部生にドッグフードに関するインタビューを実施するよう指示した。学生らは、論理的に十分な深層インタビューを犬の飼い主に行った。ジョンは現場から帰ったとき学生に、犬自身から得たデータはどこにあるのかと尋ねた。学生らはその言葉に初めは動揺していたが、忠実に犬を対象にインタビューを行いに出かけていった。マイクを持って犬のもとにしゃがみ込み、ドッグフードの感想を尋ねると、飼い主が隣から「キブルズ・アンド・ビッツ（訳注：デルモンテのペットフードブランド）だいすき」などと代弁することがほとんどであった。犬は、飼い主による心理描写のロールプレイングを引き出すための優れた投影的刺激になることを学生たちはこの調査から発見したのだ。

EXERCISE 3・3

右で述べられた投影的課題のうちから1つと、例えばいくつかの有名な電話会社やコンピュータシステムや服のブランドなどのブランドイメージといったトピックを選びなさい。インフォーマントとなる相手を見つけ、投影的課題を完成させなさい。次に役割を交代し、異なる投影法で別の製品カテゴリーに関する調査の対象にしてもらいなさい。お互いの結果を分析しなさい。これらのインサイトから、この調査の方針をさらに進めるためには次にどのような段階に進むことが効果的かを考えなさい。

EXERCISE 3・4

この章では触れられていないが，右の要約の第1段落で言及されている投影法の中から1つ選択しなさい。関係する研究や引用している文献からその手法に関して学びなさい。内省とオートエスノグラフィーを選択していない限り，誰かを相手にこの手法を試してみなさい。ここでも役割を交代し，エクササイズの最後に結果を比較しなさい。

第4章

エスノグラフィーと観察法

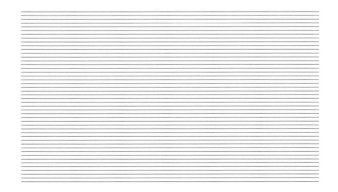

1 観察の原則

この章では、体系的観察の様々な使い方について検討して説明する。体系的観察は、社会科学的調査のデータ収集で実践された技法である。消費者調査や市場調査において、観察調査は、特定の外的な現実を明らかにするものであり、その明らかにされたことは、多かれ少なかれ他のコンテクストに一般化されると考えられる。そのため、観察調査のいわゆる「外的妥当性」（訳注：一般化できる可能性のこと）は特に強いと考える。しかし、観察調査において調査者が置かれた状況の重要性を常に考慮しないといけない。もし調査者が本当に調査の道具、あるいは、情報のフィルターとして役目を果たすならば、消費者調査と市場調査における観察調査はおそらく、調査者の判断力を鍛える機会を常に提供するであろう。観察調査の調査者は、ただ単に情報や観察を記録する装置を設置するというよりむしろ、どこに注目すべきか、何を無視すべきか、何にどのように反応すべきか、何をどうやって記録すべきかということについて次々と意思決定しなければならない。そのため、すべての観察は能動的だと思われがちである。しかし知覚科学によれば、受動的な観察を引き起こす行為や意識的および無意識的な決断がたくさんあるという。

このように、観察調査を行う際には、無意識的かつ潜在意識的なプロセスに対してより一層の注意を払うべきである。調査者は、自分の目で物事を観察するとき、透明レンズを通して見るようにはできない。調査者は目を大きく開き、何が見えたか、なぜそれが見えたのかということだけでなく、「どのように」見えたかということも問い質さなければならない。観察は単に外的なものではない。観察の本質は内的でもある。観察の厳格な方法では観察行為自体を観察する必要がある。消費者が生きる世界を理解するために、調査者は調査という行為と調査者の行為を理解しなくてはならない。

表面的には、観察は、出来事が起こりつつある外界と社会に直面することを可能にし、「キャプタ」（capta）（訳注：コンテクストに位置づけられた情報のこと。コンテクストから切り離された情報である「データ」（data）と対になる概念）を捉えることを可能にする。また「情報を無理にコンテクストから引きはがして、ファクトとして吟味するのではなく、コンテクストに位置づけられた情報をギフトとして維持すること」も可能にする（訳者注：ファクトとギフトは韻を踏んでいる）（Sherry and Kozinets 2001, p.166）。一見、観察法は、カメラを設置し、そこにある物事、実際に生じる出来事を記録する単純な手順に見えるが、賢明な社会科学者は、キャプタを捉えて情報として再表現する行為には虚偽が入り込むだろうということを分かっている。第1に、本来の先入観、モチベーション、価値観、同時代の調査者の関心が存在するし、調査者が支持したり支持しない様々な仮説や理論があることは言うまでもない。結局、なぜ「そこにではなく、ここ」にカメラを向けたのか？　なぜ「後でではなく、今」シャッターを押したのか？　次に、バイアスのかかる様々な心理的や社会的なフィルターと相互関係を持つ調査者の物理的限界がある。調査者は視覚、聴覚、嗅覚などの限界を持っているかもしれないし、その場に近づくことができなかったり、または動ける範囲が制限されたりする可能性もある。企業クライアントのために実施された家庭内消費に関する最近の調査では、嗅覚の鋭い同僚が一緒に調査に行かなかったら、ロブはあることに気づかなかったはずである。こうした制限には物理的なものだけでなく社会的なものもあることが多い。つまり、扉はただ単に閉められ、ずっとそのままであるかもしれない。まさに文字通りに、アラビア人の家の寝室のドアのいくつかは、閉じたままであったが、かなりの時間が経った後、いくつかのドアはラスとラナ・ソブフだけに開かれていたこともあるのだ（Sobh and Belk 2011b, 2012）。観察法では人々は自分が言うとおりに行動するとは限らないと想定しているものの、調査者や様々な記録装置を前にして普段通りに行動しているかどうか疑わなくてはならない。

本書の他のところで幅広く議論されるように（第7章と第8章を参照）、調査者が消費者に行ったインタビューなどの成果物は、両者がともに創り上げた有用で価値のある物語である。この物語は、消費者が特定のテーマに対する自分の考えをどう認識しているのか、そして、ある調査コンテクストでそれをどのように調査者に伝えるのかを示している。社会的欲求、金銭などの報酬、地位や社会階級、日時、雰囲気、出来事が起きたのが最近なのか、社会ネットワークの効果など、様々なオーバーラップした社会的な力が交わりあい形作られたのが、インタビューの結果である。同様に観察調査でも、観察者の様々な影響に加えて、同じような影響があることを忘れてはならない。ウィンストン・チャーチルのよく引用される名文句「民主主義は最悪の政治形態と言うことができる。これまでに試みられてきた民主主義以外のあらゆる政治形態を除けば」になぞらえるならば、問題や限界があるにもかかわらず、観察法は生活経験についての最悪のデータ収集方法といえる。観察法以外のあらゆるデータ収集方法を除けば。

観察法は人類学の手法から発展し、その起源はヘロドトスの時代にまでさかのぼる。ヘロドトスは紀元前484～425年の間に生きていた古代ギリシャの歴史家であり、ギリシャ・ペルシア戦争のとき、詳細な文化に関する情報を記述した人である。マルコ・ポーロが13世紀に行った人々と習慣についての体系的観察のおかげで、彼には「現代の人類学の父」と名称が付けられた（Rowe 1965）。したがって、1920年代と1930年代に人類学者たちが、現実社会の生活をかなりの時間をかけて観察する（Schwandt 2001, p.179）いわゆる「シカゴ学派のトラディション」（例えばWhyte 1955）においてフィールドワークをしていたときには、エスノグラフィーと観察法には少なくとも既に2300年の歴史があったと言える。

エスノグラフィーの基本：自宅でエスノグラフィーの基礎を学ぶ

聖堂において注目すべきなのは、壁に埋められた箱や棚である。この棚にはたくさんのお守りや魔法の薬が保存されており、それらがないと現地人でない信仰者は生きられない。これらの調合は特別な実践士によって守られてきた。この中で一番強いものは祈祷師であり、彼らの援助には相当の謝礼によって感謝される必要がある。しかし、祈祷師は患者に治療薬を与えず、薬の成分を古代の秘密の言語によって書き出す。その文字は祈祷師と、お守りを作る薬草医にしか理解できない（Miner 1956, p.504）。

ホレイス・マイナーの「Nacirema」族（訳注：アメリカ人のこと。Americanを逆に綴っている）の奇妙な慣習に関する古典的論文では、馴染みがあるものを馴染みがないものすることで、その奇妙さに気付くことこそに観察エスノグラフィーの本質がある、と指摘している。薬棚に処方薬が収められていることが、家の神棚に地元の祈祷師が作った薬が収められていると解釈できたときに初めて、表面的にはありふれた自然社会の習慣がどのように偶発的に構築されるのか、ということを理解することができる。モリス・ホルブルック（Holbrook 1998）は、オートエスノグラフィーと立体写真を用いて、クロイウェン（マンハッタン島の居住者）について詳細に論じている。

参加者が参与観察者の立場に立つという前提のもと、1週間のウォームアップエクササイズでは、自身の人生についてフィールドワークを、あたかも赤の他人として入り込んで行ってもらう。このエクササイズは、エスノグラフィックで観察的な調査をするための準備として優れている。それだけでなく、オートエスノグラフィーにおける半自伝的エスノグラフィーのように、このエクササイズをすることで、あなた自身の人生から調査についての新しく面白いアイディアを、自信を持って引き出すことができるかもしれない（Ellis 2004を参照。もしくは消費研究の領域ではHolbrook 2005とGould 1990を参照）。

1　1週間、自分が現在属している文化のメンバーとして、あなたの人生について、よく吟味し詳細に渡るフィールドノーツを書きなさい。文化のある特定の要因について焦点を当ててもよい（例えば学校、仕事、社交活動、娯楽、ネット利用、衛生習慣など）。フィールドノーツでは、もともと当たり前とされることを乗り越えるよう感覚経験に注目してほしい。標識、色、音、におい、味、感触、感情、そして行事、言葉、社会相互作用などに気づいて欲しい。

2　自分の生活や習慣で見いだされる「モノ」を集める。どこかに出かける時には様々なアイテム、名刺やブローチなどを集めてほしい。それらをフィールドノーツに記録し、より数を増やし注釈を付けて分析して欲しい。

3　普段は分析するにはつまらないと感じるような出来事の写真を撮る。ビデオ録画でも良い。普段は「普通すぎる」と感じるものに対して面白いという感情を持とう。例としてHolbrook（1998）とZiller（1990）を見よう。

4　3日間の調査の後、どこに注目するのかを決める。それについて知っている人たちに、最低30分のインタビューを少なくとも3回行う。焦点はもはや自分自身ではなく、自分の人生を観察して見つけた文化に広がっている。例えば、もし食べ物について研究するとしたら、食事の用意、食材の買い出し、料理の残り物、デザートなどについて注目してもよい。残り物について選んだのならば、3人の友人に彼らのキッチンでインタビューする。残り物について話し、冷蔵庫と戸棚の中を確認する。もしナイフの切れ味や食事の準備、買い物のパッケージの色やサイズについて観察したのならば、インタビューした人とそれらを関連づけてみよう。

5　1週間後には、インタビュー内容を書き起こし、データと観察したフィールドノーツをすぐに取り出せるところに保存しておく。これらのデータはこの後の章の分析で使うかもしれない（例えば、第7章、第8章参照）。

一般的に、観察調査法は、調査者が特定の集団の人々に明白に見られる行為を体系的に記録保存し、科学的な目的で厳密に分析する定性的技法である。観察法においては、「実践」のような社会的活動について直接自分の目で見た説明が必要である。これは、近年の「実践理論」（practice theory）志向（Schatzi 1996, Reckwitz 2005）が最近盛り上がることを通じて発展してきた調査実践法である。こうした近年の学派では、社会的行為の現実の身体的な要素について強い注目を集めている。さらに言うと、この考えは、人間に影響を与える有形物（例えばテーブルがどのように家族に影響を与えるか）の役割や活動に直接注目するアクター・ネットワーク理論に影響されている。

インタビュー、フォーカスグループ、サーベイなどのように、消費者が話す事柄にもっぱら大きく依存し、消費者の習慣や状況を取り巻く社会コンテクストや相互作用を含む市場調査方法と、観察調査は異なる。言うまでもなく、観察法ありのままのものを見る（naturalistic）。したがってデータは、興味深い消費者行動の起きる現場において収集されることが必要である。

観察調査法は、学術と実務双方の消費者調査・市場調査において人気がある（Lofland and Lofland 1995）。消費者調査・市場調査では観察調査法を、「市場と何らかの関わりを持つ消費者の目に見える行動を眺め、記録し、分析する定性的な消費者調査・市場調査」と定義する。観察することのできるであろうそのような活動は数多く考えられる。観察法は多くの消費者調査と市場調査をカバーしている。ハーレーダビッドソンの乗り手たちのサブカルチャーに入って、その構造、価値、社会的意義を理解したり（Schouten and McAlexander 1995）、小さい街でブランドコミュニティを観察したり（Muñiz and O'Guinn 2001）、現代のマウンテンマン（訳注：もともとは19世紀前半に、ロッキー山脈を徘徊していた罠猟師や探検家のこと）が集うランデブー（訳注：交易所のこと）で彼らと過ごしたりする（Belk and Costa 1998）など、文化に関する詳細な観察がある。固定されたカメラや、公共の場や小売り店舗に設置された防犯カメラのように、観察では、無名の人々の大規模な集団群についての記録を収集し分析することもある。許可を得て調査のために個人宅にカメラを設置する場合もある（例えばJayasinghe and Ritson forthcoming）。

人の経験に関するデータを収集する方法として用いる場合、伝統的に観察は、次のような特徴がある（Schwandt 2001, p.179）。

- 社会的行為、出来事、経験は、研究対象となっている人々の観点に基づいて見られている。
- 細かなところに注目することが重視される。
- 特定の社会や歴史のコンテクストに位置づけることで、出来事や経験、行為が理解できる。
- 社会的行為は、バラバラあるいはたんなる寄せ集めとしての活動として考えられるより、ダイナミックかつ連続的であると考えられる。
- 一般的な理論枠組みは、初期段階における観察におけるフレーミング（訳注：どこに注目するのかということ）を形作る。しかし、
- 理論的な考え方を現場の人々のものの見方に無理矢理当てはめるのは避けるべきである。そのために、調査

者は、先入観をカッコに入れたり、自分の内なるバイアスや傾向を克服してみたりしようと試みる。

私たちがますます注目しているのは、社会的行為（social practice）についての議論（Reckwitz 2005）と、人間ではないモノが持つ影響や主体性（Epp and Price 2010; Latour 2005）である。観察という技法に対する理解を深めるため、エスノグラフィーという方法の役割に対する理解を深めるのが有益である。過去の歴史から始まり、監視カメラでデータを収集することや、調査の代表的な手段として動画を使うことなど観察法についての現在と未来の変化を議論することまで見てみよう。考古学的アプローチと人工物についてのアプローチに移り、人工物の収集と分析を含む観察の歴史学的方法について語ろう。それぞれの節は、観察についての原則についての根本的な理解の上に成り立っている。こうした理解は、エスノグラフィー的アプローチの根本原則についての深い検討を通じて得られたものである。

2　エスノグラフィーについて

Ethnos（種族）は、ギリシャ語で、人、人種、あるいは文化グループを意味する。接尾語の-graphic（ある方法で書く、描く）を繋いで「Ethnographic」になった。この用語は記述的人類学の一部分を指しており、普遍的にいうと、もっと細かく小さい範囲で人間の生活の違いを解釈し、描くことに集中する社会科学である。エスノグラフィーは「人間と彼たちの民族文化基礎を述べる社会科学である」と定義されている（Vidich and Lyman 1994, p.25）。エスノグラフィーは多数の分野で行った調査の文化研究に関わっている主要な科学的方法であり、１０００年前に既に言及されていた。

消費研究の分野で、消費文化に関するエスノグラフィー的な描写を行うという最近の動きは、エスノグラフィーを用いることに消費者行動論が興味を抱いたことを示すものである。エスノグラフィーを用いて、消費者行動の文化的な基礎付けを調査するのである。初期の最も影響力がある消費者行動研究のエスノグラフィーは、Hirschman（1986）、Belk et al.（1988）、Wallendorf and Belk（1989）である。これらは、Lincoln and Guba（1985）の「人間主義的探求」（humanistic inquiry）を詳細に説明して、市場調査と消費者調査に活用している。こうした活用例のひとつは、Belk et al.（1988）であり、不用品交換会（swap meets）での買う人と売る人の行為の参与観察を通じて、消費者行動に見られる聖と俗を描いた。

市場調査と消費者調査において、定性調査、とりわけフォーカスグループ、自由回答サーベイ、インタビューは長い伝統があるということは強調すべきである。例えば、シドニー・レビー（Levy 1981）は食品消費の意味を調査した。この調査は、食への様々な好みは、そもそも階級の違いによるものであるという人類学者クロード・レヴィ＝ストロースに基づいている。フォーカスグループやインタビューと、エスノグラフィーが異なるのは、次の理由からである。つまりエスノグラフィー的なフィールドワークでは、ありのままの状況において調査者は現場で没入（immersion）して、長い時間に渡って現場にさらされ、参与観察を行うのである（Arnould and Wallendorf 1994）。

１９８８年から、文化と消費に関するエスノグラフィーについての論文が、消費者行動関連の学術ジャーナルに投稿された。McCracken（1988）は、家族のストーリーを維持するため、家に代々伝わる宝の歴史を子どもに説き聞かせる「ルイス・ロジェ」を研究した。マーケティング・エスノグラフィーの先駆者であるArnould（1989）は、ニジェール・ザンデール県の文化的背景において、消費の地政学的、理論的帰結は何であるかを研究した。Hill and Stamey（1990）とHill（1991）は、ホームレスの消費世界を研究した。Workman（1993）はエスノグラフィー的方法でハイテク業界のマーケターを調査することで市場研究に貢献した。Arnould and Price（1993）は、リバーラフティングを経験することで見られるサービス・リレーションシップについて解釈した。Peñaloza（1994）は、アメリカに移民したメキシコ人の消費に見られる文化変容（acculturation）を調査した。Holt（1995）は、消費経験の類型を実証するため、シカゴのリグリー・フィールド（訳注：ＭＬＢシカゴ・カブスの本拠地球場）の外野席に座った。Schouten and McAlexander（1955）は、裕福な都会のバイカー（urban rich bikers）が参加しているハーレーダビッドソンのライディングクラブと集会において見られる「消費サブカルチャー」を研究した。これら重要な研究と１９９５年から出版された他の多くの研究は、消費者の文化変容やブランドコミュニティ、ブランド・リレーションシップ、意味の転換のように、消費者調査と市場調査に、強力で革新的で使いやすい新しい専門用語と概念を創り出し発展させた。彼らは、検証のための新しいフレームワークを創り出し、哲学的思考や方法論的思考を刺激した。

学問を活性化することとは別に、マーケティング・エスノグラフィーもまた実践的なマーケティングに関するインサイトを含んでいるだろう。右で言及した研究プロジェクトのいくつかは、結果として、産業界が持つ問いに答え、そして産業界の戦略を活性化するために研究となっているか、その一部となっている。しばしばマーケティングの実務家、特にサービス業の実務家は、その業界で優れた製品が信じられない成功を収めたことを説明することに興味を持っている。マールボロの信じがたいマーケティング成功の裏側には何が潜んでいるのだろうか。なぜ多くの世代がグレイトフル・デッドヘッド（訳注：ロックバンドのグレイトフル・デッドのファン）になったりビートルズ信者になったりディズニーのファンになったりするのだろうか。どのような優れた製品またはサービスについても何が「スター性のあるアピール」に役立っているのだろうか。こうしたタイプの問いはエスノグラフィー、すなわち調査者が消費文化のメンバーとして完全に関与することが必要である。これはすなわち、Arnould and Wallendorf（1994, pp.500–501）が言う「分厚い銘記」（thick inscription）である（訳注：これは「分厚い記述」（thick description）のもじりである)。つまり「エスノグラファーが消費コンテクストまたは消費文化における親密なインサイダーになること」を引き起こす「マーケティング志向のエスノグラフィー」である。

科学的業績づくりのためのエスノグラフィック調査を始めること

『ジャーナル・オブ・コンシューマー・リサーチ』などの有名な学術ジャーナルに発表されうるような消費者調査と市場調査に関わり、科学的知識を発展させることを目指すエスノグラフィーの研究プロジェクトについて考えてみよう。第2章では、概念的にどのように始めるのかについてのアイディアを提供した。ここではフィールドワークの観点から、どのように始めるのかを考えてみよう。

- このプロジェクトのためのフィールドワークをどのように始めるだろうか? 何をするだろうか? フィールドを決めることから始めるのか、もしくはトピックに関するアイディアを考えることから始めて、そしてそれを調査するフィールドを選ぼうとするのか?
- いくつかの候補となるフィールドを見つけたら、どのフィールドで調査するかどのように判断するだろうか?
- 現場に到着したら、どのような観察をしたらよいのか? 何を探すのか? どのような種類の人々にインタビューするだろうか? 情報と観察のためのどのようなマテリアルを探せばよいのだろうか?
- 観察法と同時に他の研究手法を用いるだろうか?

この例は、科学的なエスノグラフィーの手法を効果的に実行することについての理解を育むことを意図している。目的は、消費者の生きた現実を、市場調査と消費者調査に取り込むことである。そうすることで学術文献と現在進められている調査に対して貢献することができる。研究志向のエスノグラフィーに関するより詳しいアドバイスや、そしてこのエクササイズでまだ答えていない問いへの答えについては、「エスノグラフィーをすること」というタイトルの節を見てほしい。

徹底的な分析ができるかどうかは、調査者自身の知識や習慣やアジェンダとともに、その文化に根付きなじんでいるインフォーマントのものの見方に対してどれだけ理解しているのかに依存する。参与観察は、長年に渡ってフィールドに浸ることで両者のものの見方が結びつけられることであり、これこそが、エスノグラフィーの特質である。時にはでしゃばり、時には押しつけがましくなくすることで、エスノグラファーは、必要に応じて様々な感覚を通じた直接的な経験に基づいて、消費者が住んでいる文化的な世界を理解しようとする。ある意味、エスノグラファーは、エスノグラフィックな出会いを通じて、その文化について改めて明確に説明し、改めて学ぼうとするのである。親密になり絆を確立することが最終目標であり、ラポール（訳注：表1・1（5頁）参照）と信頼が手段である。成功した時、エスノグラフィーは他の世界に入る窓と、主観的な制約を克服しより深遠な理解を得る機会を提供する。Walsh（2000, p.237）が提唱したように、エスノグラフィーは「他の調査方法が気づくことができない現実を理解する可能性を開く」のである。

Mariampolski（2006, pp.8-9）によれば、エスノグラフィーの主要な特徴は次のようなものである。それは、絆、コンテクスト、調査対象者が主役であること（subject-centredness）、即興と柔軟性、トライアンギュレーション、そして全体的な観点である。本質的に、エスノグラフィーは文化に焦点を合わせ、ありのままに調査を行うものである。実験室での研究やフォーカスグループ、質問票による調査とは違い、エスノグラフィーは、研究状況の中で構成された調査の「被験者」、インフォーマント、メンバーまたは参加者を「受け入れる」のではない。むしろ、調査者が外に出て社会に既に存在している状況または出来事に「飛び込む」ことを意味している。前者の技法は、被験者と調査者が主従に似た関係を築く玄関先エスノグラフィー（front porch ethnography）として初期の文化人類学の頃に知られている。これはもはや行動に関する実験を除いて今日は用いられていない。エスノグラフィーに柔軟性と適応可能性があるからこそ、何世紀にもわたって地球に存在するあらゆる民族、国民、地方、文化そして世代によって分けられた集団に属する人々の行動を、エスノグラフィーが表現し理解することを可能にしている。

エスノグラフィー調査のおかげで、消費や市場を調査する者は、現象について詳細かつ細やかな理解を得ることができるし、その文化的な性質に最大限の注意を払いつつ、それを捉えて伝えることができるようになる。エスノグラフィーは、特定の文化に属するメンバーの生きた経験という強い感覚を提供することを可能にする。ケーススタディーと同様に、エスノグラフィーは、フィールドについての知識の上に成り立っており、コンテクストに根付いており、ローカルな知識で満たされている。エスノグラフィーをエスノグラフィーたらしめているのは、「フィールドワーク」である。それが意味するのは「フィールドワークは調査されている人々と生活すること、そして彼らのように生活すること」である（Van Maanen 1988, p.2）。エスノグラフィーの歴史では、伝統的にフィールドワークと考えられていることに関して高い基準を設けられている。すなわち調査者は、ある文化のメンバーに長期間に渡って関与して絆を確立することを、彼らの「なわばり」で行うことが求められる。

消費者とマーケティングの多くの調査者にとって幸運なことに、その基準や定義が時を経るごとに吟味され変化しているものの、エスノグラフィーを行うための基礎的な方法は、私たちの分野で確立されている。社会学者が、近所の街角とサブカルチャーに対して、この技法を採用し始めて、こうしたカルチュラル・スタディーズの新しい研究が生まれたことで、都市文化が注目されるようになった。これが意味するのは、調査者が、「他者」についてのエスノグラフィーに関する研究をするために自分の文化から脱出する必要がなくなったということである。実際、「他者」は、調査者自身の文化圏にいるのである。20世紀後半までにエスノグラフィーの方法論的優位は（一部ではあるが）次のような人たちによって認識された。それは、業界向け調査の購買担当者、マーケティングと市場調査のコミュニティ、そして、まだ手が付けられていない消費者の習慣と生息する場を調査するために、エスノグラフィーに関する訓練や教育そしてユニークな観察スキルを活用した多くの専門的企業と実務家である（Angrosino 2007）。

専門的な市場調査者でかつ実践的な人類学者であるパティー・サンダランドとリタ・デニー（Sunderland and Denny 2007）は、現地の人々の日常生活の観察によってインサイトが集められていれば、エスノグラフィックな調査とみなしている。現代の学術的な市場調査において、エスノグラフィーの形式はこのように、専門化され、（純粋主義者にとって）不完全だが、（そして、それほど頻繁ではないが参加的な）観察的手法を効果的につくりかえたものである。この手法は原始時代の研究を行う人類学者によって発展させられた。そのため、10代女性と時間を過ごし、彼女たちのように生活することで、彼女たちの靴の消費習慣を理解しなければならない、というわけではない。その代わりに現代の市場調査のエスノグラファーは、彼女たちとその生活、消費習慣、靴屋や寝室やクローゼットやショッピングモールやファッションや靴に関するオンライン掲示板のようなありのままでの環境での彼女たちの真意や行動によってそれを理解しなければならない。このようなデータは、自分たちが作ったジャーナル論文やビデオジャーナルだけでなく、インタビューによって得た視点によって強化することができるし、またそうすべきである。

エスノグラフィーはもともとやり方が自由であり、インタビューや会話分析、文学分析、記号論、フォトグラフィーやビデオグラフィーのような他の多様な調査手法と組み合わされる。どのようなエスノグラフィーもそのようなことができるだろう。さらに、この章でのちに議論するように、写真や映像、音声の記録のような補助的なものは参与観察の調査においてエスノグラフィー組み入れられる（第6章も参照）。

調査者とその参加者への負担となってしまうのだが、エスノグラフィーを通して消費者に近づくことで、特定の状況において消費者が実際にどのようにふるまうのかについて価値ある知見をもたらしてくれる。エスノグラファーは自然なコンテクストで生活するある文化のメンバーの捉えがたいものに焦点を合わせているので、別エスノグラファーが同じアプローチを採用することはできない。エスノグラフィーは、消費人類学者のジョン・シェリー（Sherry 1991a, p.572）が「道具としての調査者の鋭さ」と呼ぶものに依存している。この鋭さをなすいくつかの要素については大まかに説明したが、それは自意識を持ちながら確立すべきである。つまり、その鋭さは、絶え間なく変化しており、その都度、適応と修正がなされるものである。そして、特定の分野の学問や、リサーチ・クエスチョン、調査の場、時間、他のコンテクスト、調査者の好み、スキルの組み合わせ、方法論的なイノベーション、そして文化的なできごとに適応するために、信じられないほどダイナミックで、絶え間なく更新され刷新されている。

実務志向のエスノグラフィックな調査のための手順の作成

ある実務志向の調査プロジェクトについて考えてみよう。ある仮想のファーストフード会社が消費者のファーストフードの好みの変化に関する市場調査を求めているとする。仮にこの会社をアニーズ・ドーナツとしよう。この調査において経営陣が関心を持っていることは、店でどのようなメニューを消費者に提供すべきか、ということである。

- ●この経営判断に役立つエスノグラフィー・プロジェクトをどのように立ち上げたらよいだろうか？
- ●何を知る必要があるか？　どのような観察が役に立つだろうか？　何を探すのか？　どこで観察を実施するか？　誰を観察するか？
- ●誰かにインタビューをする必要があるのか？　それはなぜか？　そのインタビューではどのような質問をするか？
- ●他の手法を観察法と組み合わせて使えるか？

この例は、消費者の生活をマーケティングの意思決定に組み込む際に、どうすればエスノグラフィックな手法がとても役立つものになるのか理解してもらうためにある。実務志向のプロジェクトにおいて、理論構築とデータ収集をどのように考えていくかは、本書の第8章を見てほしい。このトピックのさらに詳細な例とアドバイスについてはMariampolski（2006）とSunderlnad and Denny（2009）の2冊の良書をおすすめしたい。McCracken（2009）は、経営とマーケティングの分野において文化的理解がさらに必要であることを述べた意欲作である。

3　エスノグラフィーをする

一般的に観察調査では、フィールドノーツに記録されるような現場への関与が必ずしも行われるわけではない。しかし、エスノグラフィーでは、ほぼ確実に現場に関与する。一般的に、観察調査は、監視カメラのように近くからでも離れたところからでも行うことができる。エスノグラフィーでは、観察は常に近くで行われる。エスノグラフィーは、人々について、自分たちの文化を認識する仕方だけでなく、がどのような集団を形成しているのかによって定義することが多い。観察には、特定のアイデンティティや文化的なグルーピングによって人々をひとまとめにするような義務はない。したがって、すべてのエスノグラフィーは観察を含むが、すべての観察調査がエスノグラフィックであるというわけではない。

この章のここまでは、エスノグラフィーに関して実践的で役に立つハウツーを抜きに、エスノグラフィーを説明してきた。その理由は、1つにはインタビューやフォーカスグループと違ってエスノグラフィーは「それ自体が手法ではない」ということである。エスノグラフィーは「調査を行うためのアプローチであり、その調査は主にその参与観察的な立場から行われる」ものだ。

Brewer（2000, p.59）が述べているように、「エスノグラフィーは特定のデータ収集の方法ではなく、社会的な意味や、その『現場』や環境での人々の行動の理解を可能にする調査対象や、その環境での密接なつながり（多くの場合はその環境への参加）を伴うアプローチによって区別される調査の形式である」（Brewer 2000: 59）。Goffman（1989, p.125）によれば、現地調査は、「自身の体、個性、社会的な立場を、個人間で起こる偶発的なできごとにさらすので、彼らの社会的立場、仕事上の立場、エスニックな立場に対する反応を体の芯から理解することができる」。

多くのエスノグラフィックな方法論は、現象学や現象学的社会学のような哲学的な基盤をもとに成立している（Schutz 1962; Berger and Luckmann 1966）。第2章に記したように、現象学とエスノメソドロジーは当然視されている（もしくは「ドクサ的」）と考えられている現実に基づく記述を利用して、人間の行動や考えを解釈し、説明する。ドクサ的な現実の感覚は、それを共有している社会メンバーにとっては自明のことに感じられる（Bourdieu 1977; Garfinkel 1967）ので、現象学的社会学者は、毎日の主観的な意味や経験、コミュニケーションや満足に調査の焦点を合わせる（Holstein and Gubrium 1994, pp.262-264）。例えば、Goulding et al.（2009）は、イギリスのクラブ文化に関するエスノグラフィックな調査を行い、気晴らしのドラッグ使用など、これらの場所での不法な快楽の追求について解釈しようとした。これらの場で共有された、または「相互主観的な」快楽についての解釈のありようを強調する際、Goulding et al.（2009）は彼らのエスノグラフィックな視点を伝えるために現象学を適用した。

4　実際の例

例証するために、少し詳しく、アカデミックなエスノグラフィーの例を1つ取り上げてみる。この実例を通して、簡単にではあるが、エスノグラフィーについていくつかの主要な原理について考えてみたい。それは例えば、どのように調査フィールドを選ぶのか、文化について精通するにはどうするのか、調査環境にどのような役割を想定するのか、そこではどのような調査行動をとるのか、フィールドノーツをとる際に考慮しなければならないのはどのようなことか、フィールドノーツの書き方、その他の観察調査のデータの集め方、調査中に避けるべき行動はどのようなことか、グループ同士のつながりの構築の仕方、といったことなどである。あいにく、ここで紹介する短いまとめだけでは、これらの主要なトピックについて、大いに深く検討することは困難である。しかしながら、エスノグラフィーについての優れた主要なテキストを参照するので、興味を持った読者の方にはより深く理解する手助けとなるだろう。

例として、映画『スタートレック』のメディアファン（映画やテレビのSFが好きな人々）のコミュニティと文化についての調査を行ったロブの博士論文を取り上げる。調査を始めるにあたり、ロブはメディアファンのコミュニティの一般的な興味のあり方、そして『スタートレック』の文化についてから考えた。『スタートレック』の文化は特に、ジャン・ボードリヤールの概念であるハイパーリアリティーの影響が多々あり、また、テレビの『スタートレック』シリーズのシンジゲート化されたフランチャイズが上手くいったことも関係している。現象についての調査を行うために、ロブは興味を持ったことの側面を特定し、そこから、コンタクトをとってエスノグラフィーの介入を受け入れてくれそうな集団を特定する必要があった。この文化的な集団は、どのような人々で構成されているかというと、消費者行動の習慣や意味、そして特定のメディアのフランチャイズの象徴的な体系によって結び付けられた人々である。そしてそれらは、特定地域のファンクラブ、地域的もしくは全国的なファンの集まり、そしてインターネットを通して現れたものである。このように、エスノグラフィックな調査計画は様々な場において生じるものである。この場合のフィールドワークは、『スタートレック』専用のローカルなファンクラブ、『スタートレック』に関するコンベンション、そして『スタートレック』とSFのファンのコミュニティに関連したインターネットの掲示板が考えられる。

この調査の準備を行うため、ロブは、コミュニティと、対象に関連した題材について、できる限り理解を深めようとした。具体的には、テレビ・シリーズや7本の映画を何度も見たり、専門家やファンが書く『スタートレック』の情報を読んだりした。これは、このコミュニティの人々とその文化にとって「どの事柄が関わりがあり、どの事柄が重要なのか」ということをロブが注意深く考える必要があることを意味する。様々なモノや慣習、価値観、意味、そして解釈から成り立っている世界を理解するには、注意深く観察し、会話し、そしてファンのコミュニティが生み出したものや慣例について関連する調査や書かれたものを読むことが必要となってくるのだ。

(1) 絆づくり、没入（immersion）、参加

マーケティングでは、エスノグラフィックな調査で現場に完全に入り込むことがある。Wallendorf and Arnould（1991）は、自分の家での感謝祭での儀式を経験をしており、Arnould and Price（1993）は、ラフティングでの探検を行っており、Schouten and McAlexander（1995）は、バイク乗りとしての人生を体験した。しかしながら、全体的に見れば、マーケティングの分野において多くは、経験からは距離をとるスタンスをとっている。参加することを犠牲にして、参加者を観察することのほうに重きを置いている。方法論的には、前述の『スタートレック』のファンのコミュニティについての調査は、消費者行動のエスノグラフィーにおいて、参加の重大な役割がまた強調されていた。同様なものに、マウンテンマンのランデブーについての調査（Belk and Costa 1998）と、バーニングマンについての調査（Kozinets 2002b）がある。一般的に、そして人類学の慣習では、市場調査や消費者調査のエスノグラフィーにおいて、この種の深い関与は多大に評価されるべきであると私たちは考えている。

多くのエスノグラフィーが13か月の「エスノグラフィック・イヤー」を推奨しているが、良質のエスノグラフィーのための事実上の決まった時間の長さは存在しない。しっかりした調査を行うためのガイドラインとして求められるのは、理論を十分に完成させることである。ロブのフィールドワークでは、4つの『スタートレック』に関する集団にて行われたものであり、また、カナダの『スタートレック』のファンクラブの活動的なメンバーの一員となることを通して行われたものであった。地域のコンベンションに参

加してローカルなファンやファンクラブの新規採用委員会の人たちとの会話をすることで、有機的に参加することができた。これらファンクラブの調査が終わった後、ロブは1つのクラブを選び、会費を払って（文字通り）メンバーになった。博士課程の学生であり、調査者になりたいと思っているなど、自身の身元についての完全に情報を公開したとともに、メンバーを指揮できるクラブの責任者に志願した。彼はマーケティング・ディレクターとしての地位を維持し、1つの委員会を受け持った。その後、ファンクラブの執行部委員の記録秘書、すなわちファンの役割の1つとして自然にメモを取る役割に志願した。コミュニティに参加しているときに、ファンとしての役割の責任を取りながらも、一方では調査者としてのスタンスをオープンにしていた。これはエスノグラファーが一般によく用いる戦略である。様々な立場を志願して、特定のコミュニティとその文化を内部の人として加わり、調査するのだ。秘書の立場もまた、一般的に有利な立場とされている。

エスノグラフィックな調査では、現象や集団や文化についての深い理解を展開できるほどに十分な時間をかけられるほどに、現地の事象に没入している。このようなエスノグラフィーの長期的な側面は、「長きに渡る絆づくり」（prolonged engagement）と呼ばれる。Wallendorf and Belk（1989, p.71）は「どの程度長引くと長期的なのか」と尋ねた。研究している事象についての十分な深い理解を得るために必要になる時間はプロジェクトごとに変わるものである。実地の場で費やす時間の量、そしてその報告の仕方は多岐に渡る。消費者行動の領域では、Hill and Stamey（1990, p.306）は、１９８５年初頭から１９８９年中頃までにかけて継続的に「１０００時間程度費やした」と述べた。Arnould and Price（1993, p.30）は、５回ものラフティングの旅を経験した。Schouten and McAlexanderは3年半もの期間を通してハーレーダビッドソンの文化に関わりあった。スタートレックのプロジェクトのデータ収集に関しては、20か月にわたるフィールドワークを行った。この20か月という期間は研究対象のトピックに関する深い理解を得るに足りる期間であった。この手の調査は，例えば，『スタートレック』のファン全体の現象それ自体の概略の研究よりもむしろ，集団（例えば，ファンクラブや集まりなど）と，集団性に影響を受けた，『スタートレック』の文化にあるグッズの消費者行動（例えば，家にある記念品コレクション）を通して得られた意味に焦点を合わせているのだ。

(2) フィールドノーツを書く

どのような長さや水準の絆であれ，データとして記録されなければならない。したがって，エスノグラフィーのフィールドワークで最も重要なものの1つは，そのデータを生みだすフィールドノーツを作成することである。「フィールドノーツは，熱心で積極的な態度で現地に参加している際，調査者が経験したことや観察したことを記述したものである」（Emerson et al. 1995, pp.4-5，傍点は引用元より）。フィールドノーツは，フィールドワーカーの考えたことから，感じたこと，見た，聞いた，嗅いだ，触れた，味わったことまで含めて，感覚的，社会的，伝達的な，経験のあらゆる側面を記録することを意図している。フィールドノーツを通して，調査者はエスノグラフィーの経験のあらゆる要素をできる限りはっきりさせ，そして詳細さと感情を両立させて表現しようとする。ある程度訓練すると，かなり詳しく大量の情報をフィールドノーツに書くまで覚えていられるようになる。

（訳注：フィールドノーツとは）別に「リフレクシブ・ジャーナル」をつけることを勧める方法論研究者もいる。これは，個人的な日記の1つで，振り返りや，暫定的な解釈や，収集されたデータとデータ収集プロセスについての計画を調査者が書き留めるものだ。フィールドノーツ作成のプロセスはまだ本や授業でほとんど教えられていないが，ほとんどの方法論研究者が，現場でまず短く箇条書きの形でメモをして，現場から離れたらすぐにメモした内容から，完全で詳細なテキストに書き起こすことを勧めている。第6

章では、スマートフォンなどこれらのプロセスの助けになる様々なツールについて説明する。

このようなプロセスを経て、エスノグラファーは、フィールドワークの全体を通して蓄積されるフィールドノーツ、およびそれに関連した「日誌」を作成することができる。「ほとんどの現地調査者は、フィールドノーツと録音に大きく依存している」(Emerson et al. 1995, p.218) ので、写真や録音のような記録機器を用いた現場体験の記録は、多くの場合、大量のフィールドノーツとインタビューの書き起こしを補足するために使用されている。現代のフィールドワークのマニュアルは、決まって記録機器の使用を強調している (例えば、Ellen 1984; Jackson 1987; Wilson 1986)。しかし、文化の理解はフィールドノーツを書くプロセスを通じて生じるので、これらの記録はフィールドノーツを書く代わりにはならない。したがって、フィールドノーツを書くことは、単にデータを記録する方法ではない。「記述するために書かれたものが単に観察されたものと正確に対応する文章であると考えることは、どのような出来事についても『ベスト』な記述があると思い込むようなものだ」(Emerson et al.1995, p.5 傍点は引用元より)。実際、フィールドノーツを書くことは、フィールドワークの一部である (Joy et al. 2006を参照)。

Greetz (1973) は、そのような書き込みがエスノグラフィーの基礎であるという考えを記し、発展させ、例証した傑出した人類学者のひとりである。そしてフィールドノーツは、伝統的にそのような書き込みの基盤とみなされている。しかし、フィールドノーツ作成の際に求められる内容とプロセスにはかなりの曖昧さがある。ヴァン＝マーネン (Maanen 1988, p.223) は、むしろ否定的で批判的にそのトピックを取り上げている。

乱暴に言うと、フィールドノーツは、現場で行われた出来事、観察、そして会話の簡単な再構成である。それらは、自分にとって不正確なメモとしてうまく構成されており、経験をもとにした様々なレベルのテキスト化の単に1つを表しているに過ぎない。あるレベルから別のレベルに移行する際に生じる解釈の手順のもつれを解くのは、控え目に言っても難しいことだ。

ロブの『スタートレック』の研究では、「経験をもとにしたテキスト化のレベル」は当初、テープで記録されたメモ（それは実際ミニカセットテープにあった）とファンクラブのミーティングや集まりのような現場環境にいながら書いた小さなメモや紙切れの「走り書き」を通して形になった。これらのメモは、その後に完全な形で詳しく記述され、日付と番号が振られた記録としてパソコン上に打ち込まれ、個々のファイルに保存された。これらは後に、QDAプログラム（訳注：Qualitative Data Analysisプログラム、すなわち定性データ分析のためのソフトウェアのこと。詳しくは第8章を参照）つまり定性データ分析プログラムによってまとめられた。会話のような公共の場でのフィールドワークの最中には、関心のある活動を撮影するためにカメラが用いられた。この活動全体を通して、メモはMarcus（1998）の言葉を借りると「乱雑」なテキストであった。つまり、そのフィールドノーツには欠落や、矛盾、断絶、そしてぶれがあり、それは特定の関心や主題の範囲内にも存在していた。例として、カナダのトロントで開かれた第4回トロント・トレック・コンベンションの直後に記録されたフィールドノーツの抜粋の抜粋から、どのように観察が個人の思慮深い体験に乱雑に組み込まれているのか考えてみよう。

私は、あらゆる種類の『スタートレック』の商品があるトレーディングルームやディーラーの部屋に入った。そこは、すべてを記述することさえできないような消費情報の宝庫である。あらゆる種類のものがあって、そのいくつかを簡単に書いていく。一人の男が新しいソフトウェアを見せながらマイクを持って立っていた。それはディープ・スペース・ナイン（『スタートレック』に搭乗する宇宙ステーション）のセキュリティシステムを使用していて、音声認証機能を備えている。それはコンピュータ用のソフトで、認証画面で「オドー、入れてくれ」と言うと（オドーはディープ・スペース・ナインの保安主任のこと）、オドーが入るのを許可して、ウィンドウズのプログラムが起動したり、「私のパソコンを使うのはやめてくれ」と言ったり、なにか他の嫌味を言ったりするのだ。後ろには、『スタートレック』シリーズのオリジナルの台本や作者のガイドラインを販売している人がいた…これは主観的なデータであるが、ファングッズを買ったほうがいいという強い圧力を感じた。サイン入りの画像またはお気に入りのキャラクターのアートワークのために100ドルを費やすことはあまり大きな買い物には思えなかった。実際、そのようなことを楽しみたいという非常に強い誘惑を感じた。その理由の1つは、翌朝、昨日のことを回想したときに思いついたのだが、バケーションのようなものをしているときに、とても良い時間を過ごしたこの場所の記念品がほしいと考える類いのものだと思う。観光地のようなお祭りの雰囲気に満ちているのだ。

このフィールドノーツの抜粋は、ロブがスタートレックのコンベンションに参加している際に主観的に感じた事実を記録し解明しようとしている。これは直接表現のデータであり、表情、欲望、ユーモア、さらに所有欲で満ちている。このコンベンションからの現場観察はその後の現場に身をさらした影響によって確実に拡大されたが、まだロブがディーラーの部屋に物理的にいて、強い欲を感じられたであろう生々しく、反応的でもっと直接的な感情を含んでいる。この1つの典型的なフィールドノーツは、これは単純な事実に基づくデータの透明伝達ではなく、非常に個人的な経験をコンテクストに根付かせた書き方になっている。エスノグラフィーというタスクは、ただ共有された生活世界における内部者の視点を記録するだけではなく、調査対象やエスノグラファーの相互評価を明らかにし、それに応えることである（Page 1988, p.165）。この解釈の相互作用的なダンスを表現するため、ロブはその後「私／私の研究／アバター」

というタイトルの詩（Kozinets 2011, p.479）を通して、『スタートレック』ファンの研究者として自身のエスノグラフィー的経験を著した。左は一部のエスノグラフィー的心情を明らかにするためフィールドノーツの抜粋に使われたこの詩の一部である。

滝となり傾く赤いスクリーン、そして
散弾のようなシャボン玉が割れるように、現在の消費に向けた叫び。
消費の存在、消費の妬みの暗い闇に消費の存在
（Kozinets 2011, p.479）

フィールドワーカーは、解釈や理解、納得といった振り返りのプロセスを可能にするために、彼ら自身をフィールドや経験のコンテクストに位置づけている。重要なのは、1人のエスノグラファーが完璧な態度で他文化にとけ込み生活することではなく、彼らの世界がどのように構築されてきたのか理解できるほど十分で近くでともに生活することである。本物のエスノグラフィーのフィールドワークとは、文化的に全く縁のないコミュニティに入り込んだ部外者が、時間をかけて予測できない方法を通じて、そのコミュニティで活発にフェイス トゥ フェイスの関係をつくり上げることである。

要約すると、この章のこの観察法についての短い節では、エスノグラフィーのガイドラインを検討した。「スタートレックファン文化」についての未発表のエスノグラフィー博士論文を簡潔に見ることで、この節では、トピックの選び方、文化的活動が行われる現場とトピックの結び付け方、参加・没入・絆のつくり方、データの取り方、エスノグラフィー・フィールドノーツの作成について説明した。さらなるガイドラインについては、Fetterman（2010）、Murchison（2010）、Wolcott（2008）のように、より新しくかつ

具体的な方法を含むテキストを見てほしい。紹介してきた研究の詳細については、Kozinets（2001, 2007）を参照してほしい。

どこが違う？　学術と実務のエスノグラフィー

もしあなたがここまで読み進めて、この章のエクササイズを十分こなしてきたら、今2つのエスノグラフィーを計画してきたことになる。もしこれらのエクササイズ、つまり実践を通じた学習をしていないのならば、本書が提供できる1つ大きなチャンスを失うことになる。2つのエクササイズを完成してから、このBOXを読み終えよう。

あなたが今（私たちはそう期待している）2つのエクササイズを終えており、1つは消費研究もしくはマーケティング学術論文のため行うエスノグラフィー・プロジェクト、もう1つはマーケターの実践につながるようなエスノグラフィー・プロジェクトだとしよう。

次の問題を考えてみよう。実務のためのエスノグラフィーと『ジャーナル・オブ・コンシューマー・リサーチ』に投稿するような学術的消費研究におけるエスノグラフィーには、違いがあるだろうか？

もし2つのエスノグラフィーはかなり違うと考えるのならば、読み続ける前にエクササイズのために自分が書いたものを見て、主な相違点を探して書いてみよう。

基本的なところは同じだが、その2通りのエスノグラフィー研究は、少なくとも次の5点において相違点があると考える。

1. **焦点**：学術エスノグラフィーは、自然なコンテクストにおいて焦点となることを調べることによって理論への貢献を求めている。実務エスノグラフィーは、消費者のウォンツ、欲望、態度や行動を明らかにしながらマーケティング戦略もしくは戦術に貢献することを求めている。
2. **没入と時間**：学術エスノグラフィーは、典型的に、多くの場合おおよそエスノグラフィック・イヤー（慣例的には13月）をかけてコミュニティの文化に長時間没入する時間が必要とされる。実務エスノグラフィーはもっと時間に厳しく、およそ8週間で行われている。
3. **コンテクスト**：学術エスノグラフィーは、文化メンバー間の相互作用をより観察する傾向がある。実務エスノグラフィーは、もっと個人の行為やコンテクストの中の自己表現に着目する。さらに、パッケージやデザインの改善のために、実務エスノグラフィーは、消費者がモノをどのように使っているのかにより注目する。
4. **方法論についての解説**：学術エスノグラフィーは、かなりの時間を使って思考し、洗練させ、そして方法を解釈する。実務エスノグラフィーは方法や解釈にそこまで力を入れない。
5. **結果のプレゼンテーション**：エスノグラフィーは実の意味は「文化を書く」ということで、これらの発表形態は文化人類学を行う上で重要であり続けた。学術エスノグラフィーの最終的なアウトプットは、従来的なジャーナル論文のように、おそらく同業者による科学的な査読を何回も受ける文章だと予想される。実務エスノグラフィーは、パワーポイントスライドを使うことが多く、映像を通じてマネージャーに結論を報告することがますます多くなっている。

目的から実行まで、学術エスノグラフィーと実務エスノグラフィーには多くの違いがあることが分かった。

こうした違いのより詳細については、第8章と第9章で紹介する。

インタビュー中の行動を観察することも、市場調査・消費者調査の重要なデータの源泉になる。もちろんソフトウェアのユーザビリティラボやフォーカスグループで消費者たちがパッケージ、プロトタイプやその他のものへの関心を表すときなど、人工的にセッティングされている場所でも観察するが、観察型インタビューは、通常、他の消費者やマジックミラーの前ではしない。

(3) 観察型インタビュー

観察型インタビューは、よく「在宅インタビュー」や「エスノグラフィック・インタビュー」とも呼ばれる。このようなインタビューの鍵は、ありのままでいられる場、すなわち消費者が親近感を持っている場所で行われることである。エスノグラフィック調査から私たちが導いた結論は、製品を使用する様子の観察と消費者のインタビューは、消費者が製品をショッピングし、試し、購入し、とりわけ使う場で行うとより価値が高まるというものである。消費者の自宅、好きな店、パソコンの前、あるいは職場ですら、彼らはリラックスして最近の行動や考え、意見を思い出しやすくなる（Sunderland and Denny 2007）。

インタビューのやり方に関してAbrams（2000）は、力を抜いて楽にして高度にリラックスすることが大切だと主張した。深層インタビューはもちろん、カジュアルなエスノグラフィック・インタビューでもインタビューの調査者が消費者の信頼を得ることは最優先すべき課題である。インタビュアーは消費者の行動に関するある程度の興味があるという姿勢を保ちつつ、何かしらの圧迫や判断を下してはいけない。同時に、すべての関連する質問が聞けて、なお回答者が十分に返事できるようにするため、インタビュアーは改善し書き直された厳密なガイドを観察とインタビューのために採用する。

観察型インタビューは一般的にデジタルレコーダーで録音される。インタビューに様々な投影法を使うことも有効である（第3章と第6章を参考）。Coupland（2005）は、自分の家事用品ブランドの使用に関する研究で毎日使われている家事用品を消費者観察型インタビューに投影した。車を洗う行動に関する研究では、消費者はシャモア（訳注：セーム革製のふきん）を手にし、シャモアは車を洗うこと、そしておそらく綺麗にすることは綺麗さに関して話すことを求められる。参加者により、インタビューのスタイルや相互作用の全体的なムードなどの投影法は、「床は毎日掃除すべきという母のこだわり」や「父と初めて車を洗ったとき」など懐かしい回想を導いたり、自然と人工のシャモア製品やシャモアの価格、最もよいシャモア製品を売っているところについての議論を促したり、あるいは文化依存的な消費に至る道筋に関する興味深いことに関して議論できるようにしてくれる。

「6つの目は2つよりマシ」という格言があるように、小さな調査者グループで観察型インタビューをすることも有効だ。調査対象者の家に何人かのマーケティング調査者グループで訪問することも珍しくはない。こうした文化的状況において、参加者数に比べて調査者の人数が相対的に多くならないようにすべきだ。観察型インタビューの途中、調査チームのメンバーは自然体の消費者を接した後、観察・調査・インタビュー・動画の撮影・録音そしてメモをする。彼らは個人、小規模グループ、もしくは家族全体の普段の消費の買い物の行動に関する理解を得る。調査後には、違う場所でチームを集めて、報告する。彼らは自分たちで書いたノートを見直し、今後のプランを立てる。観察型インタビューが完全に終わると、チームは発見事実をまとめて書き、提案を示す（Abrams 2000）。

「ミステリー・ショッパー」法は、小売店員を監査・調査するため使われる非常に一般的な観察の手法である。ミステリー・ショッピングでは一人もしくは小規模のグループの調査者が店に入り、普通の消費者のふりをする。ショッパーを演じることで、この観察調査者（かなりアマチュアであることが多く、インターネットを通じて雇われてレポートで稼ぐ人々）は、小売の多様な要素に関する具体的な情報を得る。販売員が近づくまでどれくらいの時間がかかったか？　照明の状態は良いか？　商品Xはディスプレイされていたか？　そもそも商品Xは店にあったか？　会計が終わるまでどれくらい待たされたか？　決済する際に販売員になんと言われたか？　こうした問いによって、店のサービスから商品の選択やディスプレイまで評価する。ミステリー・ショッパーは、結果をレポートに書き、それをまとめる人もしくはクライアントに直接送る。

消費者のショッピングの観点からのもう1つよく使われる方法は同伴ショッピング（shop-alongs）である（Lowrey et al. 1998; Otnes and McGrath 2001）。この方法で調査者は1人のショッパーもしくは家族のような自然なショッパーのグループについて一軒もしくは複数の店に訪れて、普通に買い物をする。この方法では前もって関係を構築することが大事であるため、同伴ショッピングは、同伴する消費者と一回以上の深層インタビューを行った後に行われる。調査者は観察のみならずショッパーたちと普通に会話をしたり、たまにはある商品を受け入れるか拒否するかに関してもしくはそのショッピング全般に関して詳しく述べてもらったりもする。

熟練した調査者がいると、数分間のように短い期間に、消費者はたいていの場合、リラックスしたり自然に行動したり、消費についての興味深い情報を露わにし始める。それらの正確さの1つの一般的な指標は、調査者がすぐに知識を提供する親友になることができるかどうかということだ。調査参加者は社会的に受け入れられていないようなことでもすぐにさらけ出すことができる。例えば、夫は彼らが妻の承認を根深く必要としていることを打ち明けるだろう。親たちは彼らが子供の承認を強く必要としていることを打ち明けるだろう。実は歯をフロスせず、ブラシで磨かず、髪もとかさず、清潔にしていないことや、あるいは家がいつも散らかっていることなど、「小さな汚れた秘密」さえ知るだろう（Belk et al. 2007）。これらすべての社会的に望ましくない行為の暴露は、次のことの指標であるが、ただし常にそうである保証はまったくない。つまり調査者がインフォーマントと信頼と関係を構築していることの指標であり、調査者が不在の時よりは調査者がいるときに消費者は家の中でかなり異なった行動をするわけではないという指標である。しかしながら、すべての社会的行為は構築物だということを示しておくことは重要である。消費者は異なる人々に対して異なる行動を見せることに慣れているというのはもっともらしい。言い換えると、配偶者や両親、友達グループ、あまり知らないゲストなどと一緒に食事をしているときよりも一人で食事をしているときのほうが異なる行動をする。調査がコンテクストに依存する方法で繊細であればあるほど、エスノグラファーはより理論的に有用で、実務的に適切な詳しい様々な社会的コンテクストとかかわりを持つことができる。

(4) 観察調査においてビデオグラフィーやカメラや監視カメラを使うこと

過去20年間で、市場調査と消費者調査の実業界・学界の双方で、「ビデオグラフィー」の技術はかなり受け入れられ人気がある（Belk and Kozinets 2005; Kozinets and Belk 2006）。消費者調査では、消費者や消費のありのままを見ようとする（naturalistic）観察やインタビューのデータを取るためのビデオカメラを使用することや、有用な知識としてのこれらの発見事実を表現するための編集された視聴覚データを使用することも、ビデオグラフィーに含まれる。エスノグラフィーは、ありのままに深く入り込んで調査をするという行為と、調査について書かれたものの両方を指す。ビデオグラフィーも、データを収集したり、調査を表現したりするためにビデオカメラを使うことの両方を意味する。

他にも書かれているように（例えばBelk and Kozinets 2005）、ビデオグラフィー法が増えた主たる理由は利用しやすくなったからである。質の高いビデオデータの制作し流通させるための費用は、（プロシューマー向けカメラのような）ハードウェアと（例えばAdobeプレミアやファイナルカット・プロなどのビデオ編集サイトのような）ソフトウェア双方のデジタル技術の生産において生じた規模の経済性の高まりによって、過去10年で急激に下がった。かつて映画製作が法外に高かったときは、放送の専門家の独占領域だったが、今や研究者と実務家の両方のための市場調査が、この領域に参入できるようになり、素晴らしい成果を生み出すこともできる。

ビデオで録画された個人や集団へのインタビューは、最も普通で、もしかしたら最も想像力に欠けるビデオグラフィーの唯一の使い方である（Belk and Kozinets 2005）。これらのインタビューは調査施設で行われることもあるし、望ましいのは、ありのままを見ようとするエスノグラフィーや観察調査の原則に合った調査を現場で行うことである。インタビューの録音や、メールや電話によるインタビュー、サーベイと比べると、ビデオで録画されたインタビューは、身振り手振りや表情、ジェスチャー、そして他の人間の行為や社会的意味の時間的・空間的特質を捉えることができるという点でとても優れている。

次に最も一般的なビデオの使用は、自然な観察をするためにビデオカメラを使うことである。このような観察法では、備え付けのカメラやその場に置かれたカメラが使われる。多くの小売店や多くの大都会の公共の場所と同様に、多くの場合、既にクローズドサーキットテレビカメラ（または監視カメラ）がその場所に備え付けられている（倫理的な問題に関するエクササイズ6・4を参照）。パソコンやスマートフォンで簡単に使えるアプリを使って何千もの遠方にある監視カメラからライブ中継した映像を映し出すこともさえ可能だ。例えば、あなたは世界中のレストランやバー、ビーチ、スキーリゾートのかなり質の良い中継を見ることができる。時には調査者は遠方からカメラを左右に回して移したり、傾けたり、ズームしたりすることもできる。

学界ではまだだが、産業界において据え付けられたカメラを使うことが消費者調査においてますます人気ある方法になってきている。人気ある使い方の1つは、市場調査者が消費者の家を選んで、関心のある場所にカメラを設置して消費者にアプローチするというものである。消費者は特定の生活エリアにカメラを置くことで金銭的な謝礼をもらう。Jayashinghe and Ritson（forthcoming）は、状況に応じてどのように人々が実際に広告に関わるかまたは無視するかを見るために、カメラは人々がテレビを見ているところを録画することができるという調査を報告した。家の中で録画するのに人気な場所は、キッチンやリビングルーム、家族の部屋、お風呂である。これらはすべて関心が持たれる場所である。なぜならばトイレタリーや化粧品、テレビ、スナックフード、食事、お菓子が消費される場所だからである。カメラが設置されたら、作動し続けるか、動きをセンサーで感知して部屋で起きている出来事を録画する。一度データが収集されれば、行為のパターンを見つけるために分析される。個々のフレームや映像の一連のシーンを吟味させたり、カテゴリー分けをさせたり、言及させたりすることによって、ビデオデータをコーディングしたり分析したりすることに手助けするプログラムも存在する（第9章参照）。

監視カメラのようなビデオ録画機器で行う人目につかない観察には、隠されたビデオ装置を利用する。これは、非倫理的で違法にもなりうるので、気を付けて行わなければならない（第6章参照）。観光地などある特定の状況では、基準となるインフォームド・コンセントの手続きは適用されるものの、一体型ビデオを使っている人が多いため、気付かれずに行いやすい（Belk and Yeh 2011）。すべての観察法と定性調査のように、ビデオグラフィーのデータ分析は、コーディングからグラウンデッド・セオリーの構築、比較によるケース分析、解釈学的循環に至るまで、解釈的調査の基礎的な原理に従う。

観察調査の録画技術は、シネマ・ベリテ（cinéma vérité）という1950年代に米仏のドキュメンタリー映画製作者によってつくられた映画の一流派から生まれた。シネマ・ベリテでは、映画製作者は、社会的行動の自然な流れを邪魔しないように、できるだけ人目につかないようにするよう義務づけられた。データ収集の方法としての消費者調査へのその実践的な応用においては、シネマ・ベリテは次のように解釈される。つまり、調査者は特定の社会的状況に適応することができ、調査対象者が彼らの存在に慣れるような長期的な絆をつくることができるのである（Belk 2011b）。トロントのエスノグラファーでありビデオグラファーのブルーノ・モイナイは、ビデオ録画が日々の出来事のありのままを再現できるように、人々と暮らし、信用を得る技術を習得した優れたビデオグラファーである（http://vimeo.com/13910332を参照）。ブルーノ・モイナイのようなビデオグラファーが、消費者の生の毎日のコンテクストと一体となり始めると、彼らは、まったく興味をそそらず実に見慣れたありふれている消費者の日々の生活の側面だけでなく、驚くべき意外な新事実もとらえられ始める。

ビデオグラフィーの利用については、おもしろく役に立つ様々な方法が多くある。Sunderland and Denny（2007）は、「ビデオ日記」方式でビデオカメラを消費者に渡し、日々の生活の様々な側面を直接ビデオテープに捉えるよう頼んだ。彼らはこの方法を理解し使うのに必要な豊富な背景知識を明らかにした上で、「カメラを切る直前に、母親が歩き始めの子に対してどれだけ怒っているかといったインフォーマントの生活を形作る社会的コンテクスト」についてのインサイトをこうした技法で明らかにしている。「母親がその場で話している内容をビデオに撮った男の子が自分にカメラを向け、母親が今言ったことにふざけて反論するということもある」（Sunderland and Denny 2007, p.256）。加えて、ビデオ日記を撮る人は、彼らが日記をつけるために使う会話の中で、自分自身について明かす。例えば、「日記を自分で作った音楽に合わせ、タイトルをつけて最後にクレジットを挿入し」（同右）、書式に署名させて公の場で再利用されないように消費者自身の著作権を守ろうとする人さえいる。これらすべてから、調査者は、ユーチューブや他のソーシャルメディア時代に生きる調査参加者の生活や役割、関連する社会的なコンテクストについて多くのことを知ることができる。したがって、このビデオ日記の技法は、調査者主導のビデオ観察と比べて際立った長所を持っていると言える。それは、ビデオ観察より押し付けがましくなく、調査者自身の動機やニーズによるものでもないのである。そのため、その調査のおかげで、新しく（調査者に）気付かれていなかったインサイトが、調査のプロセスで明るみに出ることもあるかもしれない（Kozinets and Belk 2006; Sunderland and Denny 2007）。

スマートフォンの到来によって、調査者はフィールドで、音声や写真やビデオを記録する機器を常に持ち歩くことになった。さらに調査者がコンピュータ作業に戻った時に文章化して肉付けできるような大ざっぱなフィールドノーツを書き取るための機器にもなりうる。これもまたスマートフォンでもできるが、タブレットやノートパソコンのほうが早く入力できる。何を観察しどう分析するのかを考えるため、次のノートを検証してほしい。これは、ショッピングを一緒にする調査中に、調査に参加した観察者によって、携帯電話に記録されたノートである。

ＨＭＶ、本当に売り物だけ。フットボールの歌。イギリスのポップ音楽の中で最もよい、オアシス、ストーンローゼス、インディー。パパは音楽と映画を買った。フットボール監督と優勝した監督。ジェームス・ボンドとロッキー・ボンドの映画。将来は上手くやってほしい。ポロシャツ。ピンクではない。青。冒険はいらない。安い。靴でありスリッパではない。黙って下着を買っている。次、黙ってばっかり。あのマッドハウスの前。アンブロ。そしてゴルフィーすぎる。スポーツショップ。単に見るだけ。アディダスのジャケットをオアシス風に指さす。高すぎ。それからマジックプレイスへ。決して定価では買わない。チームのシャツ。ピンクの女性用シューズは通り過ぎる。笑う。最初のスポーツが世界のスポーツ。外のＹａｓ店へ。値段に敏感だけどチケットのためではない。クラブとのつながりのため。携帯、プリンス・セント・ジェームスの観光店へ、そして音楽。気晴らしのものではなく買い物。外見で人を判断している。女性物を見る。テスコ・フォー・デオ、トイレ、また服。マタラン、はやりのもの［買い物に一緒に行く調査中にとったメモより引用］。（Hen and O'Donohoe 2011）

ビデオグラフィーは多くの長所のある魅力的な観察法であるため、伝統的な市場調査のインタビューやエスノグラフィーとともにますます頻繁に用いられ必要とされるようになってきているのである。私たちは、ビデオとインターネットの時代に生きている。ユーチューブが世界で2番目に人気の検索エンジンなのである。私たちは、ビデオグラフィーに合うように情報を整えることに慣れている。そのため、ビデオグラフィーは、文化的に大事な瞬間やインタラクションを捉えるのに、驚くほど便利な道具である。こうした出来事を捉えて文化的分析を施して、誰かに渡したり共有できるようにし、プレゼンテーションやトレーニング、教育といった未来の教育的経験に組み入れることができるのである。ビデオグラフィーによる調査によって、消費者や市場を調査する者は、消費文化についてのより緻密な時間的、社会的、空間的な次元を捉えることができる。その調査結果は、パワーポイントや書かれた文書ではありえない情緒的で活力に満ちた人間的なものでありうる（Belk and Kozinets 2005; Kozinets and Belk 2006; Sunderland and Denny 2007）。第6章でビデオグラフィー法についてはさらに詳しく述べる。

(5) ネット上での観察と流行予測の技法

現在、学界や産業界で取り組まれているように、定性調査とは、何が「よい」あるいは「好ましい」のかということについて当然視されている様々な理解に関して社会的に構築された実践である。つまり、これらの理解は調査者のコミュニティによって異なる。急速に成長しているオンライン上での観察技法はこれらの相違から何を議論すべきか、ということを通じて格好の例を提供する。

現在、そして主に産業界では、直接的な観察調査は新たな段階に来ており、それはインターネットや情報コミュニケーション調査者のパイオニア的努力によって進められている。例えばニールセンオンラインやティーボ（Tivo）が提供する情報モニタリングサービスは、様々なメディアの視聴習慣を人目につかずに測定し、まとめることができる観察技法を発展させてきた。消費者のネットの視聴習慣は今や、ニールセンオンライン測定システムに追跡され、共有されている。例えば、最も人気のあるテレビ番組やウェブサイトを明らかにした。そして、このデータを視聴者の位置やデモグラフィック属性によって分析し、テレビ、プリント、ラジオ広告やプログラミングのために集められたデータと比較している。

家庭用ビデオレコーダーとそれに関連したオフライン・オンライン双方のサービスを発明し、販売することに成功したティーボはまた、デジタルテレビにおけるデータ収集のパイオニアである。２００４年、ティーボは第38回のスーパーボウル中に、ジャネット・ジャクソンが乳房を露出したシーンを実際に保存し巻き戻した人数についての主なデータソースであった。ティーボは個人の視聴記録を保存せず、そしてその視聴者は個人情報が集められることに選択する権利があったにもかかわらず、ティーボは莫大で信頼できる消費者のテレビのデータを入手し、販売した。

２０１１年、ニールセンオンラインは、信頼できるデモグラフィック的プロフィールをネット上のクリックストリームや視聴率に結びつけるために、視聴者のデータをＡＰＩ（アプリケーションプログラミングインターフェース）、ＩＰ（インターネットプロトコル）、クッキー、そしてフェイスブックの情報に関連づけるサービスを開発した。その目的は、宣伝活動に対するネット上の視聴率や反応のように、重要なネット上の行動を証明可能な形で測定することである。グーグルやアマゾン、フェイスブックなどのソーシャルメディアの優秀な企業はまた、インターネットによって可能となった、消費者のネット上での行動を追跡する能力から利益を得ている。これらのデータ収集の取り組みの中には、プライバシーに関する倫理的な問題を指摘するものもあるが、強い批判は散発的である。伝統的なメディアやソーシャルメディアも含めて様々なメディアの消費など、多様な消費習慣に基づいたデータを企業がどこで集めたとしても、こうした情報には価値がある。さらに、そのデータを情報や知恵に変えることは、熟練した価値のある調査のプロセスである。

現在、調査者は、人々が何を見て、コメントし、読み、相互に作用し、実際にネット上で購入するのかをモニターし、測定することができる。さらに、この情報をこうした人々のアイデンティティと結びつけることで—直接的にはプライバシーの権利を侵さない洗練されたダブル・ブラインド法（訳注：調査者も調査対象もお互いに誰なのか分からないようにすること）を用いて—調査を行う企業はスキャナーパネルデータ、クレジットカードのデータ、パネルデータ、オフラインでの購入についての情報と同様に、テレビ、印刷物、ラジオの視聴習慣を、視聴やコメント、クリックなどのネット上での行動にリンクさせることができる。今後、数年で、私たちは信じられないほど大量のデータを目にするだろう。それによって、相互に関連している伝統的なメディア、新たなメディア、ソーシャルメディア、そして購買行動を、消費者がどのように利用するのかについて、消費者や市場を調査する者は以前よりも学ぶことができるだろう。流行を予測・観察する企業は、変化する最新の流行についての迅速なフィードバックを得るために、様々な技術革新を利用している。例えば、ホットスペックというトロントに拠点を置く企業は、革新的な新製品やサービスのアイディアを、ブレインストーミングにかける際に役立つ消費者のグループを利用するというソーシャルメディアの方法を用いる。オンライン上に流れる何百万もの会話は、データマイニングやオピニオンマイニング、ネトノグラフィーのような科学的な観察方法のための消費者調査や市場調査のデータの重要なソースとなった。第5章でこれらの方法を詳述する。

これらのネット上の観察方法は、明確な消費者行動の理解にユニークで多大な貢献をするが、大きな欠点もいくつか存在する。まず、消費者行動とはほど遠い姿を調査者に見せてくれることがある。このようにエスノグラフィーや、面と向かってのインタビューや観察などの「経験に近い」あるいは「消費者に近い」方法とは大きく異なる。商業的に集計したデータにはコンテクストや信頼、あるいは親密さが欠けており、むしろ正確性や匿名性に貢献するものである。このため、これらの方法は、消費者が秘密にしているような個人的な行動を観察することに優れているだろう。ただ、研究倫理審査委員会（institutional review board）などの倫理委員会がアカデミックな研究者に求める厳しい基準をクリアすることは難しいだろう。

しかし、人の経験から距離を置くネット上の観察法は、エスノグラフィーのような経験に密着する方法と、有益な形で組み合わせられるだろう。これらのネット上の観察法の正確性、証明可能性、数量化、そして精度は、より主観的でサンプルが限られ偶発的なエスノグラフィー的観察の特性を補完することができる。広がりのある視点から接近した視点に移ることで、これらの観察法に見られる距離感と脱コンテクスト化は、エスノグラフィーが提供する観察やコンテクストの深い理解と豊富なデータによって補完されうるのだ。

技術を活用した観察法の別な例では、多数のオンライン会社が招待者限定のオンラインコミュニティを作り、その中で人を募集した。彼らは、通常は若い人であり、アマチュアのトレンド・スポッター（訳注：社会の潮流をいち早く指し示す人）または観察者の役回りを務める。このような消費者たちは、写真、ビデオ、ＳＭＳメッセージを送ることなど様々な手段を用い、絶え間なく市場についての情報を、会社に提出するように求められる。また、コミュニティのメンバーは、パーティ、コンサート、スポーツイベントなどが割り当てられて、必要な手段と報酬が与えられて、こうしたイベントを記録し、雇ってくれた会社と共有する。バズエージェント社などボストンのトレンド・スポッティング企業は、さらに製品についてのオピニオンを共有し、影響力のある消費者やソーシャルネットワークでクチコミが広めようとしている。ボストンのコミュニスペース社などオンライン・リサーチ・コミュニティを創る企業は、類似のコミュニティを築き、そこでのパネルディスカッションの内容を活用している（これらの取り組みに対するより倫理的な批判については、Quart 2003を参照）。

定性的ソーシャルメディアのデータには、私たちが深掘りすべき領域がある。2012年6月現在、10億のアクティブなフェイスブック利用者と1億5000万のツイッター利用者が、定性的でパブリックな会話に基づいた消費に関する大量のWOM（word-of-mouth、クチコミ）、およびC2C（consumer-to-consumer）相互作用のデータが、インターネット上に存在しており、毎日生み出されている。数億のユーチューブ録画は、自然発生的な消費者行動についてのアーカイブとなっている（Belk 2011bを参照）。ソーシャルメディアおよびソーシャルメディア・マーケティングの急増によって、これらのデータを収集し、分析し、解釈し、その意味を理解できる手段や技術の必要性が、消費者と市場を調査する者の間で高まった。消費者間の会話がインターネットで自然に起こることを考えると、これらの技術的な観察法によって、自然で介入的でないデータが得られるようになった。ネットベース社、ラディアン6社、シスモス社、およびムービークエスト社などの会社は、データマイニング、NLP（natural language processing、自然言語処理）、コーディング、分析のための洗練されたツールを開発しており、これらのオンライン上の会話を分析し、「マーケティング・ダッシュボード」など形で実務家にとって分かりやすく行動につなげやすい形で分析内容を提供している（グーグル画像検索で、「マーケティング・ダッシュボード」を検索し、多くの近年の例を見ることを読者にお勧めする）。

インターネットにおけるダイナミックな技術的現実に対してエスノグラフィーを直接活用したもう1つ

の観察法は、これまでの15年間にわたって開発された「ネトノグラフィー」と呼ばれているものである(Kozinets 2002a, 2010a)。第5章で、ネトノグラフィーについてより詳しく検討して説明し、特に実践的なデータ収集手段に注目する。ネトノグラフィーは、ブランド、ライフスタイルの関心事や出来事に関するソーシャルメディアの議論など自然に起こる行動に対する視点を、消費者や市場を調査する者に提供する。しかしながら、コンテント・マイニングとは違い、ネトノグラフィーは文化的アプローチを採用しており、洗練された解釈が必要とされる。在宅調査、インタビュー、エスノグラフィーなど伝統的な対面的観察法と比べると、募集、個人ミーティング、移動、観察の記録、個人インタビューの実施と記録などにおいて、ネトノグラフィーはより少ない時間や金銭で済む。とはいえ、ネトノグラフィーは、リッチなデータを提供でき、多数の多様な消費者の意見を見出すことができる。また、消費者が自分たちの関心事について話し合う際、非常に相互的かつ解釈されていないデータが生じるため、そこから学ぶことは多い。定性的消費者調査・市場調査において急速に進化しているこの領域では、これらの技術は近い将来、著しく持続的に変わっていくことに違いない。すなわち私たちの説明は、本書が出版されるよりも先に時代遅れになるかもしれないが、調査技術における急速な変化がいつまでも生じる可能性がある。私たちは読者たちとこうした変化への熱意を共有したい。

(6) 歴史的アーカイブ、考古学、人工物に関する観察調査

変わりつつあるデジタル関連の消費習慣の将来を見つけること以外にも、観察を用いて、過去の消費者の習慣を見ることができる。結局、テクストは人工物（artefacts）であるという考え方がある。それと同様に、すべての人工物は、時間、場所、人について語り、文化を表す濃密なテクストである。したがって、もし人間が作ったすべてのモノは人類文化の現れであると考えるならば、それらを通じて文化について学

び理解することができる。観察的データ収集の本質を考えるならば、歴史的データ、考古学的データ、人工物の観察データを消費者調査・市場調査において活用するのは有用である。これには、ギリシャ陶器など古代の人工物や絵、そしてごみ調査（garbology）や陶器など過去に消費された人工物の分析など考古学的方法を活用した消費者調査などがある。

もし「百聞は一見にしかず」と言うのならば、形あるモノには大きな価値があるだろう。特定の場や経験や時間についてインサイトを発見するためには、有形の人工物を分析することができる。筋の良い推測に基づくべきであるが、有形のモノを慎重に分析することで、過去の時代について理解や物語が得られる。考古学者にとっては、近代を扱うことではない限り、これは観察的データの唯一の源泉である。人工物や発掘品を観察して得た先史時代のデータについても、同じように分析できる（しそうすべきである）。

大昔に消費者が使った人工物の1つの例としては、ジョン・ファイファー（Pfeiffer 1982）が、ピレネー山脈のクロマニョン洞窟で発見された1万年から3万年前の手工芸品および打楽器に対して行った分析がある。彼は、複雑な通路を通じてしかたどり着かない聖堂のような部屋に、壮大な手工芸品が当然のごとくあることを発見した。その目覚ましい音響効果およびそこに発見された「ビーナス」像に基づいて、彼は次のような儀式があると推測した。

> 1万年～1万5000年前に、円形の広間で幾度となく行われた違いなく、気分の置き換えを呼び起こすために慎重に設計されたイベントであり、架空の夢のような情景であり、驚愕というほどの衝撃である。この全体的な体験とそこに至る道筋は、この瞬間の幻を達成するためにささげられている。このような状況のもと、おそらく他の影響によって強められることで、人々は自分との結びつきを強烈に感じ、そこで見聞したことを生涯思い出した（p.133）。

言い換えると、ファイファーは、これらのトンネルや絵画は、世界で最初に行われていたであろう宗教の儀式において、イニシエーションのために用いられていたという証拠に基づいて推測しているのである。

優れた科学的消費者調査のもう1つの応用例を紹介する。Morris et al.（1979）は、現在のイタリアとギリシャの人々の写真と古代ギリシャ文学の描写を比較することで、南イタリアにおけるギリシャ由来の言葉を用いないジェスチャーについて研究した。彼らは、ananeuoと呼ばれる「いいえ」を意味する頭を揺さぶるジェスチャーの起源は、ホメロスの『イーリアス』までさかのぼることができることを発見した。今日では、このジェスチャーはギリシャと、ギリシャ人船員が訪れた南イタリアの一部で観察できる。しかし海から離れた内陸では観察できない。船員の言語的な痕跡はほとんど消えてしまったが、（訳注：ギリシャ生まれのジェスチャーがイタリアでも見られるという）非言語的な痕跡は、２０００年以上にわたって残存している。Collett（1984）は、ナポリの類似のジェスチャーの起源は古代ギリシャの陶器にさかのぼることができると報告している。

また別の研究として、Belk and Ger（1995, 2005）は、中国の明王朝後期とオランダ黄金時代の文化という2つの重なり合う時代と場所における芸術作品をもとに、消費文化の隆盛について調べている。彼らは、明とオランダの両国において、成金の間で芸術品を収集することへの興味の急増が生じていたことを発見した。しかし、それぞれの文化の中で創られた芸術作品のタイプはかなり異なることも見つけた。オランダの芸術作品はアメリカ大陸からもたらされた財宝、食べ物、花などの写実的で豪華な静物画を楽しむ一方で、中国の芸術作品はありのままの自然を描いた絵や詩を賞賛しており、それらは自然との関係が支配や所有ではないことを示している。ヴァニタスと呼ばれるオランダの絵のジャンルはその時代の新発見の富に対する宗教的な不安な気持ちを表しているが、中国が上手く調和することを強調するのと比べると、富の表現の仕方はかなりはっきりと目立つものだった。

過去の文化を理解するために、定性的内容の豊かな歴史的テクストを利用するまた別の興味深い例は、ラジオやテレビのアーカイブのような多様なイメージの分析的な利用である。O'Connor（1988）は、歴史分析者は、170年以上の歴史のある写真、120年以上の歴史のある映画、そして70年の歴史のあるテレビの分析によって非常に多くのことを学ぶことができると指摘している。ドキュメンタリー映画は、映画それ自体と同じくらい古い歴史があり、フィクション映画とは違う形で歴史的記録を形成している（Belk 2011b）。20世紀以来の企業のPR活動のための映画の記録は、企業が従業員、販売員、そして顧客をどのように描いていたかを調べるのに大いに役立つ（Prelinger 1996, 2010）。これらの多くの映画は、文書と同様に1億5000万本以上の映画を記録、所有し視聴者に提供するユーチューブで見つけることができる。

消費者調査の分野では、私たちは文化的意味を理解するために映画やテレビ番組を分析することにとても大きな興味を抱いている。例えば、消費者人類学の先駆者であるジョン・シェリー（Sherry 1995b）が発表したコーヒー文化の「テレスノグラフィー」（telethnography）というのは、消費研究学会（Association for Consumer Research）のスペシャル・セッションで話題になった。その調査でシェリーは、「『コーヒーワールド（coffee world）』の特性を調査するために、ゴールデンタイムのテレビ番組で描かれるような人類学的な視点」を用いている（Sherry 1995b, p351）。広告を調べるのが慣例的だが、シェリーの分析は大衆に人気のある番組の制作のコンテクストに焦点を合わせた。人気のある番組は、真実らしさを作るためにたとえ非日常的な状況であっても、「日常生活のこと」を使って視聴者を引きつけている（Sherry 1995b, p.353）。私たちは、消費に関するイデオロギーや消費に対する階級に基づく動機についての意味を調べるために、映画『グレムリン』（Holbrook 1988）や『愛と哀しみの果て』（Holbrook and Grayson 1986）についてのホルブルックの解釈学的分析や、同様にHirschman（1988）による『ダラス』や『ダイナスティー』といった人気テレビ番組の解釈学的分析から、消費の意味に関連する解釈を見つけることができる（他の文学や詩と同様に、この研究の概要を知るためにHolbrook and Hirschman 1993を参考にすると良い）。

Spencer-Wood（1987）は、考古学的手法を用いて、18～19世紀のアメリカで獲得された消費財について考えている。この研究が扱ったデータには、ゴミ捨て場に残された陶磁器の破片、ゴミ捨て場の魚の骨の残骸、個人所有の記録、古い溶鉱炉に残ったぼろぼろになった石やレンガの堆積物などがある。スペンサーとウッドの研究書に寄稿した者によって使われた枠組みは、社会経済的地位、マーケットアクセス、製造手段の所有権、食に関する機能、民族性、家族の人数と構成、そして政治的地位などを含む行動変数に渡り、これらの考古学的データを関連づけている（Spencer-Wood 1987, p.11）。

検認済みの所有物一覧、古い日記、メディアなどの情報源から選ばれた記録については、特別な考察が必要である（Belk 1992, 1994; Karababa and Ger 2011）。歴史的な記録文書を1世紀か2世紀さかのぼると、下層階級に関するデータはほぼ存在せず、上流階級の者だけが、一覧に含まれるような重要な所有物を保有していた。一覧表は不完全だったが、しばしば徴税目的で使用された。不運なことに、紙は耐久性の面で問題があり、私たちはなかなか日常に関する記録文書が保管されているのを見つけることはできない。しかしながら、トルコのアンカラにあるアナトリア文明博物館では、粘土の上に小さなくさび形文字で書かれた古代の文書の素晴らしい例を見つけることができる。驚くべきことに、これらの粘土の上の文字は、千年もの時を耐え、そして千年の間に消費者はすでに紙幣を使い、彼らの子孫に譲渡するため所有物を一覧表に書きとめていたという事実を伝えるのだ。さらに、この博物館は3千年かそれ以上前にさかのぼる初期のブランドシンボルのようなものも保管している。それらの多くは動物のトーテムや絵を用いている（初期のブランド分析についてはEckhardt and Bengtsson 2010; Hamilton and Lai 1989; Moore and Reid 2008を参考にすると良い）。

興味深く効果的な人工物の分析としては、過去のものだけでなく現代の家庭ゴミについて調査し、分類するものもある。「ごみ調査」という人類学的技法は、少なくとも1970年から発展し続け、消費者のゴミを人目につかないように調査するために特別にマークしたゴミ袋を用いる（例えばRathje and Murphy 1992）。仕分けする人が、多様な定性的、定量的カテゴリーを用いて家庭ゴミの内容を記録し、それを家庭の立地と関連づける。Cote et al.（1985）は、15のよく知られた飲食製品について、飲もうとした意図と実際の消費者行動の間のズレを調査するためにこの手法を有効に用いた。Wallendorf and Reilly（1983）はアリゾナ州ツーソンで広範囲にわたるゴミを調査し、ヒスパニックの地域では白いパンをより消費し、アングロ・サクソンの地域ではトルティーヤをより消費する「過剰な同質化」という現象を発見した。伝えられるところによると、サーベイ、パネル日記、スキャナーデータが可能となる前に行われた最初のいくつかの市場調査は、フィラデルフィアのチャールズ・パーリンによるものであった。キャンベル・スープに雇われ、どのタイプの消費者が当社の出来合いのインスタントスープを購入しているのかを探るために彼は街の家庭の缶ゴミを探し、それを各エリアの住人、家、車を観察することで入手可能な所得などの特徴と関連付けた。

消費に関する巧みに目立たず非反応的な観察記録のその他の例はWebb et al.（1966）とLee（2000）で議論されている。前者のタイトルの原案は『闘牛士のひげ』であった。これは、不安が男性闘牛士の髭の伸びを促進させ、無精ひげは闘牛士が突き刺される可能性の前兆となるものだと言われてきたからである。目立たない調査によるデータのタイプは多様である。例えば浸食についての記録（例：シカゴ科学産業博物館の展示物の前の床材の磨滅）、アーカイブの記録（例：スーパーボウルのハーフタイム中に人々がトイレを使用したときのその地方自治体の水流量）、付着物についての記録（例：ショーウィンドーについた鼻の跡の数と高さ）、単純で工夫された観察による測定（例：渋滞中でのフィアットとメルセデスの警笛がそれぞれ鳴る確率）、その他の物理的履歴の記録（例：店頭デモ用のコンピュータで検索したＵＲＬ

の履歴）などがあり、どれも機知に富む調査者には採用されうる。調査者の創造的イマジネーションとプライバシーへの倫理的懸念の2つだけが、こうした工夫の可能性を制約づけるのである。

古代のくさび型の銘板や、ごみ置き場や建築現場にある壊れた陶芸品や、家庭ゴミなどの興味深い物体を一度収集したら、どのようにデータを分析するのだろうか？　歴史的アイテムや人工物の分析においては当然、査定、コーディング、カテゴリー化、解釈に対して消費者調査・市場調査の全力が注がれるだろう。例えば、大量の歴史的、人工的データをコーディング、解釈するために、調査者は内容分析、記号論、考古学的手法を用いることができる。このように、新しいものも古代のものもゴミも含め、この方法で分析することができるということをこれまでの例は示している。これらの分析を調査トラディションの中に位置づける方法は本書第7章、第8章でより深く議論する。ここでは、最後のエクササイズの後に、これらの観察法の強みと限界について詳しく説明してこの章から得た教訓を要約する。

EXERCISE 4・1：ゲッ！　オエー！　なるほど！

この章では多種の観察法のうち、ごみ調査などいくつかについて詳しく述べた。少し嫌かもしれないが、自分が消費したものを文字通り調べることで、自らの消費研究の分野の文字通りの根源に帰ることができる。他人のゴミを調べることは非常に不快かもしれないので、自分のゴミを用いて実践できる簡単なエクササイズを用意した。

1　自宅のゴミ袋を1つ選びなさい。もし家庭でリサイクルやコンポスト（訳注：堆肥化）を行っているのならば、収集している全カテゴリーそれぞれから1つずつ袋を選びなさい。

2　広い場所（裏庭など）でゴミ袋を開け、中身を広げなさい。
3　意味のある分類計画に基づいて内容物を論理的な山に分類し、山に名前をつけ、その名前を書き出して、写真に撮りなさい。
4　それぞれの山に分けられたゴミの量を見て、これをデータとして分析しなさい。
5　それぞれの山のモノのタイプを見て、それらの状態、モノ同士の関係性を説明しなさい。
6　ゴミを分析することを通じて、この家庭のメンバーがどのタイプの消費者なのか、どのタイプの消費をするのかについてどのように結論付けられるかを考えなさい。

この調査をあまり嫌がらないで欲しい。成し遂げれば、驚くべき結果が待っているだろう。

(7) 観察法の強みと制約：簡単な要約

これまで見てきた観察調査法の過去、現在、未来に基づいて、この調査法にみられる主要な強みと制約について考えることは役に立つだろう。

多くの消費とマーケティングについての定性調査法がそうであるように、エスノグラフィーなどの観察法のいわゆる「制約」の1つは、比較的少数の調査対象から導き出し、結論付ける傾向にあることである（Lofland and Lofland 1995）。しかし本書を通して主張しているように、調査者が常に憶えておくべきなのは、これが（ふつうは）少人数による（ふつうは）詳細な分析に基づいた帰納的なリサーチである、ということだ。定性調査が相応しいという主張が存在する理由は、オンライン観察や監視カメラ（本章）、ネトノグラフィーやデータマイニング（第5章参照）などのいくつかのケースでは、より膨大なサンプルが使えるし、そのデータはある種のフィルターか分類メカニズムやより多くの場合、ソフトウェア・アルゴリズムを通して扱うことができるからである。

マーケター、消費者と市場を調査する者が最初に見出したインサイトが、どの程度まで特殊で、コンテクストによって制限されており、わずかな状況下でのみ有効で、広く一般化が可能かどうかを究明するために、少数のサンプルでこのインサイトをさらにテストすることは有益である。もし観察法、エスノグラフィー、考古学、非干渉法、文書調査から得られた発見事実を解釈するための適切な方法が採用されるならば、そこから得られる結論は慎重に検証されうる。しかし、本書（第10章）の至る所で言及したように、いくつかの研究は、特定のコンテクストを明らかにし、独特なインサイトを発見するのに役立つ。ここで2016年ブラジルオリンピックの観客のエスノグラフィーについての理論形成が可能か考えてみよう。モバイル放送、テレビ、ネット放送を同時に網羅しようとするオリンピックのマルチスクリーン消費がアメリカ中西部の10軒の家庭で調査されるとする。もし調査結果が、3つすべてのスクリーン（iPadのようなタブレットも含む）をすべて視るという興味深く前例のない消費の一致を明らかにしたならば、この結果は、世界中の視聴者の習慣の変化を議論するのに使われうるのだろうか？　これは、作り出そうとしている理論構築のタイプによる。例えばもし、以前の文献では言及されていなかった新しいタイプの視聴者を、エスノグラフィーが紹介し発展させているならば、サンプルサイズはまったく無関係である。これは、「ブラックスワン」を調査するのに類似した発見事実である。これまですべての白鳥は白であったが、今回、発見された1羽はそうでなかったのである。しかし、この変化がすべての家庭で起きていると論じたり、評判になっていると論じたりするのは的確ではないだろう。オリンピックや、他の放送教材のマルチスクリーンの習慣の適用についての、すべての種類の定性的な判断を支持するようなデータは、まったくないのである。

もし、例えば、あなたがある新しいサブカルチャーの消費者行動を発見するのに興味があるならば、流行に敏感なウェークボーダーである女性高齢者のグループをグラムグラム（the Glam Gram）（訳注：魅力的（Glamorous）なおばあちゃん（Grandmother）のことだと思われる）と呼ぶことにしよう。そして、この新しいサブカルチャーとの「深い付き合い」を含めた観察調査は、それだけで十分である。しかし、もし、ある化粧品会社が、すべての女性高齢者を対象にした新しいアンチエイジング製品の広告キャンペーンを展開させるために、この研究結果を一般化させたいのならば、その製品や、付随するキャンペーンのターゲットを代表するような、より広い範囲の女性高齢者の間で、コアとなる結果（例えば、高齢ウェークボーダーのイメージの魅力など）を調査することが望ましい。この例が示しているように、少数のサンプルによる結果の検証への投資は、製品やマーケティングへの他の高価な投資がなされる前に行われるべきである。研究の目的が学術である場合は、一般化可能性が論点であるかそうでないかの程度は、特定のジャーナルや他の出版物次第である。いつも当てはまるわけではないが、一般に、より実務指向のジャーナルは、より一般可能性の証拠にこだわるだろう。

観察法に見られる別の制約は、そのコストである。エスノグラフィーのような観察法は、非常に時間がかかり、調査者にかなりのスキルが求められる傾向にあるため、これらの調査は実施するのに比較的時間がかかりうる。データマイニングや監視カメラ観察のような最新の技術が発達したのも、部分的にはこの理由による。現在の観察法は非常に多様なので、エスノグラフィック・インタビューの代わりとなるものがある。観察法はもはや、数週間に及ぶ骨の折れる在宅インタビューの実施にむけた消費者の家の調査のために、調査者チームを派遣する、という意味だけではない。この章で述べられた観察法からいくつかを組み合わせ、選ぶことで、調査者は、観察調査計画を特定のプロジェクトのニーズに合わせることができる。

もし単独で使用するのであれば、観察法のさらなる制約は、消費者が何をしているかを私たちが見ている（または聞いている、匂いを嗅いでいるなど）一方で、私たちは彼女らがなぜそれをするのかを観察できないことである。グラムグラムのウェークボーディングの例の中で、グループが互いに以前から知り合いだったかどうか、彼女らがネット上で初めて一緒になったのかどうか、または地元の高齢者市民会でのプログラムにひかれたのかどうかを私たちは知りたいとする。もしくは、私たちが、彼女らはエクササイズのためにやっているのか、楽しいからなのか、フレンドリーな高齢のサーファーに出会う方法だと思ったからなのか、または他の理由からなのかどうかを知りたいとする。または、これはそのグループが取り組む様々な冒険のうちの一度限りの活動なのかどうか、彼らが熱中しており、今後も続けられるのかどうかを知りたいとする。言うまでもなく、このような動機付けの質問への答え方は、単に観察するより行動することである。長きに渡るつきあいに基づいた調査、深層インタビュー、ネトノグラフィー、そして、そのグループに関する地元ニュース記事の記録と組み合わせた参与観察は、私たちが経過観察をするいくつかの方法のひとつに過ぎない。

観察法の目的は、ウェブページのクリック数や行き来する人数の単なる測定よりむしろ、あるがままの状態のコンテクストに適した中間レベルのデータを提供することである。こうした理由から、観察法は、人類学者らエスノグラフィーを行う人たちのアプローチ、すなわち辛抱強く高いスキルでフィールドに没入するアプローチについて真剣に考える必要がある。実際のところ、その場に参加することとその場を観察することを結び付けるような深みのある分析に到達するのは、まさにこの力なのである。もっとも観察法は調査している特定の状況に関連して組み立てられているかもしれない。

急いで行われたデータ収集、つまり、「電撃エスノグラフィー」と時折呼ばれるようなものは、たとえ調査法が在宅の深層インタビューや調査であったとしても、説得力のない弱々しいデータに終わってしまう。エスノグラフィーのような相互作用的な観察法は、調査者が受けたトレーニングやそのスキルの水準がどれだけなのかを白日の下に晒してしまう。ある調査者は、汚い服やエナジードリンクの缶で埋め尽くされたティーンエージャーの部屋に入り込んで、適切な子育てがなされていないと思うかもしれない。別の調査者は、膨大な情報量を処理する必要性の増大について理論化するだろうし、ティーンエージャーにおける情報メディアが豊かなライフスタイルと消費が与える刺激の関係について理論化するだろう。また他の調査者は、カオス、自由、そして自然のままのクリエイティブな風潮の象徴をもとにした新しいソフトドリンクのブランドを立ち上げる好機を見出すかもしれない。さらに他の調査者は、ティーンエージャーの部屋を、彼らの性格やライフスタイル、不安、望み、憧れを明らかにする理想の方法論的な場とみなすかもしれない（例えばArbitron nd; Brown et al. 1994; Gosling 2008; Gregson, 2007; Lincoln 2004, 2005; Miller 2008; Odom et al. 2011; Salinger 1995; Spaarman 2007; and Steele and Brown 1995のアプローチの違いを見てみよう）。観察データは比類なく重要である。つかみどころがなく制約がありながらも、このデータは未だに、消費とマーケティングに関してこの世の中で今、何が起きているかについての本当のデータだと唯一言えるものである。

第5章

オンライン上の観察とネトノグラフィー

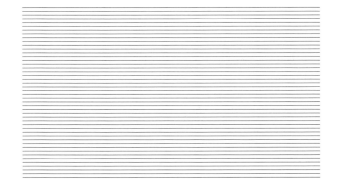

インターネットは社交の場である。生物で満ちている海のように、オンライン環境は、会話、メッセージ、写真、ミュージッククリップ、ビデオ、絵、アバター、コメント、ディスカッションなどの定性情報で満ちた多様かつ鮮やかなプールを調査者に提供している。インターネットには数千万人か数億人の世界中の人々が作成した様々な種類の相互に接続されたファイルがある。私たちがどのようにコミュニケーションをするのか、自分を楽しませるのか、パートナーを探すのか、方向を把握するのか、コミュニティ感覚を持つのか、そして多種多様なトピックスについてどう聞いたり応えたりするのかということは、絶え間なく変わっている。それらの疑問の多くは、マーケティングまたは消費に関連している。それに、多くの消費者はインターネットを利用し、支払いをしたり、オークションの入札をしたり、広告を見たり、賭けたり、クーポンをダウンロードしたり、合法的または違法的にマテリアルを見たり共有したり、レビューを書いたり、推薦したりする。オンラインメディアに取り上げられたマーケティングまたは消費経験の多様性とその激しさは毎年増える。

この章では、消費者調査や市場調査においてこの豊かでかつ重要な環境の調査や分析のために採用される定性調査の主な手法について検討し、全体像を見ることにする。消費者とマーケティングについてのオンライン定性調査の性質はどのようなものか？　どのようなデータが存在し、どうすればそれらのデータが正確なやり方で収集されるのか？　まず、私たちはオンライン定性調査を扱う2つの方法、すなわち、データマイニングと社会ネットワーク分析を簡単に見てみる。次に、オンラインエスノグラフィーを実践しているネトノグラフィーについて詳細に述べる。最後に、ネトノグラフィーによく伴うオンラインインタビュー手法について論じる。

巨大なオンラインデータを処理する手法についての議論が始める前に、次のことを明らかにしたい。コンテクストを取り除いたデータマイニングと社会ネットワーク分析の手法は定性と見なされるのは適切なのかと疑問に思われるかもしれない。しかし，本書で私たちは定性と定量データの区別が明確かつ簡単にできるとは思わない。定性と定量はデータの正反対でもないし，相互に背反する世界の見方でもない。むしろ，このように2分類するラベルは連続体上にある恣意的なポイントのようなものであると考えている。この連続体では，コンテクストに深く根付いている実世界の出来事（ジョン・シェリーが述べている「キャプタ」。Sherry and Kozinets 2001参照）を深く把握し，特定のコンテンツとコンテクストの要素に合わせてコーディングし，必然的にそれ以外のコンテンツとコンテクストからはぎ取るということがなされている。いくつかのコーディングは定性データに定量コードをあてはめる。例えば，オンラインに書き込まれた単語の数を数えるとき，あるいは，ツイッターのメッセージにおける感情的な言葉を評価するときである。また，絵画統覚検査（ＴＡＴ）の定性的なストーリーを心理特性の点数を得るためにコーディングする場合も同様である（第3章を参照されたい）。

データマイニングと社会ネットワーク分析は，定性に分類されることができる巨大なデータを収集するため，この手法で得たデータは定量に分類されると知りながら，私たちは本書で定性調査の領域で議論することにした。他人の社会経験に関する会話や結びつきや振り返りを，コンテクストと独立に存在すると言えるタイプの「コンテンツ」として考えれば，これらの手法により生み出されるデータは定性調査に有用であると考えられる。

1　データマイニング

データマイニング手法は，マーケティングと消費者の定量調査のデータの獲得を主目的として用いられてきたという長い歴史を持っている（Kassarjian 1977；Iacobucci 1996）。この手法を使用する定性調査はめったにない。しかし、この10年間、データマイニングはネット上の会話やコネクションの分析によく適用されてきた。文章や関連データを情報源から「マイニング」あるいは「切り抜き」をして、目的に応じ事前に決めた形でデータを収集し、それから、自動化、半自動化、コンピュータ化、ソフトウェア主導のプロセスで分析したり分類したりする。多くの調査者は、ネトノグラフィーのようなコンテクストに基づいた方法から得た発見事実を向上させ、発展させ、正当であると確証するため、オンラインデータマイニング手法を採用し始めている（Jayanthi and Singh 2010; Fuller et all 2006）。

インターネットから得たデータを使うことに興味のある現代の定性調査研究者にとって、大量のデータを収集し分析することは、強みにもなるし、ますます必要とされることになっている。データ収集のフィールドが成長しているのは、企業組織が圧倒的な数のデータを収集し分析することで利益があると考える制度的な状況においてである。例えば病院は、患者の記録から病気や治療に関する傾向を見つけるためにデータ収集技術を用いる。政府機関は、公共サービスをより深く理解し、より良いサービスを提供するために記録や人口調査のデータを用いてデータ収集を行う。環境機関は、天候のパターンや環境の特性における季節的または人工的変動に対抗するために、大量のデータ収集を行う。彼らのデータ収集技術と分析技術にはすべて関係性がある。

マーケティングと消費者を調査する者にとって、データマイニング技術は興味のある様々なトピックからアプローチができる。例えば市場調査者は、マクドナルドのような特定のブランドがフェイスブックのようなSNS上で1時間に何回お薦めされるかといったことに興味があるとする。1日の中でどの時間帯がピークになるだろうか？　どのようなタイプの人が一番多くマクドナルドを薦めるだろうか？　それは良い評価なのか悪い評価なのか？　どの商品が薦められているか？　このような実践的な質問に答えることで、ブランド、製品やサービスのカテゴリー、（他の都市への旅行、非利益団体の支援、政治団体に投票といった）あらゆる消費についての人々の意識や意見を明らかにする手がかりとなる。市場のダイナミクスに興味のある学術的な調査者は、マーケットシェアを競っている敵対企業のウェブサイト、フェイスブック、ツイッターなどをフォローする必要がある。これによるデータマイニング技術による価値は計り知れない。

すでに現在では、大量なデータを保存することには費用はそれほどかからない。1テラバイトのドライブは一般的に50ドル以下で購入可能であり、値段は下がり続けている。データセンサーやデータ収集の自動プログラムはさらに普及してきており安くなっている。クラウドストレージはさらに大容量で安く、大量なデータの収集と保存はますます簡単になってきている。

しかし、データマイニングでの分析はまだ課題として残っている。私たちの問題は定性データとその分析であることから、この章では高度な定量的・数学的データの分析やコンテンツ・マイニングに関しては詳細を述べないが、興味を持つ読者のためにいくつかの素晴らしい書籍について言及する。しかし、この章はデータマイニングの原則についての基礎的理解を提供するので、インターネット上での基本的なデータ収集についての知識と結びつくだろう。

2 データマイニングとは

データマイニングとは、データベース、ウェブサイト、テキスタイル、画像、ビデオなどのデータソースから役に立つパターンや知識を発見するプロセスである（Liu 2008, p.6）。Cios et al.（2007, p.3）によると、データマイニングは「ある分野のほぼ管理されていない大量のデータに筋を通すこと」とも定義できる。まず、この定義の本質的な部分は、２つとも「大量」データ（しばしば１００メガバイトまたはギガバイト。NASAやウォルマートなどの巨大組織だとテラバイト）について述べていることである。また、管理されていないという表現は、分析者が階級やカテゴリーをあらかじめ定めていない自然のままのデータであり、データの時代も管理されたり強化されたりしていないことを意味する。最後に、私たちはデータマイニングを、筋を通したり知識を形成したりするプロセスと捉えているが、その大量のデータに対する作用は、理解しやすく、確実で、新しく、役立つものであるべきである。したがってデータの管理と最終的な展開やデータの使い道を考えることが重要である。

データマイニングでは、会社のプライベートなバックルームサーバー、個人のノートパソコン、またはインターネットを問わず、データベースにある情報から有益な情報や知識を発見しようとする。コンテントマイニングとは、データマイニングの一種であり、視覚イメージ、オーディオファイル、サウンドファイルなど広範囲のデータを扱う。ウェブマイニングとは、また別種のデータマイニングであり、「ウェブハイパーリンク、ページの内容、利用ログ（usage log）から有益な情報や知識を得る」（Liu 2008, p.vii）ことである。データ収集において得られる情報は、ウェブページのコンテンツや、利用ログから明らかにされるユーザーのアクセスパターン、ハイパーリンクやメールの宛先・メッセージの返信など多様なタイプのリンクから明らかにされる関係性の技術的・社会的な構造などである。

データマイニングの最も重要な特徴は、構造方程式モデリングと決定係数のように特定のモデルから始まるのではなく、データから始まる、ということである。簡単に言うと、モデルは数学的である一方、データマイニングは帰納的であり、データありきなのである。データマイニングは、大量のデータセットから始まって、倹約でありかつ複雑に過ぎないがデータについてよく記述しているモデルをつくる。言い換えれば、オッカムの剃刀（訳注：ある事柄を説明する際に、説明に不要な存在は切り落とすべきという思考節約の原理）というルールに従っている。こうした帰納的な特徴や、「知識発見」、「知識創造」のアプローチを踏まえて、データマイニングは、複雑でありのままの状況から意味のパターンをを見つけ出そうとする定性的方法と相交わるのである。

データマイニング：ネットフリックス賞

２００６年10月、アメリカのオンライン評価とＤＶＤレンタル会社ネットフリックスは、顧客の映画評価によって顧客の好き嫌いを予測するため、オープンなコンペティションを開催した。ネットフリックスが挑ませたのは、少なくとも10％の顧客の好き嫌いを予測することで使うアルゴリズムの改善法である。優勝者は１００万ドルの小切手がもらえる。それを得るため、参加者にはデータマイニングと分析についての洗練された技術が必要となる（Baker 2009を参照）。

ネットフリックスは、段階に分けた巨大データセットを5万人以上の参加者に提供した。

- 「トレーニングセット」、評価９９０７万２１１２件
- 「プローブセット」、評価１４０万８３９５件
- 「クオリファイングセット」、評価２８１万７１３１件

タイトルと放送年は異なるデータセットで提供され、ユーザーに関する情報は一切ない。ネットフリックスは顧客のプライバシーを守るため、データの細部を修正した。トレーニングセットでは、１つの映画は平均で

5000人のネットフリックスユーザーに評価された。データには分散がある。3つのレビューしかない映画もあれば、1万7000件を超えたレビューを得た映画もある。

このような状況で、データマイニング・コンペティションの参加者が直面している課題は、大量な諸要因がもたらす影響を理解することである。さらに、様々な要因のスコアを説明するために、コンピュータの大規模な計算能力を使うことが求められた。例えば、1日のうちのいつ見たのか、映画のタイプ、顧客のデモグラフィクス、顧客の気分（すなわち、その人が以前、他の作品に否定あるいは積極的な評価をつけたことがあるのか）、映画を見てからレビューするまでの時間など、全部影響を与える。レポートによると優勝チームは、約19兆の変数を説明し、その複雑さを下げる方法を見つけなければならなかった。

顧客による映画レイティングのデータセットを説明する特定のアルゴリズムを洗練させて検証することが繰り返し行われた後、各チームは、スコアを予測するために自分のモデルをデータセットに適用した。優勝したアメリカ、イスラエル、オーストリア、カナダの7名のコンピュータ・サイエンティストと研究者が考案した公式には、何百種類のアルゴリズムがある。すべてのアルゴリズムは、オンラインレイティングから作られた大量な顧客データセットによって、慎重にデータマイニングの原理を実行して獲得されたものである。ネットフリックスのような会社にとっては、データマイニングは百万ドルを投資する価値がある。なぜならば予測は彼らのビジネスにとって大きな価値があるからだ。

参考：Baker, Stephen（2009）, ‘Netflix Isn’t Done Mining Consumer Data, Company’s Goal is to “Predict People Earlier” -When they First get to Site’, *Business Week*, 22 September, http://www.msnbc.msn.com/id/32969539/ns/ business-us_business/t/netflix-isnt-done-mining-consumer-data/#.T0pybUret1Aにアクセス。

データマイニングはどのように実行するのか

データマイニングで使う基本的なアプローチは、テキストマイニング、ウェブマイニング、コンテントマイニングなどと同じである。この章にある囲み記事「ネットフリックス賞」は、現実の世界でデータマイニングがどのように使われ、顧客の行為が理解でき、予測できるのか、ということについて教えてくれた（Baker 2009を参照）。

●データ分析者もしくはデータマイニング専門家は、適したデータソースと目標とするデータの型を発見する。
・通常、データソースは、「ブラジルの若者が今週コカコーラについて何を言っているのか？」といった現象や疑問に関する好奇心に基づいて、見つけられる。
・またデータソースは、「クラフト・レシピのウェブサイトで何が起こっているのか？」といった特定のサイトや情報源に関する一般的な興味関心や好奇心によって見つけられる。

●ノイズや異常値を取り除くために、ローデータは「前処理」もしくはクリーニングがなされる。
・通常、何が除外されるのかということが明確にされる。データのある部分は、残りの部分のデータ処理のされ方と一貫性を持たせるために、変更されることもある。この手続きに関して有効なのは、ブール論理と単純なプログラミングである。
・データセットはとても大きすぎるかもしれないので、縮小する必要があるだろう。そのデータセットには無関係の特性を多く持っている可能性があるので、特定の特性について異なる新たなデータセットが選ばれる必要がある。

●前処理がなされたデータは、データのパターンを認識して明示するために、データマイニングのアルゴリズムによってさらに処理される。
●発見されたすべてのパターンが有効で、理解可能で、妥当性を持ち、新規性があるわけではない。そのため次の段階では、有効性があり意図通りに応用できるパターンを発見し、そうでないものを排除する。それらを評価するために、評価と視覚化の様々なテクニックが用いられる。
●データマイニングの全プロセスでは、成果を出すために以上の作業が何回も行われる。

データは、「教師なし学習」(unsupervised learning) として知られるプロセスで集計されることがある。教師なし学習においてデータは、事前に決められたあるいは用意されたカテゴリーに割り当てられることはない。計算アルゴリズムは、データに隠された共通点と規則性を見つけなければならない (Liu 2008)。鍵となる方法はクラスター化であり、データは、類似性や差異に基づいてグループにまとめられたりクラスター化されたりする。だから、例えば、マウスウオッシュのリステリンについてオンライン上で発言した内容（味、色、価格など）によってクラスター化するかもしれない。

教師あり学習 (supervised learning) は、おそらくデータマイニングにおいて実際に最も用いられている技術である。教師あり学習とは、似たように予め定義づけられたカテゴリーやクラスによって分類されたデータから学習して得られたカテゴリーや分類体系によって、分類を行うことである。その分類体系は、さらに新しいけれども類似した別のデータに応用される。既存の分類体系がプロセスを管理しているため、教師あり学習として知られている。

データベースを扱う方法には、一部教師ありの学習として知られる教師あり学習と教師なし学習の組み合わせもある。加えて、相関ルール抽出やデータキューブといった他のテクニックが使用されている。最近では、かなり数学的に複雑な発展的方法がデータマイニングの課題にアプローチするのを助けるため展開されてきている。これらの方法には、特異値分解（ＳＶＤ）・主成分分析（ＰＣＡ）、ウェーブレット、サポートベクターマシン（Han et al. 2011）などがある。より有用で複雑で興味深いデータマイニングの形式の1つはオピニオンマイニングと呼ばれる。そしてこれは次の節で詳しく見る。

3　オピニオンマイニング

オピニオンマイニングは、ウェブ上に自然に発生し、いまだ構造化されていない大量のテキストが存在する時に機能する。通常、オピニオンマイニングはユーザーが生み出したコンテントまたはメディアに関するテキストのみを操作する。なぜなら画像、動画、音声グラフィック、音声ファイルなどの加工処理は、私たちの概念的なアルゴリズムが複雑すぎるので対処できていないからである（しかし次の節で考察するネトノグラフィーはそれほど複雑ではない）。

オピニオンマイニングは、オンライン上のクチコミを計測しようと試みる点で有用である。しかしながら、それは技術的にとても壁が立ちはだかるものである。なぜならそれは自然的に発生する言語に含まれるデータを認識する情報処理の一種である自然言語処理（natural language processing、しばしばＮＬＡと省略される）を必要とするからである。ソフトウェア機能において、ＮＬＰプログラムは実際の言語とあらかじめ定義されたセンチメントに関するカテゴリーとをマッチングさせなければならない。例えば、「エクセレント」は「グレート」という単語よりも強いセンチメントとしてコーディングされ、「グレート」は「グッド」という単語よりも強いセンチメントとしてコーディングされる。つきつめれば、できるだけ多くのコンテクストを認識しそれを正確に、自動的に分類することを可能にすることによって、ソフトウェアが「マジでめっちゃ最高」などのフレーズを理解することがNLPの目標である。しかしながら、実際はそのタスクは人間の言語と感情に関する膨大な数の配列と慣習を考慮するとかなり困難である。例えば、人間なら「irony（皮肉）」「sarcasm（あてこすり）」「idiosyncratic（風変わりな）」のつづりをほとんど即座に理解するけれども、それが意味することについてソフトウェアプログラムは混乱してしまう。コンピュータは近年の技術的発達により素晴らしいチェスプレイヤーや計算機となっているが、自然に書かれ、話され、表現された言語の複雑さの理解となると、たとえ賢いコンピュータだとしても、人間のほうがより洗練された情報処理能力を持っている。

以下は、オピニオンマイニングに関する3つの鍵となる要素である。

- 第1に、センチメント（感情）の分類である。テキスト分解のように、特定のテキストがポジティブなものなのかネガティブなものかを決定するマイニングシステムかアルゴリズムを作る必要がある。
- 第2に、特徴に基づいたオピニオンマイニングである。この段階では、システムは、コメントが製品やサービスなどどの側面のものなのかを文単位で発見する。例えば、「このタブレットのスクリーンは小さすぎる」という文はスクリーンのサイズに関するネガティブなコメントである。
- 次は、比較マイニングである。比較マイニングでは、製品は似たような製品と比較される。例えば、「HP（訳注：ヒューレットパッカード）のタブレットのスクリーンの明るさはiPadのそれよりもはるかに良い」という文では比較は明確である。
- 最後に、特定の意見の強さや感情の程度が評価される。ここでは、副詞や形容詞の認識が、コメントやレビューの適切な処理のために非常に重要である。例えば、「サムスンの新しいタブレットは形がマジでめっちゃいい!」といったような言葉の意味を認識することは自然言語処理を必要とする。

データマイニングのアプローチには他にも様々な方法があり、調査者は、もし興味があるのなら、データマイニングがあまりに難しいと考えて、敬遠するべきではない。実際、私たちがグーグルで検索をかけるときはデータマイニングの形式を使用しているのである。言葉やキーワードで検索をかけることによって、天文学的な確率から私たちの選択肢を減らし、最終的に検索結果である特定のサイトにたどり着く。調査者のこのような検索を助ける基本的なプログラムは数多くある。ConsumerBaseというエンジンを持っているNetBaseや、VisibleTechnologies、Sysomos、Radian6などの会社は、使いやすく、カスタマイズ可能で魅力的なリサーチレポートを生み出すようなウェブマイニング、分類のソフトウェア製品をつくっている。これらの検索エンジンは、ウェブをクローリングし、検索可能なあらゆるエリアをマイニングする。マイニング可能なエリアは、様々な製品や企業のフォーラムといったワールドワイドウェブ、ブログ、ツイッターのアーカイブなど、世界中のサイトのページを含む。チャットルームやフェイスブックのようなネットワーキングサイトは一般的にマイニングすることができない。これらのプログラムがいくつかあれば、オピニオン・スコアを影響力によって評価することができる。例えば、人気があり、訪問者の多いブログでの意見は、ほとんどフォロワーがいない新しいブログでの意見より大きく評価されるだろう。意見はそのときトレンドを明らかにする時間的特性もある。例えば、オバマ大統領に対する意見を、任期中の様々な出来事や、再選した選挙活動を通した彼の政治活動期間から集めて、図で表すことができた。意見は様々な視覚的な方法や、解説画像を用いて示すことができる。円グラフや棒グラフは、今でも特性に基づくマイニングで発見された特徴や要因を示す際によく使われるが、散布図やアジャスタブルダイアグラム、ワードクラウドのように、データを視覚的に示すクリエイティブな方法が数多くある。その

1つが図3・1（72頁）で示されている。

最後に、オピニオンマイニングで考慮すべき重要なことは、インターネットで入手可能なありのままの意見のデータに見られるスパムやノイズをプログラムがどのように扱うかということである。企業はインターネット上で自社の製品を勧めたり、称賛するプレス・リリースをネットに出す。新聞記事やブログの記事もスポンサー、人々にお金を払って、製品やサービスについてポジティブなレビューの投稿や、ライバル製品やサービスのネガティブなレビューの投稿を求める企業やPR代理店は多くある。多くの場合、これらの利害の衝突は報告されておらず、見ることができない（もっともアメリカの連邦取引委員会やこれに関係する世界的なルールではこのような行為は違法と規定されているのだが）。さらに、質が高く独創的なコンテンツは、価値があるが、インターネット上ではまれである。多くの投稿は単にカット&ペーストをされたものか、他のレビューやコンテンツのリンクを貼っただけのものであり、製品やサービスに関する複製された情報量はとても多いだろう。このような投稿の傾向があるため、ソフトウェアによる高機能のスパム探知はデータマイニングを始める前のとても重要なフィルターである。このようなフィルターは似たようなコンテンツを探し、ランキングやコンテンツの異常値を発見し、おかしなレビューや投稿を探すことで、人気度の不自然な急上昇を見つけ出す。このようなケースでは、アルゴリズムはこれらの行為に目印をつけることを目的としており、繰り返される怪しいオピニオンデータの影響を最小化し、多くの場合、自動的に削除する。

データマイニングの調査計画を考える

ある事業がポテトチップスのような特定の製品カテゴリーについて人々が何と発言しているのか見つけ出そうとしているとする例について考えてみよう。

データマイニングのアプローチを利用することで答えが見つかるような調査もしくは実務に関する問題を考えてみよう。例えばポテトチップスには、どのような文化的意味が含まれているのだろうか?

データマイニングを行うことができる無料のオンラインソフトウェアプログラムの1つにソーシャルメンション（social mention）と呼ばれるものがあり、http://socialmention.comから利用することができる。ソーシャルメンションやオンラインデータを収集し、分類することができる他のソフトウェア、オンラインサービスのページを開いて、検索の実施について考えてみよう。

どのオンラインサイトやエリアに注目するのか? 箇条書きをしてみよう。私たちは、試験的な調査としてポテトチップスとその文化的意味について調べるために、social mentionを利用して「ポテトチップス」というとても基本的な単語で検索を行った。

データを集め、クリーニングして、予備処理を行ってみる。social mentionの初めのページに、ポテトチップスに関連する上位10個のキーワード、レイズ（訳注：商品名）、食べ物、チップ、よい、甘い、ドリトス（訳注：商品名）、工場、仕事、賢い、そして価格が表示された。また、social mentionは、「ポテトチップス」という言葉が毎分1回のペースでネット上で言及されていること、言及の強さは100あたり約15で、感情の指数は100あたり25であること、ポテトチップスに関する意見は5：1の割合で好意的なものであることを教えてくれた。

結果を解釈する。何が分かったか？

私たちは、プログラムが提案したより一般的な分類には焦点を当てず、social mentionがオンライン空間で集めた定性的言及を調べることにした。もっとも最近集められた言及のいくつかを見ると、そのほとんどはツイッター上にあり、ポテトチップスを日常的に食べる習慣や食べ過ぎ、とりわけ、一袋、もしくは袋の半分をどのように食べたかについて話しているものが数多くあることが分かった。これらの発見を別レベルの定性的解釈に落とし込むと、このような罪悪感や自白は、ポテトチップスは健康に疑問符をつけ、罪悪感を導く罪な食べ物だが、会話を引き出す可能性が大いにある食べ物とみなされていると示唆される、と考えることができるだろう。ポテトチップスは、食べ物に関連する自白の話題において人気のトピックであるようだ。

様々な形式でのアウトプットを試してみよう。どの形式が視覚化により役立つだろうか？　解釈はどれくらい難しいだろうか？　どのようなスキルが関係するだろうか？

このエクササイズから何か一般的な結論を導くことができるだろうか？　どのような種類の疑問にデータマイニングの計画は役立つだろうか？　そのアプローチには何が欠けているだろうか？　どのような種類の疑問がデータマイニングアプローチでは回答できないのだろうか？　どのような種類ではさらに難しいのだろうか？

データマイニング・プロジェクトの簡単な例

企業社会において、消費者があるブランドをどのように見て、どのように話しているのかを理解することは、非常に重要である。多くの調査会社は、ブランドや製品についての会話などのソーシャルメディアにおける感情的な内容について正確にコーディングし、判断・評価しようとする自然な言語処理のアルゴリズムを展開させてきた。このような情報の分析・表現の方法はほぼ無限に存在する。

図5・1は「ブランド愛着指標」といい、NetBaseが消費者ベースの検索エンジンを用いて作成・報告したものである。この図に使用されているデータは、多大な量のオンラインでの掲示板での討論や、ブログの投稿、ツイッターのフィード、その他の文章のソースを分析するインターネットクローリングで入手された。このソフトウェアは、ある一連の規則にしたがって、肯定的か否定的かの判別と、その感情の強さを分類する。

NetBaseが父の日に作成したこの図では、北アメリカで父の日のギフトとして人気のある腕時計についての討論が分析されている。これらの情報をプロットする際には、円の大きさはオンラインデータの量、すなわち、ディスカッションの相対的な量を示している。

図に見られるように、たいていの腕時計のブランドは、どの程度好まれているかという観点から見ると、ほぼ同等である。オメガ、セイコー、ロレックス、スウォッチはおおよそ同等、タグホイヤーやフォッシルはそれよりも少し高め、タイメックスだけはっきり低めに、好まれる程度が異なっている。しかしながら、感情の強弱の観点から見ると、スウォッチが一番強い愛着を抱かせているブランドであり、一方でオメガとセイコーは愛着を持たれている度合が弱いブランドであることが分かる。言及される量の観点からでは、ロレックスが、

図5・1

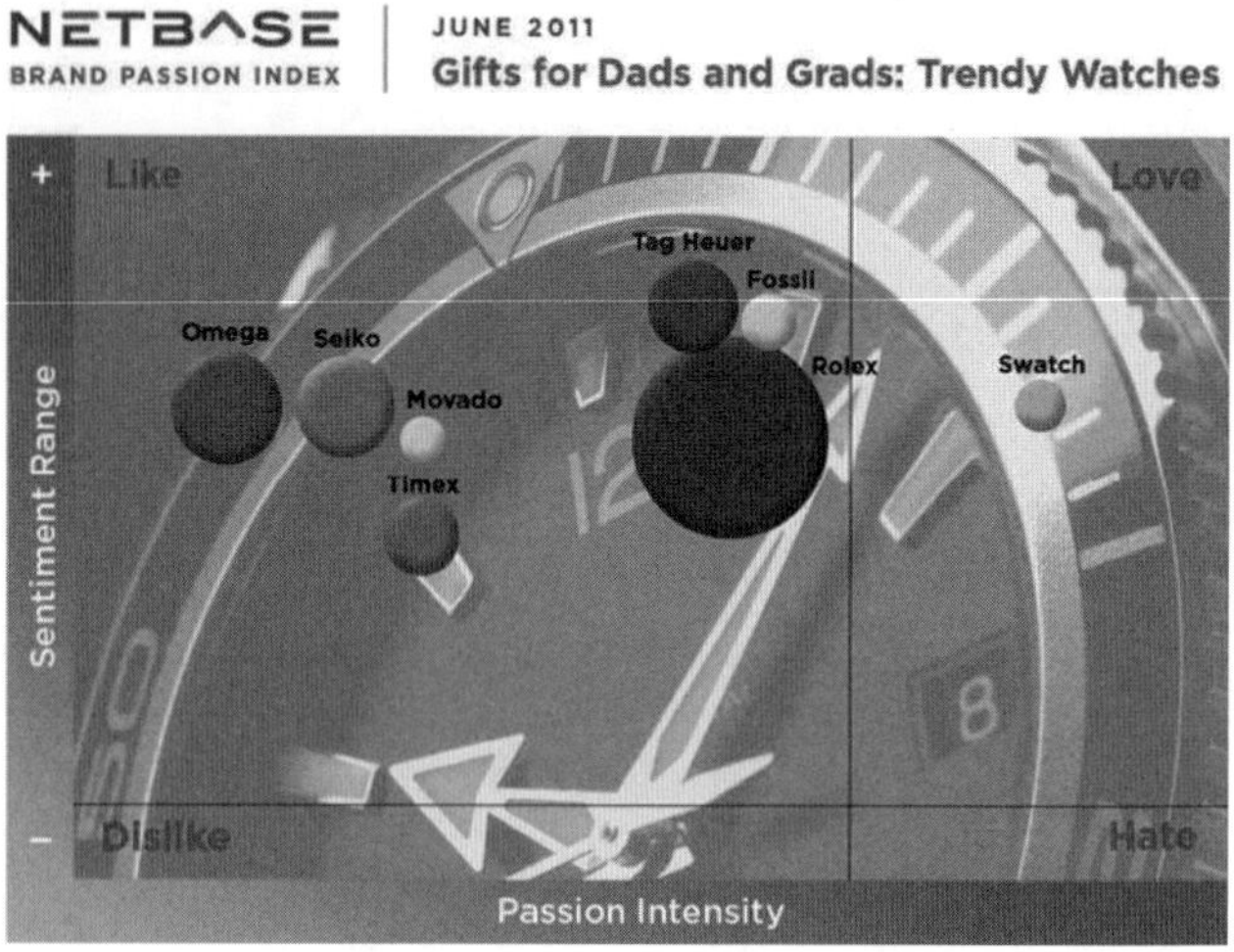

Diagram © 2011 NetBase Inc.
出所：NetBase Inc. より使用許諾済み

スウォッチほど強い愛着を持たれていないにもかかわらず、明らかな優位を占めている。

ブランドマネージャーにとって、これらの情報のベネフィットは、非常に大きい。これらのソフトウェア製品や彼らのアウトプットに対し、どのような改善を施していくのか？　表された感情の詳細について知りたいと思うか？　単なる円の大きさではなく、会話がなされたコンテクストについて知りたいと思うか？　より対象を絞った情報を欲しいと思うか？　それは例えば、贈り物としてみなす場合の会話なのか、男性だけ、もしくは50から65歳までの父親がいる男性だけの会話に絞るのか？　もしくはその他にどのような情報が重要で、考慮に含まれるべきなのか？

今回の例のような新しいソフトウェアプログラムの開発は、絶えず進められている。今日の調査者は、この開発プロセスでの議論に加わることで、確かなベネフィットを受けている。

4 社会ネットワーク分析

市場調査や消費者調査をする者が、オンライン上の定性的なデータを分析するに値すると認めたもう1つの調査方法は、社会ネットワーク分析である。この種の分析でどのようなことがなされてきたのかについては、Baym（2010）とPapacharissi（2011）の例を見てみたい。社会ネットワーク分析（social network analysis）、いわゆるＳＮＡは、社会的な関係性をネットワークとして見て、その構造と繋がりのパターンを考察する技術のことだ（Berkowits 1982; Wellman 1988）。社会ネットワーク内では２つの主要な要素を考えることができる。それは社会的アクター自身のこと（ＳＮＡでは「ノード」という用語が使われる）と、それらの間の関係性（「紐帯」と呼ばれる）である。

オンライン上の実際の関係性やコンテクストを扱うため、アクターやその紐帯の性質は、非常に柔軟性に富んでいる。例えば、マーケティング志向のウェブサイトにおいては、マーケティング責任者や消費者、広報担当者、さらにブランドや製品、メッセージや画像、動画ファイルまでもが、「アクター」として結ばれうるのだ。それらの紐帯や関係性の性質としては、情報を求めることや経済的取引、メッセージへの返答や新たなメッセージの発信などの活動が含まれている。社会ネットワーク分析においてこれらの関係性が興味深いとされるのは、そこに頻発するパターンが存在するからである。これらのパターンは、オンライン上の社会的な場を理解することに役立つ。なぜなら、クチコミ（オンラインでも「クチコミ」と称される）や新製品の普及など、鍵を握るマーケティングの事柄において、私たちは個々人がソーシャルネットワーク内でどのように影響し合うのかということと、その影響や採用の波及のパターンの両方に関心があるからである。例をあげると、男性用のカミソリの普及に専念しているオンライン上のブランドコミュニティの社会構造は、P&Gのジレットというブランドのマネージャーたちが関心を抱くだろう。また、市場調査や消費者調査をする者たちが抱く、より一般的な関心で言えば、インペリアル・マーガリン（訳注：ユニリーバのブランド）についての消費者発信の動画がインターネットを通して広がり（ダジャレではない）（訳注：spreadは、広がるという意味と同時にマーガリンなどを「塗る」という意味もある）、したがってそれが「バズる」結果になる、ということについての影響のパターンのプロセスを描いたものなどが考えられる。

紐帯は、ネットワーク内の2つのアクターの間にあるものであり、その紐帯を通してやり取りを行うリソースを調査者は見る。関係性は、その内容や方向性、強さによって特徴づけられる。強い紐帯は、主に友情関係や親密な関係性、明らかな血族関係、恋人関係や頻繁なコンタクトをとる関係などを示すことが多い。一方、弱い紐帯は、かろうじて知っていて、時折コンタクトをとることがある、といった程度の人々を指すことが多い。例えば、同じフェイスブックのロレアルのグループコミュニティに属しているもののの、互いにメッセージを送りあうことはない、といったような人々のことを指す。この例が示すように、フェイスブックやツイッターなどソーシャルメディア全般に至るまで、社会ネットワークの分析者が弱い紐帯だと認識する思いがけないつながりの発見を作り出すことにおいて、インターネットは秀逸な手段となっている。

インターネット研究者のキャロライン・ヘイソーンスワイト（Haythornthwaite 2005）は、ソーシャルメディアやそれが構築するネットワークが、これらのネットワーク内の人々が新しい関係を構築するときに、弱いつながりが強い絆に成長するのに、どれぐらい役に立つのか指摘している。ソーシャルメディア・マーケティングの複雑さを完全に理解するにはまだまだ先は長いが、ここ数年、マーケターは、より深いブランドロイヤリティを築き、クチコミだけではなく、実際の購入を促進するためにソーシャルメディアと社会ネットワークを利用することに、ますます詳しくなっている。ここで議論されたデータマイニングのコンテクストで使うアプローチは、巨大なデータの海から始まる「トップダウン」のアプローチであるが、その代わりになる「ボトムアップ」のアプローチは、個別に調査された少数のユーザーから、ネットワーク分析を始める。Miller（2011）はトリニダード島民の社会的なオンラインネットワーキングのコンテクストで、このアプローチの例を示している。

5 社会ネットワーク分析に向けてのデータ収集

社会ネットワーク分析に用いられるデータは、伝統的にアンケートやインタビューを通じて収集されてきたが、インターネットの時代にはますますデータマイニングに直接関連した方法によって収集されるようになっている。オンライン上の社会空間の分析に関心があるマーケティングや消費者の研究者の助けになる利用可能なソーシャルネットワーク分析のソフトウェアが増えている。比較的やさしい初心者向けのアプリケーションはNodeXLで、これはマイクロソフト・エクセルの無料の拡張ツールである。NodeXLは、良いドキュメンテーションを提供し、ネットワーク情報の視覚的なグラフをつくることに優れている。Statnetは、とても機能的なネットワーク分析アプリケーションでかなり洗練されている。visione、Pajek、Tnet、およびＵＣＩＮＥＴなどのパッケージ化されたアプリケーションは他にも数多くある。これらのプログラムはすべて、オープンソースのソフトウェアやフリーウェアとして無料で利用できたり、無料の試用版を提供したりしている。

クチコミ、影響力、製品の普及、通信、およびインターネット上のアイディアに関心があるマーケティングと消費者の研究者にとって、ＳＮＡは、役に立つアプローチだ。それは、現在のオンラインデータを

図５・２　人気が高い社会ネットワーク分析オンラインツールMentionMappのスクリーンショット

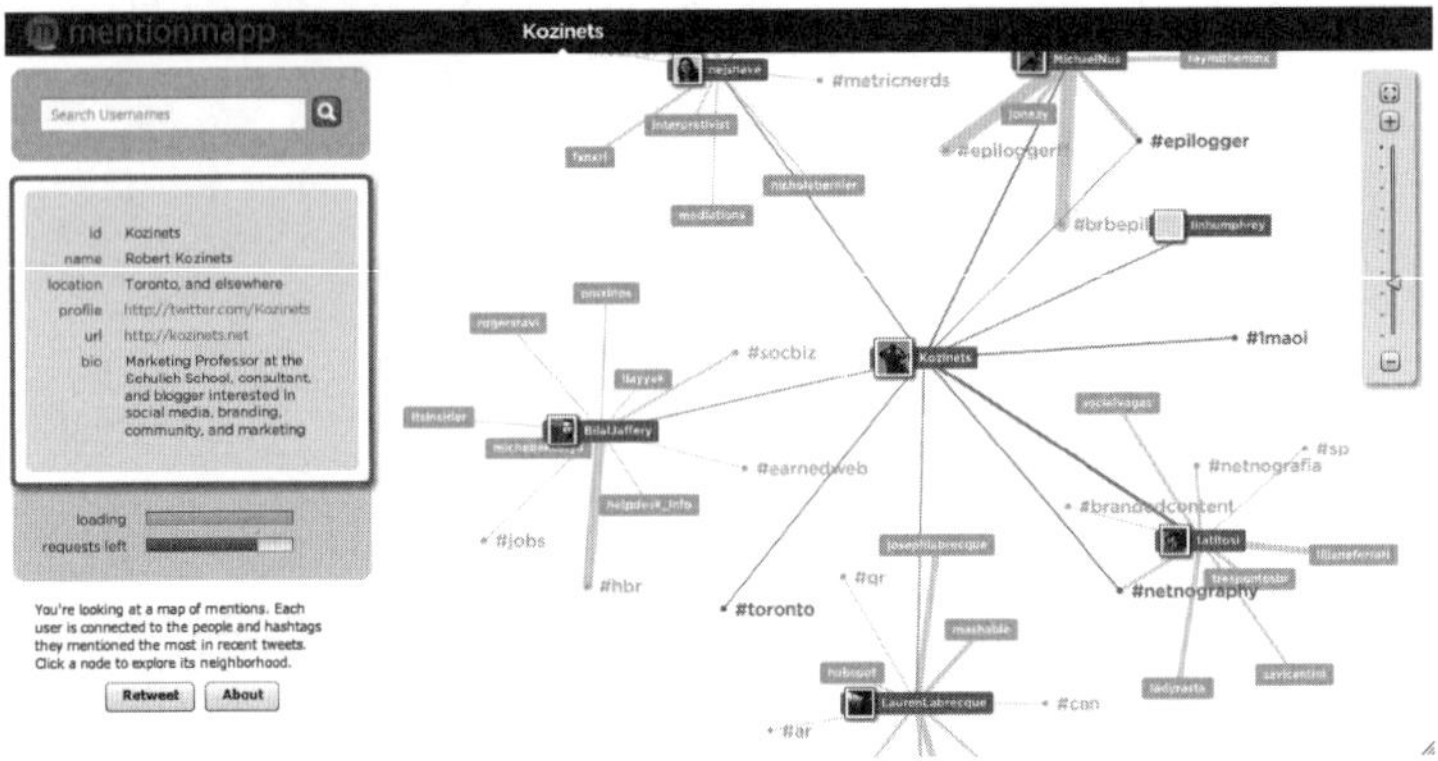

利用することができ、そのオンライン上の関係の構造を分析する方向性は、現代のマーケティングがかかわる多くのことに適している。実務的なマーケターにとって、ＳＮＡは、セグメンテーション、ターゲティング、ポジショニングの決定だけでなく、戦略的活動の方向づけにも大いに役立つ。

社会ネットワーク分析について学ぶ

MentionMapp、Touchgraph、Kloutなどのオンラインの社会ネットワーク分析ツールや他の社会ネットワーク・マッピング・ソフトウェアを使って、自分のオンライン社会ネットワークと影響力を観察し、マッピングしよう（http://www.dreamgrow.com/54-free-social-media-monitoring-tools-update-2012/で、これらの便利なツールのリストを見つけることができる）。

1　mentionmapp.com（あるいは他の社会ネットワーク・マッピング・オンラインサービス）にログインして、自分のツイッターやフェイスブックのアカウント名を入力する。

2 社会ネットワークとつながりの結果を見てみよう。結果は驚くべきものだったろうか？

3 フェイスブックを使っているならば，自分のフェイスブックのページを読み込んでみよう（あなたが条件を満たしていることを確認するために，プライバシーポリシーをはじめに読むこと）。

4 マーケターにとって，この情報が有用性かどうか考えてみよう。このデータ分析は，どのようなリサーチ・クエスチョンに答えるのか？　あなたが見たいのはどのような情報や分析だろうか？　どのような疑問には答えることができないか？

6 ネトノグラフィー入門

データマイニングとトップダウン式の社会ネットワーク分析のどちらも，ネット上の定性的なデータを，コンテクストから切り離して処理しなければならないコンテンツとして見ている。そうすることで，共通トピック，構造，あるいは影響関係をより一般的なパターンとして明らかにすることができる。しかし，定性的データを見るもうひとつの補完的な視点として，ネトノグラフィーがある。ネトノグラフィーでは，オンラインの定性データは，文化もしくはコミュニティのありようを示すものとして見られている。人類学や社会学でよく使われている技法を使って，市場や消費者を調査する者は，ソーシャルメディアやオンラインコミュニティを1つの文化現象として調査することできる。

ソーシャルメディアは，アクセス可能で拡張性のあるフォーマットとして使用され，大規模な集団さらには社会全体に開かれているコミュニケーションのためのメディアとして定義することができる。もし私たちがこれらのメディアを本当の社会だと考えるならば、人と人の相互作用を文化現象として調査する社会科学的な方法は完全に適切であり、消費者がオンラインで文化を共有し創造する際に生み出された価値、意味、言語、儀式などの記号システムのようなオンライン行動における重要な側面を明らかにすることができる。

オンラインコミュニティや文化研究にエスノグラフィーを応用してから、かなり長い年月になる。1999年、Sterne（1999, p.269）が「インターネット文化のオンライン分析では、ハイブリッド手法を用いる。程度の差こそあれ、多くの場合、エスノグラフィー、自伝、テキスト分析を組み合わせている」と述べている。Hine（2000, p.10）は「バーチャルエスノグラフィー」を「インターネットにおける、もしくはそれを通じたエスノグラフィーであり、対象を定義する際に、どこにあるかということよりも結びつきを重視し、状況に応じて柔軟に何かに肩入れをするアプローチ」と定義した。特定のガイドラインを示すことなく、Fernback（1999, p.216）は次のように述べている。「エスノグラファーがサイバースペースに調査する際に注意しなければならないのは、再帰性（relexsivity）の程度、すなわち自分を調査対象から切り離すということである。バーチャルではないエスノグラファーと同様に、彼らはインフォーマントの真実と本心を感じるセンスを鍛えなくてはならない。そして伝統的なエスノグラフィー研究で行われているように、理論を背景に持つフレームワークを使わなければならない」。Miller and Slater（2000, p.21）がトリニダードでインターネットを用いたエスノグラフィーは、対人的な参与観察からコンピュータを通じた参与観察までのものであり、「オンライン『コミュニティ』とその関係」についての「純粋なテキスト分析」に限られていなかった。こうした過去のオンラインエスノグラフィーが示しているように、ネトノグラフィーは、コンピュータが媒介する社会的相互作用の様々な種類のユニークな偶発事象に対応するエスノグラフィー的研究の1つである。しかしながら、ネトノグラフィーを使用することは、これらの過去の研究で説明されているものよりも明確なガイドラインに従うことを意味する。ネトノグラフィーは、「純粋なテキスト分析」の延長でもなく、「何かに肩入れをするアプローチ」でもなく、特色ある「ハイブリッド」でもなく、おおまかに決められたセンスや社会通念のセットでもない。むしろネトノグラフィーは、共通の言語、共通の理解や共通の研究の行動基準を提供している。こうした共通性によって、一貫性と厳密さがある研究が実現できる。

第4章で述べたように既に確立した対人エスノグラフィーを、インターネットとソーシャルメディアの環境で実現させるにはどうすればいいのだろうか？　まず、対人での相互作用とオンライン上での相互作用の違いを知る必要がある。Kozinets（2010a）は、両者に見られる最も大きな相違点を4つ指摘した。最も重要な1つ目の違いは「変質」（alteration）である。これは、自律的であれ他律的であれ、技術的メディアの特殊性やルールによって、相互作用のあり方が変わることを意味する。例えば、オンライン上でのコードや規範であるネチケット、ドットコムやドットモビ（dot-mobi）のような略語、絵文字、キーボードの配置をはじめとするスキルや知識である。それらは、社会にある様々な知識を動かして示す上で重要なものである。また、このような決まりには、文化差もある。日本と北米の絵文字の差がよい例であろう。大抵のアメリカ人は2文字で90度反時計回りに曲がっているウィンクの絵文字「;)」を使う。しかし、複雑な漢字があるためか、日本人（や中国人）は、より複雑な絵文字を使う。一番シンプルなウィンクの絵文字は、(^_-) のように5文字でできた顔である。時間が経過する中で一般的になった言語的、技術的な慣習は、それ自身が、文化の新しい現れを表現する言語のようになっている（例えば、日本とアメリカのサイバースペースでの違い）。技術的インタフェイスが既に多様化した人間のインタラクションを変えたため、オンライン文化の世界を理解するために、対人的なエスノグラフィーのやり方を用いるのは必ずしも妥当ではない。

次の違いは「匿名性」（anonymity）である。これは特に初期段階のオンライン上の付き合いに当てはまる。ただしフェイスブックのように現実のアイデンティティと同じ場合は、匿名性が弱くなる場合もある。しかし、匿名とハンドルネームの選択はまだ意味があり、オンライン上での人々の付き合いの仕方に変化を与えている。その証拠に、グーグルプラスが最初には禁止していたハンドルネームを2012年のはじめに許可したことが挙げられる。匿名性は市場調査者たちを長年困らせてきた。多くのマーケターはより精密なターゲティングと理解に基づいてオンライン消費者と現実のデモグラフィックをつなぎたがっている。しかし、匿名のままでいられるからこそ、消費者は自発的に簡単に有益な情報を提供するのである。責任感がもたらす抑圧から自由になった消費者たちは、よりオープンに、自分の意見やアイデンティティーやクリエイティビティを表現している。これは、当事者やそのコミュニティだけでなく、調査者やマーケターにとっても有益なことである。

3つ目の違いは、誰でも、もしくはメールアドレスを使って簡単な登録をした者ならば参加できる多くのオンラインフォーラムに「アクセス可能性」（accessibility）が広くあることである。例外はあるが、一般的には、オンライン上の人々の付き合いには、デモクラシーと包括（inclusiveness）（訳注：人が孤立したり、排除されないよう受け入れ支えあうこと）の精神が一般的にみられる。ソーシャルメディア・コミュニティに入ることを認められて信用を得るには、まだ知識や規範次第である。しかしソーシャルメディアとインターネットは、コミュニケーションの場としては、人間の歴史上、何よりもはるかに巨大で、はるかにグローバルである。それらは、パブリックやプライベートのコミュニケーションにおいて、非常に広いもの（ブログのコメントなど）と非常に狭いもの（電子メールやフェイスブック・ツイッターでのダイレクトメッセージ）の組み合わせで構成されている。そこから出る自己顕示欲とのぞき趣味は、メディアに特有なものであり対人エスノグラフィーの技法が必要とされる場合もある。

最後に，会話やデータの自動的な「蓄積」（archiving）がソーシャルメディアでみられる。これは，現実世界では決して起こらないことである。デジタルフォーマットでコミュニケーションしたものは直ちに蓄積され永遠に残る。会話のスレッドは非同期的に保存され，ずっと残る。人々の付き合いが自動的に残ってしまう。これらはアプリケーションが自動的に行っている。しかしツイッターの場合は，アメリカの国会図書館が２００６年３月から記録している。毎日２５００万ツイートというのは１４０字の制限にもかかわらず膨大なデータである。このようなメディアを使ったエスノグラフィーではフィールドノーツは違う意味を持つ。データ収集の方法や収集されたデータの量は調査の本質を変えていく。データ収集における変質やその他３つの違いについて検討したので，ネトノグラフィーにおけるデータ収集の手順と一般的なネトノグラフィー調査技術の概要について議論することは有効であろう。

7 ネトノグラフィーでのデータ収集

ネトノグラフィーは，オンライン環境の特別な場におけるエスノグラフィーである。オンライン上の相互作用に見られる文化的な質を維持したり分析したりしようとするオンライン調査に積極的にアプローチしていくこともエスノグラフィーである。ネトノグラフィーは，文化的な複雑さに満ちたオンライン上の社会的世界に調査者が没入（immersion）していくことである。

したがってネトノグラフィーにおけるデータ収集とは，ソーシャルメディアに見られるオンライン上の文化やコミュニティのメンバーから深く学んだり，深くコミュニケーションしたりすることを意味している。そのようなコミュニケーションでは，コミュニティとそのメンバーとの活発で深い関わりや絆や結びつきが生じる。

エスノグラフィーと同じように、ネトノグラフィーでは、データ収集はいくつかの基本的なデータ分析と同時並行で起こる。たとえデータがすでに蓄積済みであったとしても、ネトノグラファー（訳注：ネトノグラフィーを行っている調査者）がすべきなのは、意味やコンテクストや人々が、検討中のリサーチ・クエスチョンが関わるかたちで、どのように互いに影響し合っているのかということに注意し解釈すべきである。確かに、（訳注：ネットコミュニティなどに調査者自身が）参加することで、データ収集や分析のあり方を変えてしまうため、ネトノグラフィーの技法は、内容分析や社会ネットワーク分析と違うものになる。内容分析は、（多くの場合はアルゴリズムに基づいて）蓄積済みのソーシャルメディアのデータを分析する。しかし、その文化を理解するのに役立つであろう意味に満ち満ちた情報を得るために、こうしたデータは読まれているわけではない。そして、社会ネットワーク分析は、異なるコミュニティメンバー間における影響のパターンを明らかにするだろう。しかし、調査対象の集団における意味体系と価値体系を熟知することはできない。

ネトノグラファーとして参加する場合、ネトノグラフィー特有のデータ収集が行われる。参加するということは、あたかもネトノグラファーがコミュニティ全体やある特定の集団に対してインタビューを試みようとするように、質問を投稿するというわけではない。参加することで調査者の存在はコミュニティの他のメンバーから見えてしまい、そうすることで彼らの共通の関心と幸福に貢献するかもしれないだろうけれども、実際にはそうならないかもしれないのだ。重要なガイドラインは、ネトノグラファーは、メンバーにとって適切と思われるレベルでコミュニティに参加すべきだということだ。様々なメンバーからなるコミュニティがあるのだから、毎日あるいはそれ以上の頻度で、単にコミュニティを観察したり、メッセージを読んだり、リンクをフォローするだけで十分なものがある。しかし別のコミュニティにおいては、メッセージを読んだり、リンクをフォローするだけで十分なものがある。しかし別のコミュニティにおいては、自分について打ち明け話をしたり、コンテンツを生み出したりと、より多くのコミットメントが必要だろう。例えば，体重を減らすコミュニティに参加したならば，水着姿の自分の姿を撮ったり，デザインコミュニティのメンバーになったならば，新しいドレスを作って投稿してメンバーからのコメントをもらったりする必要がある。

Langer and Beckman（2005）は，ネトノグラフィーにおいて調査者が参加することの重要性と価値について異議を唱えた。彼らは，オンラインコミュニティを「密かに研究」するほうが望ましい場合がある，と主張している。自分の論文の方法論について説明する節において，「観察的」で「受け身的な」ネトノグラフィーをしている主張していることが多く見られる（例えばBeaven and Laws 2007；Brown et al. 2003；Brownlie and Hewer 2007；Füller et al. 2006；Maulana and Eckhardt 2007）。洗礼された定性データ分析ソフトウェアアプローチを統合すると，こうしたネトノグラフィーのより観察的なアプローチは，コンテンツ・マイニングや内容分析に近いものとなる。

しかしながら文化を知ろうとする調査者がそこに参加するということは，その文化に埋め込まれた理解を学ぶ上できわめて重要である。人類学が教えるように，直接的な経験は，文化に参画することの意味を深く理解する上で，最も優れた唯一の方法かもしれない。直接的な経験がないと，ネトノグラファーは，ソーシャルメディアやコミュニティに見られるまだ十分理解していない文化的意味に気がつくことがない。コミュニティでのやりとりがなければ，ネトノグラファーには，自分の解釈を言い合ったり，確証したり，論争したり，多くの文化的解釈を広めるような相手がいない。結果として，質の高い人類学が実現しているような深く概念的な理解ではなく，単なる記述的説明に陥ってしまう（優れた人類学的ネトノグラフィーとしてBoellstorff 2008を参照）。エスノグラフィーと同様に，ネトノグラフィーは，参加と観察という2つの相互に関連した方法論がベースになっている。ネトノグラフィーは，コーディングと関係しているが，単なるコーディングではない。ネトノグラフィーはデータと関係している。しかしその核心部分では、ネトノグラフィーは、文化的理解と深い解釈が撚り合わされたデータである。高い目標を達成するためには、調査者がその文化のメンバーとして本格的に参加することは極めて重要である。

ネトノグラフィーにおける参加とは

オンラインのソーシャルメディアで活発なユーザーが非常に多い中で、これほどネトノグラフィーを行うのに適した時代はない。自分が興味ある分野についてのトピックが、ソーシャルメディアで今まさに議論されているかもしれない。実際、あなた自身がソーシャルメディアを使っているので、ソーシャルメディアについてより意識的になっている。この意識をどのようにして洗練させて、ネトノグラフィーのアプローチを通じてどう使いうるのかということを、もっと知ることができる。

まず、自分が属しているすべてのソーシャルメディアのコミュニティを書き出してみよう。これには、フェイスブック、ツイッター、ユーチューブ、フォースクエア（Foursquare）、フリッカー（Flickr）、ディグ（Digg）、レディット（Reddit）、イェルプ（Yelp）、クオーラ（Quora）、ピンタレスト（Pinterest）や他の人気なソーシャルメディアのサイトが含まれるだろう。

次に、どのコミュニティに自分が参加しているかを考えてみよう。自分が属しているコミュニティ名を書き出してみよう。

先に進む前にこのステップを終えること。先を読まないように。

では、あなたが今書き出したものについて考えてみよう。ソーシャルメディアのコミュニティに「参加する」

という考え方について何か疑問を抱いただろうか？　それらのソーシャルメディアのコミュニティに「参加」しているかどうか、どのように判断しただろうか？　参加というのは、書いたり投稿したりするだけを意味したのだろうか？　あるいは、ほとんどメッセージは読まなくてもコミュニティに参加していると考えたのだろうか？

私たちのスタンスは、この手法について説明した過去の研究にあるように、ネトノグラフィーへの参加には多くの形態がとられうるというものである（Kozinets 2002b, 2006b, 2010）。次のような参加の仕方がある。

- 現在のメッセージを頻繁にリアルタイムで読む（ネトノグラフィーでは、これは、現在のメッセージに対してどのように対処しているのかということである）
- 一時的に流行った話題などについて、メッセージのアーカイブを読む
- 他のページやコミュニティへの共有リンクをたどる
- ツイッターやフェイスブックのグループのように、コミュニティに関連する他のサイトでの投稿をたどる
- コミュニティに関連した研究を評価する
- 電子メールや一対一のコミュニケーションを介して、他のメンバーに対して返信する
- 短いコメントをする
- 長めのコメントをする
- ソーシャルメディアや、その外にある現実世界において、そのコミュニティの活動に参加したり貢献したりする
- コミュニティにおいて、オーガナイザー、エキスパート、支持される意見の持ち主になる

参加に関するこのスタンスに立つと、ネトノグラフィーに基づいた調査を行うときには、オンラインでソーシャルメディアのコミュニティに関わるには多くの方法があるということを気付くだろう。過度にアクティブな行動をとる必要は必ずしもないが、参加することがコミュニティにおいてはおおよそ適切な行動であることを覚えておこう。郷に入れば郷――あるいはメッセージの投稿者――に従え、である。

文化的なことに関して内観的に振り返ることは、価値のあるデータの強力な源泉となりうる。例えば、消費者が新たな音楽を聴き、新しいテレビ番組の試聴版を見ることができるような新たなバーチャル世界で観察調査をすることを考えてみよう。アバターによる興味深い効果や、消費者主導のブランドに関するバーチャル世界のようなオンラインの場での議論についての設定をどうするのかということについて、考えてみよう。このケースの場合、こうしたマーケティング主導のバーチャル・イベントにおいてアバターになることで得た生き生きとした経験にインパクトを与えてくれる文化を理解することは、非常に役に立つ。「オート・ネトノグラフィー」はネトノグラフィーの一形態である。こうしたデータ収集は自伝を書くこととよく似ており、主にソーシャルメディアのコミュニティのメンバーの個人的な振り返りによって構成されている。このデータはオンライン上での経験のスクリーンショットや記録、フィールドノーツ、その他の主観的な記録で捉えることができる（このタイプのネトノグラフィーの例については、Kozinets and Kedzior 2009; Markham 1998; Weinberg 2000; WoodとSolomon 2009を参照のこと）。

「進路変更」という便利で広く認められている航海術のメタファーは、データの解釈プロセスに似ているが、これはオンラインデータにも言えることである（第7章と第8章を参照）。ネトノグラファーは、エスノグラファーのようにいつも経験の間を行き来している。ソーシャルメディアのコミュニティのメンバーと近づいて、「イーミック」(emic)で「主観的」な関わりを持つこともある。その一方で、「エティック」(etic)に距離を置いて、「客観的」で抽象的であり「科学的」な理論、リサーチ・クエスチョンとその答えに振れることもある。文化的な経験は抽象的なインサイトとバランスをとる必要があるため、ネトノグラフィーに基づいたデータ収集には、左記のように、3つの異なるタイプのデータを集め作り出す(Kozinets 2002, 2006b, 2010aも参照)。これらの3つのカテゴリーは、ドキュメント、インタビュー、観察というMiles and Huberman(1994)の定性調査のカテゴリーにおおよそ対応する。また、Wolcott(1992)の見ること、聞くこと、調べることというカテゴリーにも似ている。

1　**アーカイブ・データ(archival data)**とは、調査者が既存のファイルや記録から直接コピー、あるいは、まれに調査者自身が作成したデータである。アーカイブデータはソーシャルメディアのコミュニティに属する者やアメリカ議会図書館のような第三者にしばしば作られ、共有されてきたという点で真に「観察に基づく」のである。調査者が作成や促進に直接関与したデータではない。膨大なデータがあり、一から書き起こす手間がないので(ほとんどがダウンロード)、取得は簡単だがその分析は大変である。調査のフィルターやサンプリングの際には、この莫大なデータを選択し、管理することが求められる。だからこそ、ネトノグラフィー調査者は、特定のコミュニティに焦点を当て、その後で特定のメッセージやスレッドに焦点を絞るのである。このように深く読み込むことで、より一般的なインサイトだけでなく新たなインサイトを明らかにすることができる(Kozinets(2006b)が投稿メッセージ1つについて深く解釈した例を参照)。

2　**抽出データ(elicited data)**とは、調査者がソーシャルメディアのコミュニティに属する者とともに作ったデータである。これはソーシャルメディアのコミュニケーションを通じてできたデータであり、したがって、比較的個人的なコミュニティ間の相互作用を通じてできたものである。抽出データは、調査者の投稿やコメントも含む。また、ツイッターのフィード、フェイスブックの状況更新、スカイプの会話、メール、チャット、あるいはメッセージについての街頭インタビューも含まれる。このデータは調査者とコミュニティの協働の産物である。このデータには、調査者からの影響力があるため、この種の影響がないデータとはやや異なって分析される。つまり、エスノグラフィーで集めたデータは通常不可能なデータ分類である。しかしこれは「汚染」された不純なデータでは決してない。抽出データは、重要なリサーチ・クエスチョンに答える上で、その他のデータよりも注目され、より価値があるものである。

3 **フィールドノート・データ（fieldnote data）**とは、調査者が個人で調査した記述的かつ内省的なフィールドノーツから得られるデータである。エスノグラフィー調査者のように、ネトノグラフィー調査者は、フィールドワークを通じて調査サイトやその文化のメンバーを考察し観察したことを記述すべきである（フィールドノーツの詳細については第4章を参照）。この記述プロセスでは、ソーシャルメディアのコミュニティ自体に対する調査者の印象や観察、そのメンバーやメンバーシップ、その慣行、メンバーの社会的相互作用や意味、調査者自身の参与やメンバーであることの感覚などが捉えられるべきである。分析においては、これらの観察や印象が非常に価値あるインサイトの源泉となるだろう。こうしたインサイトは、ソーシャルメディアのコミュニティなどでの文化に見られるプロセスだけでなく、ユニークで重要なコンテクストを明らかにするのに役立つだろう。

8 オンラインデータのキャプチャーと収集の基本原則

ネトノグラフィー調査者がデータをキャプチャーしたり分析したりする際には、手動か自動のどちらかを選ぶ。どちらも非常に役に立つ。手動でのデータの収集・分析とは、コンピュータのファイルをドライブに保存し、ワードのような文書プログラム、あるいは表計算、データベースプログラム上でコーディングすることである。データが約500～1000ページの小さなサイズに留まる場合は、手動でキャプチャー・分析するほうがよい。多くのプロジェクトがそうであるように扱いやすい規模の場合、手動でのデータ・コーディングでまったく十分である。

第8章で議論されるが、データのコーディングや組織化を支援する定性データ分析ソフトウェアを利用する自動データの収集は、より多くのデータを扱う大規模で幅広のプロジェクトに対応するために利用される。研究のトピックが非常に大きく、活発なソーシャルメディアのコミュニティであるとき、あるいは大きなテーマを発見するための研究や、本質的に探索的でインサイトに導かれる研究であるとき、これは一般的にベストな手法である。結果として生じる莫大なデータとそれに付随するデータの組織化・分析という課題をこなす準備ができている必要がある。

実際にデータをキャプチャーしてソートするという観点から、オンラインデータをキャプチャーするには基本的に2つの方法がある。保存（saving）とキャプチャー（capturing）と呼んでいる。前者は、コンピュータで読み取り可能なファイルとして保存することである。後者は、コンピュータの画面上の可視的なイメージとしてキャプチャーすることである。保存は、ページデザインや画像などのコンテクスト外の要素が分析やリサーチ・クエスチョンにとって重要ではないと調査者が考える場合、適切である。キャプチャーは、その逆が真の場合、適切である。例えば、コンテクストや画像、その他の要素（テレビのリンクなど）が分析やリサーチ・クエスチョンにとって重要である場合である。典型的なネトノグラフィーのプロジェクトでは、莫大なデータを見て、多数のリンクをクリックし、たくさんのメッセージを読む必要がある。そのプロジェクトを実際に分析するとき、それぞれの詳細は覚えていないだろう。したがってデータ収集の際には、ネトノグラフィーのデータ群から保存すべきものを適切に判断することが非常に重要である。データ収集が性急だったため、後に重要になるかもしれないのに、こともあろうにキャプチャーしていないよりも、後で使わないかもしれない情報をキャプチャーしておく方がよい。多くの場合、OCRプログラムによってスクリーンキャプチャーはスキャンされ、テキストが認識され、コンピュータが読み取り可能なファイルへと変換される。したがってデータの量が十分でない場合、ファイルを保存することでイメージを還元するより、そのイメージをキャプチャーするべきなのである。また、コンテンツ・マイニングや社会ネットワーク分析はテキストデータとそれに関連するデータをほぼ排他的に扱うことにも注目すべきである。これらの分析では、消費者が出す音やイメージといった視覚や聴覚に訴えるものが、文化やコンテクストに数多く存在していることを考慮しない。他と同じくしてこの点において、ネトノグラフィーは、言語的、象徴的な意味において文化的に「より豊かな」データを扱い、オンライン上の社会についてのより複雑でコンテクストに依存した理解を形成するポテンシャルを大いに秘めている。

9 ネトノグラフィーのデータ収集のための準備

アーカイブとアクセシビリティは、オンラインフィールドワークが伝統的な直接的エスノグラフィーと大きく異なる2つの点であるため、データ収集の研究環境が大きく違ってくる。この2つの要因がゆえに、適切な場、コミュニティ、または文化的空間の見つけ方が違ってくる。伝統的エスノグラファーが、長い距離を旅行し、遠い場所で文化を研究するかもしれないが、ネトノグラファーは、ノートパソコンの前に座って、良い検索エンジンを開ければいいかもしれない。そのため、例えば、グーグル・エンジンは、ブログや公式ウェブページなど、関心の対象となる様々なメディアにおいて、様々なメッセージのテーマを見分けることができる。また、「Twitter.com/search」は、ツイッターフィードに投稿されたものをカバーする検索エンジンである。また、フェイスブックやリンクトインのいろいろなところを検索できるエンジンも様々ある。また、商用のデータマイニングや市場調査のサービスは、コミュニティにおいて様々な情報を組み合わせる洗練された検索エンジンを取り込んでおり、異なるカテゴリー（ブログ、フォーラム、ソーシャルネットワーキングのサイトなど）のソーシャルメディアを検索できる。

ネトノグラフィーでのデータ収集、実のところインターネットでのデータ収集一般をめぐる主な課題の1つは、どこに着目するのかということである。何かを発見できる機会が莫大であるため、定性分析の調査者にとって重要なのは、一般的なリサーチ・クエスチョンから着手し、データ収集の機会および初期の分析結果に応じて、そのリサーチ・クエスチョンを作り変えて練り上げることである。したがって、例えば、ある消費研究者が美術品における大衆消費に興味を持っているとしよう。このような調査にとって、初期に適切なリサーチ・クエスチョンは、「美術品における大衆消費についての主な議論は何か？　主なトピックは何か？　誰がそれを議論しているようなのか？　どのようなコンテクストでこれらの議論は生じるのか？」であるかもしれない。そこから、特にデータ分析する際に、ヨーロッパ美術対アジア美術、美学における折衝、および消費によるステイタスの誇示といった理論的な問題に焦点を合わせることで、このリサーチ・クエスチョンはより発展するだろう。

市場と消費者を調査する者は、特定のオンラインサイトを調査することに関心を持つことが多い。これは、エスノグラファーが特定の地域で研究し、社会学者が大都会のある地域に見られるサブカルチャーに関心を持っていると似ている。マーケティング研究者にとって、ブランドコミュニティは非常に興味深いコンテクストである。だから、例えばMuniz and Schau（2005）は、アップル・ニュートンという撤退したPDAのオンラインコミュニティに興味を抱いた。これらのコミュニティについての彼らの研究において、消費者コミュニティとブランドの間に、神話に導かれた疑似宗教的な関係ができたという豊かな理論を提案した。ブランドマネージャーは、自分のブランド、消費者ライフスタイル集団、製品カテゴリーを特徴づけたり関係づけたりする参加者の行動や反応について理解することに興味を持っている。こうしたネトノグラフィー的研究は、既存のブランドを検討するだけでなく、ベストプラクティスをベンチマーキングする上でも有用である。

調査するサイトを見つけたら、細部を徹底的に調査しなければならない。なぜならばネトノグラフィーは、データマイニングと違い、サイトのある部分について調査者自身が深く調べる必要があるからである。調査者が探して調査するサイトは多くなるほど、それらに打ち込む時間が長くなればなるほど、サイトや集団についての比較が可能になり、面白く有用な発見を得られる。

ネトノグラフィーに適したサイトをどのように選ぶのか

与えられたトピックについてのネトノグラフィーのプロジェクトをあなたが始めようとしていると考えてみよう。すべてのオンライン社会空間の中からどのサイトを選ぶべきか、だれとつながるべきか、どのようなデータ収集をすべきか、ということを理解する上で役に立つ情報をどのようにして探すのか？　この簡単なエクササイズは、ネトノグラフィーを行うプロセスで重要なステージを学ぶことができる。

まず、自分の調査に適したリサーチ・クエスチョンを考え出す。

次に、自分のテーマに関連するいくつかの単語やキーワードを使って、簡単なグーグル検索を行う。さらに、Twitter.com/search. でツイッターでの検索を使う。そして、関連するグループをフェイスブックで検索する。

自分の探していることに関連する検索結果が出たら、最初の2、3ページの全部のサイトやウェブページをクリックしてみよう。ソーシャルメディアのコミュニティにおいて、10から20のサイトを見てみよう。ブログまたはフォーラムは少なくとも5つ以上、ツイッターまたはフェイスブックなどソーシャルメディアは5つ以上を見てみよう。

そのサイトやウェブページを詳しく読んで、吟味してみよう。単に走り読みするのではなく、1つ1つの言葉を読み、言われていることのニュアンスを理解してみよう。

このボックスや章の残りを読む前に、次の質問に答えてほしい。「どのサイト、あるいはサイトのどの部分を訪問するのか、どのように決めているのだろうか?」。すでに見つけた10から20のサイトの中から1つだけを選ばなければいけないとしたら、どれを選ぶだろうか?

自分が調べようとしているサイトに見い出すべき最も重要な基準が何か書き出してみよう。すべて書けただろうか? すばらしい。では、次のリストと比較してみよう。

一般的に、Kozinets(2010a, p.89)で推奨されるように、ソーシャルメディアサイトをより詳しく時間のかかる調査を続けるかどうか決めるためのガイドラインは、これらのサイトが、

1 「関連性がある」(relevant)、つまり調査の焦点とリサーチ・クエスチョンに有用な情報を与え、かつ明確な関連性があるかどうか?
2 「活発である」(active)、つまりメンバーの間でいつも定期的なコミュニケーションが成立しているかどうか?
3 「相互に作用する」(interactive)、つまり集団の参加者の間で質問と回答、またはポスティングとコメントのように、互いによく反応するコミュニケーションの流れが見られるかどうか?

4　「内容がある」（substantial）、つまり非常にたくさんのコミュニケーターが存在し、活発で活気づけるような文化的雰囲気を提供しているかどうか？
5　「異種混交」（heterogeneous）、つまり十分な数の異なる文化的背景を持つ参加者が存在するかどうか？
6　「データに富んでいる」（data-rich）、つまり非常に詳しく描写に富んだデータを提供しているかどうか？

という6つの項目を満たしているかを見極めることだ。

このリストと比較して、自分のものはどうだっただろうか？　ソーシャルメディアそれ自体と同様に、ネトノグラフィーやすべての定性的技術は絶えず変化している。もしかしたらあなたはこれらとは異なる基準や、もっと面白い基準を思いついていたかもしれない。あなたが限られた範囲のサイトに手をつけるときやより詳細なネトノグラフィーを実施するときは、これらの基準のすべてを記憶にとどめておくと役に立つだろう。

宿題をしよう。これは、最新のメッセージ、記録されたデータ、コミュニティルール、FAQ（よく出る質問とその回答集）を完全に読み通すことを意味する。これは文化的調査プロセスの一部であり、リンクトインのグループ、ツイッターで進行中の話題、関連する一連のブログなどにエントリーしたかどうかにかかわらず、そのプロセスの中で参加者として学んだことについての詳細なフィールドノーツを書かなければならない。ファーストコンタクトをとるよりも前に、オンラインコミュニティの特徴に慎重に注意を払うことで良い調査が行えるのである。

ソーシャルメディアサイトについていくつかの重要なことに注目してみよう。観察やネトノグラフィーによるフィールドノーツに反映されるように、次に示すような実践的な作業知識を深めることは、あなたがネトノグラフィーを追求し、サイトにより頻繁に入るようになるときに重要になるだろう。

●そのサイトのソフトウェアデザインの構成はどのようであるか？　それは社会的相互作用にどのような影響を与えるか？
●サイトで最も活発な参加者は誰か？
●サイトの中で人々はどのような役割を担っているか？
●誰が会話を始めているか？　誰がリーダーか？　あなたはなぜその人がリーダーだと思うのか？
●議論されている中で最も重要なトピックは何か？
●サイト内のグループにはどのような歴史があるのか？
●グループは他のグループとどのようなつながりがあるか？　他のグループとつながりのあるメンバーはどちらなのか？
●サイトを使っている人々のデモグラフィクス、興味、意見、価値から、何を学ぶことができるか？
●頭文字やことわざなどの特別な言語やシンボルが使われているか？　使われているなら、それらの意味や由来は何なのか？　それらはコミュニティの何を表しているのか？
●コミュニティ内のみで通じる慣例、儀式、特別な行為はあるか？

最終的な目標は、ソーシャルメディア・コミュニティのメンバー、話題、言語、日常的に行われる習慣行為、規範そしてプロセスを詳しく知ることである。もし調査の対象にしたいコミュニティが調査者や調査されることに対し友好的でないならば、そのコミュニティはネトノグラフィーを行う候補としてはよくないだろう。このようなネトノグラフィーでは、参加することが求められ、倫理的ルールに基づいて調査者は必要に応じて正直に自分自身の所属を開示することが求められる。

10　データ収集とデータ分析ソフトウェアの選択

いつフィールドノーツを取り始めるかについて、一般的なルールはないが、調査を始めると同時に、初めに訪問した場所についてメモを取る習慣をつけることをお勧めする。これらのメモは、あなたのネトノグラフィーが進むにつれて、より詳細なフィールドノーツに発展しうるだろう。これを早いうちに始めるべきである。なぜならば、最初にソーシャルメディアのフィールドサイトに入るときに得るインサイトは、データ分析の段階で非常に価値のあるものになりうるからである。最初に得られるこうしたインサイトは、新しいサイトの文化システムについて学んだ時に生じるものである。これは、すぐに消えてしまうので、即座に捉えることがとても重要なものである。

調査研究の最も早い段階から、データ収集の準備をしておくべきである。まだデータ収集の前であっても、調査者は定性データ分析のパッケージを選択し、それについて学んでおきべきだとRichards（2005）も示唆している。ソフトウェアパッケージについて学ぶべき時期は、ソーシャルメディアサイトやその豊富なデータにどっぷり浸かっている時ではなく、それがどのように動いて、どのように役立つのかを落ち着いて考えられる時である。商業的に使用可能なデータキャプチャーや分析のソフトウェア・パッケージに関するさらなるアドバイスは、第7章で説明する。

もし定性データ分析のソフトウェアパッケージを使用するつもりならば、ソフトウェアを使って最初に書いたフィールドノーツを保存するのに役立つだろう。調査計画、読み物（多くはＰＤＦファイルとしてプロジェクトに保存できる）、フィールドデータ、フィールドノーツと観察、最初の分析とさらに細かい分析、文書、スクリーンショット、ビデオやオーディアを含むダウンロードファイル、電子メール、そしてすべての結論と報告書を、これらのソフトウェア入力を使って、管理し続けることができる。この情報のすべてを整理し、1つのところに置いておく（バックアップも同様）ことで、より楽になるだろう。フィールドサイトに正式に入ったら調査研究はすでに始まっているので、情報を保管するための場はすでに設けているだろう。対人エスノグラフィーと同様に、文化のメンバーとの出会いについて体系的に熟考する習慣をつけることが重要である。良質なソフトウェアパッケージがあれば、すでに自分のデータを整理し、解説し、もしかしたら幾つかの基本的なコードの入力さえしているだろう。

11 オンラインインタビュー

エスノグラフィーでは、意味や言語について学び、調査参加者と調和した関係を築くために、文化メンバーの生の経験の理解を深める方法として、インタビューが行われることが多い。インタビューは、特殊な対面的なオーラルコミュニケーションと言われることが多い。オンラインインタビューは、対面形式で行われるため、原理上はインタビューと類似しているが、実際のやり方はかなり異なる。この節では、インタビューの原理がどのようにオンラインというコンテクストに適応され、利用されうるかについて説明する。

すべてのインタビューは、組織された特殊な会話であるとまず認識すべきである。言い換えると、一般的に、インタビューは、質問者と回答者の2つの役割があり、2人またはそれ以上の人による一連の質問と回答からなるものである（第3章参照）。「オンライン」または「サイバー」インタビューとも呼ばれるこのようなインタビューは、1990年代に始めてから、ネット世界の文化研究の要であり続けている（Cherny 1999を参照）。純粋な観察ネトノグラフィーも実施できるが、消費者自身の内省や、文化カテゴリーや表現された物語を理解しようとするのであれば、インタビューが有益である。

オンライン調査者の中には、オンラインインタビューや電話インタビューと、それを補完するオンラインフィールドワークの間に矛盾した不満足な結果があると言う者もいる（Bruckman 2006）。しかし、多くのオンライン調査研究において果たせる役割がオンラインインタビューにはまだある。同期的なテキストベースのチャットインタビューは、内容がなく、粗雑で、表面的な相互作用を生み出す傾向にあることは確かである。しかし、だからといって、電子メールのようなメディアをインタビューに使用することを妨げるべきではない。実際のところ、スカイプの時代になって、音声と画像を伴うスカイプの会話は、とても豊かで価値のあるものとなる（Kivits 2005参照）。オンラインインタビューはまた、音声と画像を記録することができる。ｉＰａｄのフェイスタイムを使ってスカイプ上でインタビューを行うことは「オンラインインタビュー」なのだろうか？　技術的にはそうである。つまり、オンラインインタビューという意味さえ（例えば、視覚的でなく、ボディーランゲージを含んでいないもの）、急速に進む技術の高度化の時代では、流動的である。

しかし、伝統的にオンラインインタビューは、文字ベースであり、これがいくつかの重大な制約をもたらした。チャットルームの誰が本当のインタビュー対象者なのか（Turkle 1995参照）？　対象者はいかに理解され、社会的に位置づけられるのか？　このように個人のアイデンティティを明らかにするのが難しいため、消費者調査と市場調査をする者は、かつてフラストレーションをためてきた。さらに、表情やボディーランゲージがないため、インタビューを文化的、社会的に十分に表現することができず、その社会的情報の解釈をより困難にした。ただしこれはセカンドライフ（例えばBoellstorff 2008）がそうであるように調査者も調査対象者もがアバターで表示されている場合や、先述のように、ｉＣｈａｔ、フェイスタイム、スカイプなどのオーディオビジュアル通信においては、この通りではないことが多い。

しかし、先に述べた適応の概念と同様に、コンピュータ（またはタブレット、携帯デバイス）を通してインタビューを行うということは、インタビュー・コミュニケーションの構造と内容が、メディアによって修正されているということを意味している。リサーチ・クエスチョンを提示する際に、その場での会話またはDM（ダイレクトメッセージ）や電子メールといった迅速な社会的情報のやり取りだけで十分なエスノグラフィーもある。オンラインのフォーカスグループに近いグループインタビューを採用する場合もある。あるいは、単一の有力なソーシャルメディアを利用した深層インタビューが最も効果的なテクニックになるかもしれない。必要とされるデータのタイプが、最適なインタビューのタイプを決定するし、データについてのニーズは調査の目的によって直接的に示される。

ネトノグラフィーでは、通常、社会集団とそのメンバーの生活についての繊細な文化的理解を求めている。そのために採用できる最良のテクニックは深層インタビューである。深層または詳細なインタビューは、少人数を対象とした徹底的なインタビューであり、彼らの展望や観点をより広く探求することができる。第3章で述べたように、深層インタビューは時間と労働力が集約的で、相当なスキルが求められる。また、センシティブな個人的事情について十分話してもらう必要があるため、インタビュー対象者に対する要求は必要に厳しいものである。グランド・マクラッケン（McCracken 1989）が「ロングインタビュー」法でグランドツアー質問について説明したように、深層インタビューは、ある文化に属するメンバーの社会的立場とそれが彼らの人生にどのように影響するのかを理解することから始まる。例えば、年齢、性別、国籍、家庭のバックグラウンド、学校、民族志向、性的志向などである。ネトノグラフィーでは、これらがソーシャルメディアを利用する方法に関わっていると言える。深層インタビューの発見事実は、例えば次のような理論を導く。長男または長女だが、常に同僚からや学校では創造的なよそ者として見られていた人は、ブログなどのソーシャルメディア・ブランドコミュニティにより深く参加し、リーダーシップを追求する傾向にある、という理論である。深層インタビューから手に入る豊富な個人データを用いることで、ブランド、コミュニティ、ソーシャルメディアが、物理的世界やオンライン上で人間の社会的経験を創造する様々な状況や役割とどのように関わるのかを理解することができる。

12 要約

消費者調査と市場調査を行う上で、オンライン上とソーシャルメディア上のやり取りから得られる定性データは、現代ではますます重要になってきている。この種のデータの収集と分析のために、既存の基本的な定性調査手法をラディカルに適応したり、無視する必要は必ずしもないが、既存の手法を注意深く体系的に適用すべきであると私たちは考えている。たくさんの重要な点について大まかな概観を提供することで、内容分析、インタビュー、データマイニングの時代に入った対象者観察、オンラインインタビュー、ネトノグラフィーといったテクニックの活用が、着々と発展し、急速に進化しているということをこの章で主張した。新しいテクニックやツール、そしてもちろん新しいデータ収集や調査のためのサイトが利用可能になっている。この考え方に則って、次の章では、これらのツールについて、より深く検討する。

第6章

データ収集のための道具

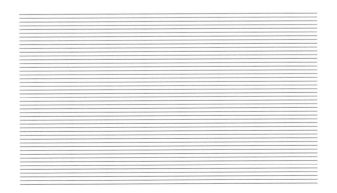

調査者「こそが」定性調査の道具である、と言われることが多い。データの質とインサイトは調査者のスキル次第だという意味で、これはまったく正しい。状況に応じて最適なデータ収集方法を選び、計画を立てることができるかどうかは調査者次第である。また、注意深く話を聞いたり、観察をしたりし、適切に反応して、隠し立てがないという信頼を生み出す態度で、感受性と創造性に満ちたインタビューやデータ収集を行うことができるかどうかも調査者次第である。ただし、実際にこれはデータ収集方法によっても異なる。深層インタビュー、フォーマルインタビュー、ネトノグラフィー、アーカイブの調査、参与観察など、データ収集方法により大きな違いがある。調査者のスキルや判断に代わったり補ったりする魔法は存在しないが、熟練した調査者がより良いデータを引き出して捉える上で役に立つ道具（aids）がある。この章では、次のデータ収集の道具について検討する。

1　録音

2　写真撮影

3　動画撮影

4　調査対象者が生み出すマテリアル

5　他のハイテクおよびローテクのデータや機器

これらのデータ収集の道具を選ぶ際には、その後に行われる分析がどのようなものかを考える必要があるが、データ分析のソフトウェアについては、この章ではなく第8章で議論することにする。同様に、ネトノグラフィーに用いられるダウンロードと画面をキャプチャーする方法については第5章とKozinets（2010）で詳しく論じたため、ここでは議論しない。この章で論じられるデータ収集の道具は、収集されたマテリアルがどのような公表の仕方（例えば、印刷物、ウェブ、動画）にふさわしいのか、ということに影響する。しかし、データの公表方法をどのように選ぶのかということについては、第9章で述べる。別の言い方をするならば、すべてのことが結びついているので、データ収集の道具が調査プロジェクト全体にとってふさわしいものかということを考えずに、この章だけを活用すべきではない。

1　録　音

深層インタビューを1時間かそれ以上かけて行い、その後に会話のすべてを一言一句そのまま思い出そうとすることを想像してみよう。最も鮮明な一部の記憶がインタビューの大部分を置き換えてしまうのがせいぜいであり、会話の断片を思い出そうとしても、一部は完全に忘れてしまっているだろう。これが、直面するだろう状況である。オーディオレコーダーが壊れる、インタビューの相手が録音されることを拒む、すべて順調にいっていると思っていたが、いざ録音したものを再生すると音が聞き取れない、また最悪の場合には誤って録音を消してしまったり重ね録りしたりすることもある。このようなことから、オーディオレコーダーを、インタビューを録音すること以外にも使うべきである。つまり、大まかなフィールドノーツを記録するためにも使えるし、そうすべきである。フィールドノーツは、現場で起きたことを主観的に書き留めるためのものである。何が話されたかだけではなく、どのように話されていたか、目で見たこと、インタビューで起きた事柄の順番、周囲の状況はどのようなものだったか（視覚的要素だけでなく、しかしすべてのシーンを描く）、インタビューの相手はどれくらいくつろいでいたか、どのように彼らはあなたに答えていたか、他の詳細な情報などを、見聞きしたものについてのインサイトを含めて記録すべきである。このような回想や印象の走り書きは、重要なインタビューや観察が終わった後、できるだけ早く行うべきである。トイレに駆け込んだり、静かな木立など目立たずに印象を書き留められる場所に身を隠したりするのも良い。図6・1にあるように人ごみの中でも良いし、運転しているのならばすぐに道脇に車を止めてフィールドノーツを書き写すべきである。この大まかなノートは文章である必要はなく、鍵となるフレーズや出来事、見たり、聞いたり、経験したことを、後で書き直す際に思い出させるような内容を書き出すべきである。例えば、「赤いポルシェ」「サルサダンス」「ボーイフレンド」「母の混乱」「ズキズキとする頭痛」などのフレーズやキーワードを書き出せば良い。これらの言葉は、インタビューを見たり観察したりしていない人には理解できないが、自分にとってはインタビューでとられた行動や会話を思い出さす上で役に立つ。

インタビューの書き起こしや、インタビューや観察のビデオ録画は、必ずしも現場で学んだすべてのことを捉えられるわけではない。このことこそが、フィールドノーツが重要となる理由である。これから鍵となる調査手段について知れば知るほど、経験したことから暗黙の知識を得られるようになる。フィールドノーツは、現場にいる際に自分の解釈を一時的に書き留めるものでもある。次の5つは手書きや口述のフィールドノーツに含まれるべき事項のラフスケッチである。これは完璧なリストではないから、他に思いつくかもしれないだろう。

1 どこにいるのか？ 街や場所の名前に加えて、その場所の見取り図も記録しなさい（手書きの地図は役立つし、その場で撮影された写真と関連づけられる）。天気はどうだろうか？ その場所には何か表舞台と裏舞台のようなものがあるか？

2 いつ？ 日付と時間は、出来事の時間の流れと順序を確立することだけでなく、フィールドノーツとインタビューの書き起こしを照らし合わせる際にも重要である。

図6・1　不用品交換会（swap meet）でフィールドノーツを取るラス・ベルク（左）とメラニー・ワーレンドルフ（右）

3 そこには誰がいるか？ インタビュー相手に加えて、他に誰か現場にいるのであれば、その人たちの様子はどうだろうか（例えば図6・1の背景となる人たちについてどう特徴づけるか）？ もしインタビューをしたばかりであるならば、上手くいったと思っただろうか？ インタビュー対象者についてどう記述するか？ インタビュー対象者はどのくらい明るいのか、それとも不安なのか？ その人たちはどのくらい誠実だったのか？ もしその人から名刺をもらったのであれば、情報を記録するのに便利である。ただし、インタビューした場所に置き忘れないようにすべきである。

4 何が起きたか？ どのような行動を取ったか？ それはどのようだと思うか？ 誰が誰とお互いに影響を与えたのか？ どのようなムードが感じられたか？ その人たちは、楽しい、興奮、退屈、緊張、熱心、リラックスといった雰囲気だったか？ 人々が集まっているのか（これも記述すべきである）？ そしてその人たちは自発的に現れたように思うか？ もし小売の現場であれば、サービス提供者はどうやって顧客を引き込むか？ もしインタビューに記録されていなかったり、潜在的な関連性がある何気ない会話ができたりした場合に、フィールドノーツはできるだけ多くディテールを記録するものである。もし疑問があれば、書き留めておこう。偶然に発生する観察とコメントがいつ重要な情報になるのか、完全に把握できることは決してないからである。

5 なぜなのか？ こうして浮かび上がる疑問は、さらに探究し、追跡し、より慎重に検討すべき解釈やインサイトや記録である。

こうしたカテゴリーは、誰が（Who）、何を（What）、どこで（Where）、なぜ（Why）、いつ（When）など、ジャーナリストの基礎的な問いなので覚えやすい。しかし、あなたは新聞記者ではないし、レコーダーでもない。むしろこのことは、レコーダーが聞き漏らしたディテールを把握して、自分自身の主観的な意見と感覚を記録する良いところである。フィールドノーツは、インタビュー書き起こしにとって非常に重要なプラスアルファであるだけではなく、あなたが観察する唯一の記録であることもしばしばある。たとえカメラとビデオカメラを使ったとしても、これらのメディア（次を参照）も、すべて捉えることはできないのである。

EXERCISE 6・1

ほとんど知識のない趣味に関するトピックについて、誰かに事前インタビューをし、録音しなさい。1時間も必要なく、10分〜15分で十分である。そして録音を聞かないで質問と答えを一言一句再現してみよう。そして録音を聞きながら、再現したものを見よう。どのくらい正確だろうか？ おおよその目安は、70〜80％が正確であれば十分、それを超えていれば優秀、60〜70％なら合格、それ以下ならまだ努力しなければならない。

同時に、どの部分を忘れてしまったのか、どの部分を再現し間違えたのか、実際には言われていないのに再現したのはどの部分なのか見てみよう。これは聞き取りだけでなく記憶力に焦点を当てたテストである。次の再現を始める前に、補助（前述の「走り書き」のフィールドノーツのようなもの）としてキーワードをフィールドノーツに書き出してみよう。

エクササイズ6・1は、音声記録メディアの有効性を示す良いデモンストレーションになるだろう。その一方で、記録メディアが故障したり、使うことすらできなかったりする場合に何が起こるのか、といったことのデモンストレーションでもある。予備のバッテリーやレコーダーを持っていれば、後者の場合は無理だが、前者の状況を防ぐ助けになる。重要な発言を記録されたくない人がいるといった避けられない状況に対応するために、何度も練習を繰り返すべきである。自分が次に何を言うかよりむしろ、インタビューを受けている人が何を言うかに焦点を当てることによって、何が言われていたのかをよりよく思い出すことができるだろう。そうすることであなたの反応も無意識になされるだろう。能動的に聞くということは、インタビューを受けている人の言うことに関心を示していること、受け入れていることを示すことでもある。

右のエクササイズが示すその他の問題としては、どのようにしてインタビューを書き起こすかということがある（以下で述べるように、自ら書き起こすことを仮定する）。これは録音した会話を聞いている時も同様の問題である。インタビュー内での意味深長な息継ぎや、感情、笑顔、沈黙などの非言語的な部分を捉えるために、ある種の表記システムを用いるべきだろうか？　それは何に注目しているのかに依存する。もしインフォーマントの落ち着きのレベル、流暢さ、ためらいそして感情を理解することが重要ならば、「えーっと」「あー」「うーん」といった言語的な発言と同様に、これらの非言語的な要素がとても重要になってくる。これ以外の状況ではそれほど重要ではない。もし非言語的なジェスチャーが重要であったりインタビューを受けた人がどのように述べたのか観察していたりするのならば、［　］のようなカッコを用いるのがよいだろう。書き起こしをする人を雇うことはできるが、非言語的な情報にアクセスすることができるのは、インタビュアーだけである。そこにいた調査者に暗黙的な知識あるということは、すなわち書き起こしをそこにいない人々が完全には理解し分析することが困難ということである。もし書き起こす人を雇うなら、できるだけ早くそれを終わらせるように努めてチェックすべきである。それは、正確さを確認するためだけでなく、そこにいたので人のみが知っていることを［　］付きのコメントとして加えるためである。フィールドノーツは第三者がより深く理解することを助けるが、データを収集した人が持つ情報を完全に再現することは不可能である。

書き起こしをすることで多くのことを学ぶことができ、データをより完全に理解できるようになる。しかしそれはかなり時間を浪費するものである（インタビューの4倍の時間がかかるかもしれない）。だから状況に応じて判断すべきである。「外国」語でのデータを扱う場合、翻訳する必要があるため、（逐語ではなくてもよいが）翻訳のスキルを持つ人が書き起こさなくてはならない。ラスが、スウェーデンの調査団体と消費者倫理に関するインタビューを行ったとき、他の部屋にあるモニターに転送するオーディオ・ビデオを用い、別室で待機している熟練した通訳が同時並行で音声で翻訳した。これはスウェーデン語のオーディオトラックと英語のオーディオトラックの2つがあることを意味する。こうすることで、このプロジェクトのビデオレポートを後に作る際に、適切に同期した翻訳音声や英語の字幕を容易に作ることができた（Belk et al. 2005）。しかし、可能であれば調査時に用いた言語の書き起こしデータを保存しておくべきである。もし書き起こしを準備するために音声認識ソフトを試すのならば、せいぜい言われたことをしか把握できず、どのように言われたかどうかまでは分からない、ということはよく理解すべきである。一字一句書き起こししようと思ってはいけない。たとえ同じ言語であっても、「どのような」書き起こしであっても、それは翻訳でなのである。書き起こしで記録内容のすべてを捉えることは不可能なのだ。

それでは、書き起こしを行わずに分析のためのデータの手がかりになるものやマテリアルを準備するにはどうすればよいのだろうか？　NVivoやAtlas.ti（第8章を参照）のような分析を容易にするコンピュータプログラムがある。これらは、音声や映像をそのままの形でコーディングをすることができる。マイクロソフトのOne noteでも同じことができる。このようなものがなかったら、音声データや映像データを組み合わせた分析で問題が生じるだろう（例えばRose 2000）。テキストの余白に書き込みをしたり印をつけたりするように、音声データや映像データに直接コーディングすることができる。つまり、コンテクストとして書き起こすのではなく、元の音声データや映像データに直接コーディングをするのである。技術は発展しており、将来的にはコーディングの望ましい方法になるかもしれない。大変な時間と労力を必要とする書き起こしの手順を省くからであり、書き起こすと何か重要な情報を省いてしまうからである。しかし、いまだに文章形式での書き起こしが主流である。プレゼンテーションが視聴覚的にではなく文章の形でなされるのならば、コピー&ペーストをして簡単に引用することができるという利点があるからだ。ほとんどのデジタルオーディオレコーダーは、パソコンに移してピッチに影響を与えずにスロー再生や一時停止をすることができる。これによって、実際の早さで書き起こしを行うという無理をすることなく、容易に書き起こしを行うことができる。

ここまでの話では、録音しているインタビュー相手は1人だけだと考えて進めてきた。もしグループインタビュー（第3章を参照）を行っているのであれば、書き起こしはさらに厄介なものになる。2人以上の人が同時に反応したり、誰かが話をしているときに別の人が話をかぶせたりすることがときおりあるからである。別々のマイクやオーディオトラックやレコーダーを使わない限り、誰が何を話していたか特定するためには、その場にいたインタビュアーが書き起こすべきである。このようなタイプの調査では録音しているものは声ではなく、むしろ楽器や歌、プレイリスト（訳注：音楽や動画を再生する順序をリスト化したもの）もしくは他の音声データである（例えばAyers 2006; Bull 2007）。このような場合、書き起こしをせずに直接コーディングすることをさらに強く勧める。

最後の注意は、音声記録における機械的な側面についてである。もし、2人以上の調査者がいるのであれば、録音を行っているときに音声をチェックすることができる。もし1人で調査を行うのであれば、調査を始める前に、録音機器が適切にセットされていて、きちんと録音できるかどうかあらかじめチェックすべきである。可能であれば、重ねて録音することがないように、録音した後でファイルをロックしよう。それぞれのインタビュー、観察、フィールドノーツごとに、名前、場所、日付を入れた別々のファイルを使おう。このファイリング作業は、もし数百時間におよぶ録音から適切なファイルをすぐに見つけたいのであれば非常に重要である。専用レコーダー、スマートフォン、ポータブルコンピュータなど、どの録音機器を使っているのであろうと、マイクを拾いたい音にできるだけ近づけよう。可能であれば別個でマイクを用意することも考えてみよう。手持ちマイクは話す人に直接向けることができ、ピンマイクはすぐに話し手に意識されなくなる。できるのであれば、他の音を拾いにくく、参加者の音をしっかりと拾えるようにマイクをセットしよう。質問ではなく、回答をしっかりと拾えることが重要である。インタビューの場所を変えたり、邪魔になる機器の音量を下げたり電源を切ることで、他の音（ラジオ、テレビ、通りの喧騒）をできる限り排除しよう。そして最後に、電源が入っているか、録音している音量は適切か、充電が切れかかっていないかなどを逐一確認するクセがつくように、使用する機器を使いこなせるようになろう。

図6・2　インタビューを行うためにハンドマイクを使うメラニー・ワーレンドルフ

2　写真撮影

百聞は一見にしかずという格言は、ほんの少しだけ真実であるが、写真は嘘をつかない、という主張自体には嘘がある。より正確に言えば、写真それ自体は嘘つきではないが、写真を撮る人は必ず、しきりに「嘘」をついているのだ。それは、演出することで「ありのままの」写真だと見せかけるものだけではない。写真撮影者は、何を写真内に含め、何を除外するのか、ピントをどこに合わせるか、レンズの口径や露光時間はどのように設定するか、どのレンズやフィルターを用いるのか、などを決めなければならないのだ（Goldstein 2007）。また、撮影者は撮った後にも写真に手を加えることができる。暗室マジックやエアブラシはコンピュータで操作でき、より手の込んだごまかしが簡単にできるようになった。また、自分が撮影されていると意識すると、人はポーズをとり、ミスリーディングするように故意に見せかけることがある（Loisos 2002）。例えば、インド人写真家は、撮影対象の人がなったことのない状況に、背景を設定したりすることが多い。例えば、所有していないのに、コスモポリタンに見せたいがために、オートバイのようなモノとともにポーズをとらせる（Pinney 1997）。あるいは結婚用の写真撮影では、将来の花嫁が、社会的な地位の高さを示すために、所有していない家電とともにポーズをとっていたりすることもある（MacDougall and MacDougall 1996）。アジアの多くの国での結婚用の写真は、結婚式に先立って数日間に渡り入念に撮影が行われる。その内容は珍しいロケーションで様々な衣装を身につけたカップルの写真である（Adrian 2003）。これらの慣習を見れば、消費者調査の2次データとして写真が真実を写し出していると、うかつに考えてはいけないことは分かるだろう（Belk 1998）。しかしながら、写真を一次データの収集に使う場合においては、そこまで考慮する必要はない。なぜなら、調査者がコンテクストやどのように写真がとられたかについて知っているからである。

一次データ収集に写真を使う目的の1つとして、観察の一部として視覚的な詳細を記録し、他に集められたデータとのトライアンギュレーションを行うことがあげられる。写真は、後に他に集められたマテリアルと照合できるようにするために、音声記録やフィールドノーツのように、それらと類似したやり方で、忠実に記録し、カタログ化しなければならない。カメラはより小さく、よりフレキシブルになってきており、スマートフォンやビデオカメラ、タブレット端末やノートパソコンその他のデバイスの一部となっていることもある。また、デジタル化が進んでおり、時間や日付、露光時間やロケーションなどの情報も提供するので、カタログ化することを簡単にしてくれる。これらの詳細は、調査の関心がその写真の内容にある時にはいささか関係のないことのように思えるが、（例をあげると）その写真が（望遠レンズや広角レンズではない）レンズを使って、目で見たものと同じようなフォーマットで撮られたものかどうかを知ることで、対象とどれだけ親密な関係を築けているのかが分かる（Heisly et al. 1991）。

撮影者は、調査者でもありうるし、調査対象者でもありうる。例えば、ケリー・ティアンとラス（Tian

and Belk 2005）は、職場の所有物についての意味を調査するために、まず調査対象者に使い捨てカメラを与え、オフィスや小さな私室内でのお気に入りの所有物を写真に収めてもらった。その後、現場から離れた場所で、写真に映っている対象物の意味について議論することを求めた。この写真の一連の使用は、第3章で議論した視覚的な誘発の例である。確信があるかどうか、躊躇しているかといったニュアンスを判断することを意図しない限り、記録されたインタビューの声の抑揚までもすべて書き起こしてもあまり成果につながらないと言ったのと同様に、状況や（訳注：身ぶりなど）非言語的情報を考慮することを意図しない限りは、インタビュー相手の写真を撮ることにあまり重要性はないと言える。確かに、写真は「行動そのもの」（perspectives of action）よりもむしろ「行動に含まれる意味」（perspectives in action）をつかむことに使われるべきである（Gould et al. 1974）。つまり、言葉だけで不十分に理解されていた行動や無意識であったかもしれないような行動を写真は示すことができるのだ。例えば、Emmison and Smith（2000）は、教授が学生とともに研究室にいる写真を示して、次のように、空間の使い方や姿勢のとり方の重要性についてうまく推測した。

> どのくらい教授がリラックスして学生と対照的な態度をとっているのか観察しよう。彼は腕を広げて片膝を立て、空間を最大限に使っている。それに対して、学生は背筋を伸ばして「気をつけ」をしている。教授の机まわりがどのようにパーソナル・スペースをつくり、それが立場の違いを表しているのか注目しよう。

これは一次データの収集の一環として撮られた写真に基づいていたが、二次データの収集の一部にもなりうる。二次データの写真の使用は、ドーン・グエンとラス（Nguyen and Belk 2007）の研究で見ることができる。それは、ベトナム戦争に参加したアメリカ兵が、ベトナム兵や一般市民を撮影した方法の分析である。彼らは撮影の角度（上からか、下からか）と撮影場面の選択にある傾向があることを発見した。アメリカ人は、大きく、力強く、最新鋭の兵器をもった陽気な態度の人として英雄扱いする傾向にあり、一方で地元の人々は、オリエンタリズムを象徴的に表すように撮られており、エキゾチックで、神秘的で、原始的でかつ、弱く、服従的に見えるようにされていた。

エスノグラフィーでの証拠写真の価値は、Arnould and Wallendorf（1994）の感謝祭の食事の分析で示されている（Wallendorf and Arnould 1991）。彼らは、これらの観察記録はしばしばインフォーマントが感謝祭について語ったことと矛盾していることを発見した。これらの話と実際に行われたこと比較した際、行き過ぎた一般化（例えば、「いつもやってます」と言う）やごまかし（例えば、「手作り」とか「一から作った」と言う）が明らかになったのだ（例えば、調理済み食品を元の容器から家の皿に移すことが「手作り」と解釈される可能性がある）。このような歪曲は意図的なものではないだろうが、深層インタビューに加えて、観察データや画像によるエビデンスに価値があることを強調している。ただし同時に言えるのは、観察できないものについての説明がなければ、写真や観察自体は非常に限られた意味しかもたない、ということである。そこに描かれている背景や人々、行動について知る必要があるのだ。さもなければ、遺品整理で手にした名も知らない家族写真について理解しようとするのと同様に、単なる憶測になり下がるだろう。

エスノグラフィー調査の目的の1つが不思議なことを身近なものにすることである。このことを念頭におくと、プレゼンテーションのために写真を撮る追加的な調査は、単純に記述のためのものである。これは特に多くの人がよく知らない人、場所、活動を研究する際に役に立つ。しかし、一部の敏感な調査対象にとって、言うは易く行うは難しである。ラナ・ソブフとラス（Sobh and Belk 2011a）は、アラブ湾岸イスラム家庭のインテリアと湾岸女性が着ている体をおおう衣服の写真を使おうとしていた。インタビューした家のインテリアの写真を撮る許可を一部もらえたが、ブルカやニカブ（訳注：いずれもヴェールの一種）でほぼ顔が完全に隠れていたのに、アバヤ（訳注：全身をおおう民族衣装）とシャイヤ（訳注：スカーフの一種）を撮影することを許した女性は非常に少なかった。大半の女性は、服そのものか外国人メイドがモデルになって着た写真なら撮ってもよいと答えた。とても保守的な地域だということを理解しなければならない。女性限定の結婚披露宴ですら、誰かが女性を撮影し、撮られた本人の肉親以外の人に見られる可能性を防ぐために、入り口で携帯やカメラがあるかをチェックするほどだ。

これは写真を使用する際のより一般的な倫理的な問題を提起している。インタビューされた人に仮名をつけることは簡単であるが、発表や出版時に使った写真から本人だと分かってしまうため、Sandikci and Ger（2010）がトルコ人女性を隠すためにやったように、顔をピクセル化するかぼかす必要がある。したがって、重要なのは、インフォーマントをインタビューすることと引用することに対してだけでなく、写真を使用することについても対象者自身から許可を取ることである。自分の写真どのように使われる可能性があるのか、それを見る人とはどういう人たちなのかを知らされなければならない。第3章で述べたように、インフォームド・コンセントを得るための書式を、インタビュー用と研究発表・出版用の2つに分けるべきだ。後者の場合は、インフォーマントに公開範囲の選択肢を与えられる。研究者だけに写真を見せるといったものから、学術ジャーナル、本、ネット、放送や、さらに広い範囲で公開する、もしくは専門的な発表に使用するといったものまで用意すべきである。

写真に関するテキストはたくさんあるので、良い写真を撮るための技術的な問題をここでは考えない。動画撮影についての次の節ではいくつかのヒントを出すが、ここで言われていることの多くがあてはまる。定性調査向けの写真を撮る場合の理論的な問題については、Pink（2001）、Wagner（2007）とWright（1999）が参考になる。視覚的イメージを使って観察調査の質を上げることについて、より一般的に考察したものについては、Abrams（2000）、Banks（2001, 2007）とProsser（1998）が参考になる。

3 動画撮影

写真のところで述べたインフォームド・コンセントの原則は、もちろん動画撮影にもあてはまる。なお動画撮影の場合は顔と状況だけではなく、声が新たな認識の手段となる。ビデオカメラが動画撮影に適しているが、携帯電話やタブレットPC、ノートパソコンやスチルカメラなども使われる。性能に限界があり、マイクなしでは録音の音質が悪く、編集の前にファイルの変換が必要なので、携帯電話やスチルカメラは緊急時以外には使わないことを勧める。しかし、補助レンズや外付けマイクなど、携帯電話やカメラを安定的に使えるようにする機材もある。なお、スマートフォンや小型ビデオカメラなどがあれば、想定外の録画チャンスを逃すことはないだろう。暗い照明の中での撮影や、高い画像度の撮影ができるビデオカメラやビデオ機能がついている一眼レフカメラは１００ドルから数千ドルで購入できる。より高いビデオカメラや一眼レフカメラは、高性能で互換性のあるレンズや安定的なメディアの録画、スローモーション再生、同時バックアップ、リモコンでのコントロールなどのオプション機能までついている。それでも⑴三脚と⑵外付けマイクは、クオリティの高い映像を撮るためには必須だ。三脚は、素人がしがちな手ぶれによる映像の「ブレ」を防ぎ、外付けマイクは、録音の節で述べたようにより良い音質で録音ができるようにしてくれる。一般的に音質はビデオ自体の質を左右する。テクニカル面以外の理論的で印象的なビデオのためのガイドラインはロブとラスの論文に載っている（Kozinets and Belk 2006）。

この論文によれば、写真も映像もビデオ教材があるので少しの練習で習得できる。さまざまなマニュアルがあり、オンライン動画やＤＶＤがある（例えばBarbash and Taylor 1997; Heath et al. 2010）。エスノグラフィックな動画というと、ドキュメンタリーを思い浮かべるかもしれないが、それとはジャンルが異なる。ドキュメンタリーはより広い範囲の観客を想定しており、撮影しているのは研究者ではなくジャーナリストや映画学校の卒業生である。しかしドキュメンタリー映画の撮影テクニックを学ぶことは大変役に立つ（例えばEllis and McLane 2007; Grant and Sloniowski 1998; Hampe 1997; McCreadie 2008; Nichols 2001; Rabiger 2009; Saunders 2010; Sherman 1998）。ドキュメンタリー自体は、消費者調査や市場調査のためのマテリアルとして使うことができる（Belk 2011b）。最もよく見られた重要なビデオグラフィーは『ニューヨークタイムズ』の「映画研究が新たなＭＢＡになるか？」という記事になった（Van Ness 2005; Belk and Kozinets 2005参照）。メディアとしてのビデオのパワーとその普及は、ユーチューブやヴィメオ（Vimeo）のようなオンラインビデオサイトの登場で一気に進んだ（Burgess and Green 2010; Pace 2008; Snickars and Vonderau 2010）。ユーチューブなどのビデオの潜在的な可能性は米国国会図書館のマイケル・ウェッシュ（Wesch 2008）が述べている。

ビデオエスノグラフィーを用いた消費者調査は１９８０年代半ばに始まった。１９８０年代半ばというのは、消費者行動オデュッセイア（Consumer Behaviour Odyssey）と呼ばれる大陸横断プロジェクトが様々なアメリカの消費をビデオで録画し、「所有物における深い意味」というタイトルが付けられたビデオが作られた年代である（Wallendorf and Belk 1987; Belk 2011aも参照）。２００１年から、消費研究学会のカンファランス（Association for Consumer Research Conferences）にはフィルムフェスティバルが開催されており、『コンサンプション・マーケット・アンド・カルチャー』（*Consumption Markets and Culture*）、『クオリテイティブ・マーケット・リサーチ』（*Qualitative Market Research*）、『インターナショナル・ジャーナル・オブ・カルチャー・ツーリズム・アンド・ホスピタリティ』（*International Journal of Culture, Tourism, and Hospitality*）など、様々なマーケティングと消費研究の学術ジャーナルの特別ＤＶＤ版がある。また消費者行動論の様々な教科書にはビデオグラフィーのオンライン版やＤＶＤ版が付録として付いている。今や何百という消費者行動のビデオグラフィーが作られており、それらはバーニングマンフェスティバル（Kozinets 1999）や現代における仙人（Belk and Costa 2001）、日本におけるクリスマス（Kimura and Belk 2005）、９・11での２つの貿易タワーの惨事の余波が残るグラウンド・ゼロでのお土産の消費（Marcoux and Legoux 2005）など、様々なトピックを網羅している。特に、行動そのものというよりはむしろ行動に含まれる意味に関係するビデオがつくられている。例えば、アレックス・トンプソン（Thompson 2011）は、硬化症患者たちが日々直面する困難についての印象的なビデオを作った。そのようなビデオは理論的な興味を提供するだけでなく、公共政策活動のモチベーションを上げるのに効果的である。それゆえに、それらは消費者調査に変化を生む重要な手段である（例えばBelk 2007）。消費研究学会フィルム・フェスティバルやジャーナルの特別号で消費研究者が紹介している映像の多くは、「消費研究者制作フィルム」（Films by Consumer Researchers）というビデオサイトで間もなく見られるようになる（http://vimeo.com/groups/136972）。これらのいくつかのビデオの試作品は、調査プロジェクトでビデオを使う際にアイディアとインスピレーションを提供するだろう。ヴィメオは、より良いビデオを作るためのオンライン教材フィルムを提供している。

EXERCISE 6・2

街を歩いてみよう。できるだけ広いアングルを撮れるように誰かにビデオカメラを持ってもらい、あなたの後ろを静かに追って、ビデオカメラを安定させながら、あなたの視線をできる限り追ってもらおう。もし安全を確保できるのであれば、カメラマンはゆっくり動く車に乗って撮影しても良い。歩き終えたらすぐに、景色や音、匂い、触覚で感じたことなど自分が出会った一連のシーンの中で覚えていることをできるだけ書き出してみよう。それを書き終えたら、自分の記憶とビデオレコーダーが録画したことを比較してみよう。見落としたり忘れたりしたことをビデオレコーダーは捉えていただろうか？　何を間違って記憶していただろうか？ビデオレコーダーは記録していなかったが、あなたが記録したことは何だろうか？　このエクササイズの目的は2つある。1つは、人間が見落とすようなことを記録するというビデオレコーダーの重要性を示すことである。もう1つは、ビデオレコーダーでは記録できないことを記録するというフィールドノーツと調査道具としての人間の重要性を示すことである。ビデオレコーダーは、見ることや聞くことができないものは記録することができないのである。そしてフレームからはみ出たものや、細部まで十分に撮影できないものも見落とされてしまう。大切なことは、人間とテクノロジーのどちらが調査道具として優れているかということではなく、これは、両方ともそれぞれ強みと弱みを兼ね備えており、互いに補い合っているということである。最も優れた機械的な、電子的な、人間的な観察でさえもすべてをとらえることはできないことを示す良い例である。

エクササイズでやったように別の人にビデオカメラを扱ってもらうこともまた、動画撮影をするインタビューの良い練習になる。すべて自分だけでやろうとすると、撮影インタビューのどちらか、あるいは両方が、ほぼ確実に上手くいかなくなる。素晴らしいインタビューを行ったのに、ビデオカメラがずっと人の膝を撮っていたことに気が付いたら、どれだけがっかりするか想像できるだろう。別の人にビデオカメラを扱ってもらうということは、音声（ヘッドホンを使用）とビデオの両方をモニタリングできるということである。もし贅沢にも3人のチームを組むのであれば、音声とビデオのモニタリングも分担することができる。自分の研究を伝える手段としてビデオを作るのが目的である場合は、「話し手」以外のものも

ビデオに登場させるために、十分な「Bロール」（訳注：ドキュメンタリーやインタビューの編集で、メインの場面の他に別撮りしておく場面）素材を集めることも大切である。この映像素材には、調査が行われた場所や、ビデオで言及されたモノや、長く続くのに動きがほとんどない単調なシーンを変えるために異なる角度から撮影したショットも含む。Bロールの一連の場面は、メイン素材の撮影の前でも後でも撮ることができる。できれば動きのある遠近法があるとよい。撮影クルーと登場するとインフォーマントを脅えさせてしまうこともあるが、私たちの経験によれば、自分が重要な立場にあると感じてもらえる。その場にいる人に気楽に構えてもらい、優れたインタビュー技術を使うことも重要ではあるが、重要人物として扱われているという感じを持ってもらうのは良いことだ。古物交換会やフリーマーケットなど公共の場所でこういった撮影が行われることもよくあるが、そのときは、人々に近づき、自分たちの映像やテレビに映っても良いかどうか聞くべきである。もちろん、自分が何者で何をしているか誤解させてはいけないが、アンディ・ウォーホルが言ったように、誰もが15分間、有名人になろうとする文化においては「プロフェッショナル」な力をビデオが持っていることをよく表しているのである。ユーチューブやヴィメオ、ブログなどのソーシャルメディアが一般的な世の中において、この可能性について私たちは今までになく意識している。

4　調査対象者が生み出すマテリアル

その他のデータ収集の道具は、調査対象者が興味対象について地図や絵を描いたりする際に使う鉛筆や紙のようなシンプルなものである。例えば、ラナとラス（Sobh and Belk 2010）は、カタールの住まいにおける男性と女性のスペースを研究する中で、調査対象者に家の見取り図を描いてもらった。これは効果的な方法で、男女ともに「自分たち」の家の個室の大きさを誇張し、パートナーのスペースを小さく見積もった。またこの方法で、家のどのスペースが彼らにとって重要なのかが分かった。例えば、キッチンは多くの場合、重視されなかった。議論を重ねた結果、キッチンは不潔で、臭く、メイドの場所だとみなされることが明らかになった。また、調査対象者に地図を描かせることで興味深い認識上の歪みが明らかになった。かつて私たちが調べたところ、ソルトレイクシティーのスーパーマーケットの買い物客は、上り坂、あるいは下り坂に位置しているスーパーまでの距離を、平坦な道で等距離にあるスーパーよりも長い距離にあるとした。たとえ彼らが日用品を買いに車を利用していたとしてもである。また橋や線路、工場も同様にしばしば心理的障壁をつくるのである。

また、調査対象者はカメラやビデオカメラを用いて分析に貢献する豊富なデータを生み出す。第4章では、デバイスを操作する人を変えるメリットを大まかに説明した。また、Tian and Belk（2005）によるオフィスの私物についての研究も先に述べた。そこでは、社員にカメラを渡してオフィスのお気に入りのモノを記録させた。より抽象的なことを調査するプロジェクトでは、例えば世界やアイデンティティ、美学などを表現する写真を調査対象者が撮るだろう（Ziller 1990）。そのような写真においては、様々なものが分析の対象になるだろう。例えば、Ziller and Lewis（1981）によると、アイデンティティの表現として本を撮影する大学生は、本を撮らなかった学生よりも大学でより良い成績をとった。また、Ziller（1990）は、恥ずかしさやジェンダー、「良い生活」について、自分で撮影させる方法で調査した。モノや人に対する志向は同じ方法で明らかにすることができ、その結果は、文化やジェンダー、年齢によって異なると報告した。例えばかっこいい車、温かい家庭、健康食、あるいはフレンドリーな店に対する調査対象者の認識を調査するためにそのような技法がどのように使われるのか、容易に想像がつくだろう。調査対象者の携帯電話に定期的あるいはランダムに呼び出すことで（彼らの携帯電話は、調査者に即座に写真をメール送信するカメラやデバイスの役割も担う）を使って、時間に応じたサンプリングを実行できるし、調査対象者の日々、夜の外出、休暇、買い物など行動についても調査しやすくなる。

調査対象者に写真を撮るのを頼めるのと同様に、小さなビデオカメラを使ってもらうこともできる。Sunderland and Denny（2007）は、小型トラックのユーザーがどのように自分の車を使うのか、大学生が町で呑む時にどのようにビールを選ぶのか、また人はどのように家を掃除し、消臭剤を使い、ディナーを作り、寝る準備するのか、またはどのように電子製品を買うのか、といったトピックの場合、ビデオを録るのが便利であると気付いた。受動的に観察者の質問に答えることではなく、能動的に研究用の記録を作るように深く関与したので、プロジェクトが大成功したとは指摘している。確かに、ビデオカメラの存在のせいで、自然に振る舞いにくくなってしまうかもしれないが、見知らぬ調査者ではなく、インフォーマント自身や、友人、または家族などがビデオカメラを扱うことで、反応性（reactivity）（訳注：調査されていることを意識するため、自然なふるまいができないこと）は減少した。サンダランドとデニーは、人類学的マーケティングリサーチ会社「プラクティカ」を作った人物である。彼らのウェブサイトには、車の運転中にどのように物を食べるのかといったひやひやするが面白い映像など、彼らが撮影したり調査対象者自身が撮影した優れたビデオグラフィーが多くある（http://www.practicagroup.com/pictures_videos.shtml）。

ある種類の消費を行う際に写真や動画を自分で撮るように調査対象者に頼む以外にも、誰でもアクセス可能なユーチューブおよびフリッカーなど（例えば、Crandall and Snaveley 2011; Nunes et. al 2009; Smith et al 2012; Van House 2009）の写真やビデオ、またはフェイスブックやグーグル＋などソーシャルメディアでアクセス可能なものを調べることは、ますます簡単になっている。第5章で検討したように、ソーシャルメディアを調査するより良い方法がまだあるのだ。

EXERCISE 6・3

ユーチューブとフリッカーに行って、「誕生日プレゼント」を検索した時に現れたものから10個選ぼう。結果を比べるために、両方のサイトを（それぞれ）検索するとよい。これらが揃ったら、年齢と性別が違う人々がもらった（あるいは見せた）ギフトについて何が言えるか考えてみよう。キャプション、タグ、説明で、ギフトをどう見せているだろうか？　自分のギフトについて話すとき、どのような言葉を使ったのか？　受け取ったものが誕生日ギフトとして一般的なものだと考えてしまうことにはどのようなバイアスがあるだろうか？本人はそのギフトについてどう考えているのか？

5　ローテクデータとハイテクデータ収集のためのその他の道具

もし人類学者がインドネシアの織物について研究しようとしていたなら、バティック（訳注：ろうけつ染め）や機織りや調査の対象となる他の工芸品を持ち帰るだろう。調査の焦点によっては、インドネシアの生産、販売、購買、そしてその織物の着用または使用の様子を写真やビデオに撮ることも役立つだろう。じっくり吟味ができて、調査対象を五感を通じて捉えることができるような実物があることに勝るものはない。消費やマーケティングに関して調査者が興味を持つモノ（artefacts）が現場で見つけられるだろう。現場が市場やイベントである時は特にそうである。そのような場所では、広告やメニュー、名刺、ビラ、パンフレット、パッケージ、製品見本、レビュー、新聞記事、カタログなどのモノが手に入る。２０１０

年のソブフらによる中東の若い女性の服（前に述べたようなアバヤやシャイヤ）についての研究では、インフォーマントは自分の好きな服をインタビューに来てくるように言われた。この服が、インタビューで注目するポイントとなった。この例では、調査者は服を記憶にとどめることはできないが、服は撮影され、インタビューの会話は録音され書き起こされた。これらすべてのモノやイメージは、オーディオ、ビデオ、写真、そしてテキスト形式のマテリアルとともにデータ・アーカイブの一部となる。そして、そのようなマテリアルはすべて、日付、場所、そして誰から入手したのかを慎重に分類するべきである。ストックホルムにあるノルディスカ博物館は、スウェーデンの家庭、オフィス、農場、工場の生活を記録することを目的としたSAMDOKと呼ばれるプログラムがあり、写真、インタビュー、モノのアーカイブがある。博物館をベースとしたプログラムなので、集められた加工品は、コンテクストについて語るものであり、生活やそれらが入手された場所に根付いたものとして将来行われる調査に役立つだろう（Belk 1986, 1988参照）。それらがどこから入手されたかという状況は、博物館の展示や研究で再現されるだろう。

それ以外のデータ記録道具やデータ収集道具としては、タブレットやノートパソコン、コンピュータ、PDA、スマートフォン、そして、録音、メモ取り、写真、ビデオ録画、ネットアクセス、電子メール、ショートメッセージ、インスタントメッセージがある（例えばHeinet et al. 2011）。そのようなデバイスは、調査参加者に視覚や聴覚上の刺激を与え、彼らの反応を記録するのにも非常に役に立つ。異なる文化でのプライベートと仕事の時のスマイルの違いについての調査で、ラスとロサ・ラマは、視覚誘出や、つくり笑顔と本当の笑顔の検出、投影的刺激へ反応といったエクササイズを行うために、ノートパソコンを使用した。また、そのようなデバイスは、タスクを分類したり、広告やパッケージや他の刺激に反応した時の目の動きを追ったり、描いた絵をキャプチャーしたり、インフォーマントのデモグラフィック上の特徴を記録したり、インフォーマントにバーチャルな商品を選択してもらったり、電子コラージュを作ってもらったりするのを可能にする（第3章参照）。さらに、もしインフォーマントが、ウェブサイトやオンラインストアについて述べ、ソーシャルメディアに掲載したものを見せたい場合、そのようなネットにつながるデバイスが身近にあると容易に実現できる。

できる調査者たちは、ＧＰＳ、ジオロケーション（geo-location）、ＲＦＩＤ、そして電子辞書やインターネット翻訳などのハイテク技術をフィールドワークに効果的に組み入れる方法を見つけている。例えば、西オーストラリア大学のシモーン・ペティグルー（Pettigrew 2011）は、フロリダ州オーランドのディズニーワールドで、自分の子供をインフォーマントにして調査を行った。彼女は初めにそれぞれの子供に、ランナーが使うような心拍数計測装置を装着した。一日を通して、どこにいたかを慎重にメモをとり、写真に残すことで、どのアトラクションが最も子供たちを興奮させたかを調べるために心拍数を比較することができた。ｆＭＲＩや神経学研究の発展により、神経科学と定性的消費者調査の間に道が作られるかもしれない。将来、さらなる技術が出現するに違いない。

インフォーマントは、自分自身のデバイスを持っているので、デバイスやクラウドストレージに保管されている写真や映像を映すことができるだろう。これらの画像を写真に収めるよりも、その場でインフォーマントにメールで送ってもらうほうが簡単だろう。インフォーマントの電子メールアドレスに加え、スカイプアドレス、電話番号、その他の連絡手段も入手しておくと、インタビューの後で追加的な質問をしたいときやお礼を述べるとき、そして最終的にプロジェクトの結果報告書やビデオを送付するときに簡単に連絡がとれるだろう。また、記述された情報が正確かどうか確かめるためにメンバーチェック（訳注：インフォーマントが情報をチェックすること）を行うときにも役立つ。しかし、すべてがハイテクである必要はない。ペンと紙だけでも十分インフォーマントの情報を書き留められるし、調査現場のスケッチを描くこともできる。調査者が、録音やビデオ録画でははっきりとしないような詳細な技術的情報（例えば、車の型やモデル、発売された年）を記録するときに大きな手助けとなる。アボリジニのオーストラリア人コミュニティの女性芸術団体で2週間のフィールドワークを行った後、ラスはパソコン上にフィールドノーツを書き写し、そして写真のカタログを作成した。しかし、空港を発つ直前に友人の車に置いておいたパソコン、レコーダー、バックアップデータを盗まれてしまった。フィールドワークで得た情報を可能な限り再構築するときに、頼みの綱だったのは紙とペンだけだった。可能であれば、元のデータとバックアップデータを別々の場所に保管するのが望ましい、というのが経験から学んだ苦い教訓である。加えて、ハイテク技術の欠点とローテク技術を用いてデータ収集を行うメリットについての生々しい教訓となった。

EXERCISE 6・4

小売店の監視カメラ、（ある特定の）消費者リレーション・マネジメント、顔認識ソフトウェアといったものには倫理的な問題がある。2010年にロンドンのテート・モダン・ギャラリーは、私たちの監視社会に関する「晒される」という題の展示会のスポンサーを務めた。これがロンドンで開催されることがふさわしいのは、その10年前からロンドンには少なくとも50万台、英国には少なくとも428万5000台もの監視カメラがあったと推定されたからである（McCahill and Norris 2002）。ポスト9・11の時代には、はるかに多くなっていることは間違いない。また、この数字には偵察機や人工衛星から撮られたますます細部に渡る画像は含まれていない。1994年に、ある米国の特許（#5、331、544）が認められた事業計画がある。これは、店内監視カメラデータと顔認識ソフトウェアを使っている小売店のための計画で、リアルタイムで買い物客を特定し、この情報をクレジットカード情報やその他の店での過去の購買履歴やその他の顧客情報と合わせるというものである。この情報は、顧客それぞれにふさわしい製品やサービスを提案する小売店員に与えられる。これはすべて合法のようである。このようなシステムは、店と消費者にどのようなベネフィットをもたらすだろうか？　どのような倫理的問題を提起するだろうか？

6　結　論

この章の冒頭で、エスノグラフィー調査では定性調査者自身が調査の道具であると述べた。どのような洗練された技術であっても、聡明な調査者の代わりになることはできない。さらに、そのような道具は、インフォーマントを威圧し、調査者とインフォーマントの間に距離を作ってしまうことがある。まるで旅行者が現地の人と深く関わり合うよりもカメラの後ろに「隠れる」ことが可能なように、調査者の道具は使い方によっては、理解への架け橋とならずに障壁となってしまうこともある。このような道具は、データ収集の手段として用いるとき、その道具とその取り扱いを、調査者ではなくインフォーマントにまかせることができるかどうかを考えるべきである。また、調査者とインフォーマントが協力する可能性についても考えるべきである。また同時に、音声や画像を扱う道具のことを考えたら、データは書かれた言葉や数字のみで成り立っているという思い込みから自由になれるだろう。

視覚的なメディアは、観衆に対して、インフォーマントの人間味を表現することができる（Belk 2006）。ビデオを使った市場調査・消費者調査を企業が非常に好む理由はここにある（Sunderland and Denny 2007; Martin et al. 2006）。ビデオは、その他の手段に比べ、より感覚的にディテールを把握することができる。

第9章で述べるように、このようなメディアは、従来の市場や消費に関する学術ジャーナルよりも、調査内容をはるかに多くの人に広めることができる。視覚的データ収集手法などを用いることで、私たちは、より創造的でインサイトに満ちた調査者になることができる。

第7章

学術調査のためのデータ分析・解釈・理論構築のアプローチ

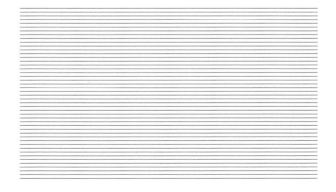

定性調査の本当の神秘は、データを集めるプロセスよりも、データを利用するプロセスにある（Walcott, 1994, p.1）。

経験を積んだ定性調査者のほとんどは、ハリー・ウォルコットのこの引用文に表現される思想に同意する。しかし、この引用で明らかにされていないのは、定性データの収集プロセスと、定性データの分析、解釈および理論構築などの活用プロセスが深く絡み合っている、ということである。定性データを集め始めた時点から、データの分析を始めることができる。というより、むしろ始めるべきだ。本質的に、分析とはデータからパターンを見出すことである。データ収集を通じて答えようとする疑問がゆえに見出されるパターンもあるだろう。あるいはあなたがよく知る理論的フレームワークによって知るパターンもあるだろう。また、全く予期できなかったが、データを精査することで見出されたパターンもあるだろう。

「データを収集しながら」、データの各要素内、または要素間からパターンを探し求めることが非常に重要である。なぜならば、調査プロジェクトがどのように展開するかということに影響するからである。見出されるパターンは、例えば、インフォーマントに聞くべき新たな疑問、読むべき新しい文献群、収集したデータの新しい使用方法を示してくれるかもしれない。時には、データ分析のおかげで、取り掛かっているリサーチ・クエスチョンがつまらない、あるいは、集めたデータでは答えられない、ということが分かるだろう。また、データ分析は、（多くの場合そうであるように元々の疑問よりも）面白く、かつ集めたデータで答えられる新たなリサーチ・クエスチョンを提案してくれる可能性もある。したがって、データを分析しながらデータ収集することは調査プロジェクトを進める上でとても大事である。

さらに、データ分析は解釈と理論構築の基礎となる。実は、データ分析と解釈／理論構築の区別は、ややあいまいである。データ分析と解釈／理論構築の関係は連続的というより反復的である。しかし、もし

「分析」をデータのパターンを見出すことと定義するなら、「解釈と理論構築」はパターンの意味の根源を探し出すことと考えられる。記述と比べて、解釈と理論構築は、あるカテゴリーの現象についてのより抽象的、一般的、徹底的な説明や理屈をつくる（そのため、あなたが調査しているケースやコンテクストは一般的なカテゴリーの1つの例しかないと見なされる）。**私たちが「理論」という用語を使う場合は、Bourdieu（1977）の考え方に基づいて、現象を説明するアイディアもしくはステートメントの体系を意味する。**私たちは「新しい理論の構築」という表現を使う際に意味するのは、現象を理解するための手助けとなる概念、構成概念、プロセスを明らかにすること、よく知られた現象には見られなかった例やその違いを説明する要因を指摘すること、既存の理論を適用できない例外を指摘すること、そして既存理論の妥当性を検証することである。

この章では、データ分析と解釈および理論構築のための技法について検討し、その具体例を示す。この章では、学術論文を発表することが調査の目的であると考えよう。次の章では、実務へのインプリケーションを提供することを目指す分析について検討する。その上で、学術という枠組みにある分析スキルを獲得して練習するために、一連のエクササイズを提供する。

1 データ分析

インタビューのデータや調査対象者の観察に基づくフィールドノーツ、またはブログやウェブサイト、アニュアルレポートなどから得る視覚データやアーカイブデータなど、どのデータを集めているのかということとは関係なく、データ分析においては、コーディングが基本的なステップとなる。コーディングとは、コンテクストから取り出して保持すべき意味の小さな要素を見つけることである（Ely et al. 1997, p161）。**コードとは概念であり，こうした概念は，イーミック（emic）／エティック（etic）なのか，あるいは具体／抽象なのかといったことで異なる。コーディングは，「データを意味のあるセグメントに縮小し，そのセグメントに名前を割り当てること」と説明できる（Cresswell 2007, p.148）。**コーディングしているデータが，文章なのか，視覚的なのか，口頭によるものなのか，人工物なのかにかかわらず，同じような考え方が適用される。議論を簡単にするために，またそれが最も一般的であることから，この章で扱うデータは，文章に書き起こされたものであるとしよう。これからインタビュー全体，あるいはインタビューの一部のコーディングされた部分を取り上げる。当然，コーディングする前に，データセット全体に深く入り込んでコンテクストをよく理解することは，非常に重要である。こうすることで，コンテクストをコーディング，解釈，引用する際に起こるであろう問題を防ぐことができる。

例えば，アイリーンとダイアン・スカラボトが調査したブロガーたちの投稿は，典型的なものである（Scaraboto and Fischer 2013）。このプロジェクトでは，ファッションの品揃えにストレスを感じている「特大サイズ」（plus-sized）の消費者がオンライン上で集まっていることに注目している。ブロガーたちは，自分に合うファッションのを見つけることの難しさという直面する問題について，日課のごとく投稿している。

お気に入りのドレスに大きなシミができたり裂けたりしてしまったとき，私はパニックに近いものを感じる。先週，「よそ行き」のスカートの1つが車のドアに引っかかり，小さな穴があいてしまった。私はアドレナリンが体の中で沸き立つのを感じた。お手洗いに駆け込み，念入りに水でゆすぎ，仕事が終わるとすぐさまスカートの色に合う糸を町中探した。１００年前の夜なべのように，できるだけ縫い目ができないように心がけながら，裂けた穴の修理のために労力を費やした。今，もし地元の店で自分に合う新しいスカートを見つけることができるなら、今着ているものは脱ぎ捨てるだろう。しかしそんなことはありえない。それは過去の苦い経験からよく分かっている。現実には、私がこのスカートを直さなければ、代わりのスカートを見つけるのに1ヶ月はかかるだろう。このスカートのように私を良く見せてくれるスカートが見つかると信じる理由は何もないし、私はこのスカートを何度も繰り返し着ることに満足している。

同じようにファッションに対する不足による苦しみを経験したことのある人には私の痛みを感じてもらえるだろう。もちろん、失業したり家を失ったり、生きて行く上で最低限のものを失うように、さらに苦しい状況はある。ファッション飢饉はそれと同じレベルにない。しかし苦労して手に入れたワードローブに、どのような形であれ傷がつくとパニックのようなものを感じる。私たちはサイズが6、10、12の女性ではないのだ。バナナリパブリックやバーニーズにふらっと入り、体に合って似合うようなものは見つからない。残念ながら、太った人のファッションの供給は少ないのだ―私たちは資源不足について語っている。

このような文章を調査するとき、いくつかのコードを挙げることができる。例えば、「残念ながら、太った人のファッションの供給は少ないのだ―私たちは資源不足について語っている」という文には、「ファッション資源不足」というコードを割り当てられる。このコードは、プラスサイズの服が必要なのに見つからないというブロガーの経験を、重要なポイントを含めながら明確に表している。**これは調査された人が使った言語をそのまま用いた「イーミック」なコードである。**スタイリッシュでファッショナブルな服を、普通、資源と考えない私たちにとってはとても興味深いが、当事者はそうではないのだろう。

それほど明らかではないコードは、バナナリパブリックとバーニーズについて述べたことに関わる。「主流ブランド」というラベルでコーディングした。言及する価値があるのは、書き手の求めることを示すことができ（例えば、普通の実店舗に行って買い物できること）、そして彼女がなぜ自分が多様性の欠乏を経験していると思うのかを暗示できるからである（例えば、多くの主流ストアで買い物できる女の人たちに対し、彼女が適切な選択が足りない）。**「エティック」コードとは、研究対象となっている人が必ずしも使うわけではないが、その学術分野で用いるには適切である言葉や概念（例えば、主流）である。**３つ目のコードが付けられた一節は、仕事や家や必需品がない人が直面している追い込まれた状況に比べてスタイル欠乏はそれほど深刻ではないのは本人もよく分かっていることを示している。わたしたちはこれに「欲望の正当性」という名前を付けた。なぜならば、他の社会問題に比べて、服の選択肢を増やしたいという彼女の欲望は、なんとも軽薄でばかげており正当化できないと本人が思っているからである。これもエティック・コードである。

コードは余す所なく付ける必要はない。データから見出した意味についてどのように思ったのか分かるように説明すればよい。１つの単語、段落、文章、あるいは長くて異なる段落で組み合わせたテキストのどれにでもコードを付けることができる。同じテキストに複数のコードが付けられることもある。

コーディングは繰り返し行うべきである、ということ意識してほしい。このプロセスの最初には、データセットにある一通りのコードをつくりだす（例えば、最初につくったインタビューとフィールドノーツの書き起こし）。新しいコードが現れた時、それ以前に検討したマテリアルに戻るべきである。一通りのコーディングが終わった次の段階ですべきなのは、これらのコードが、より抽象的なコードにまとめることができるのか、あるいはより細かいコードに分解できるか、検討することである。新しいデータが収集されたり、新しいコードが認識されたり、現存のコードが抽象的なコードにまとめられたり、細かいコードに分解されたりしたときには、こうした作業は繰り返し行われる。

とても基本的なことだけに最初はひるんでしまうことでもあるが、コーディングについての重要な考え方を紹介しよう。そのために、とにかくまず着手するための「コツ」や、最初にデータを読んだときには見過ごしているはずの面白いパターンを見つけるために「コツ」を次に示す。

1．メタファー（訳注：隠喩。「～のようだ」と言わずして喩えること）に注意する。メタファーをコーディングすると，人々が自分の現実生活についてどう思っているのかを見つけることができる（Arnould and Wallendorf 1994を参照）。前述の文章では，ファッション選択が足りないということについて，「飢饉」という言葉が使われた。洋服の選択が，取るに足りない思いつきに基づくではなく，決定的に必要に基づくものであることを示した。

2．強烈な感情表現を探す。どのテキストを分析しても，何か重要なのかについての簡単な手掛かりが必ずある。先の引用では，強烈な感情表現（苦痛，苦しさ，頓挫）が，簡単に選べるファッションがないことに結びついている。

3．「資源不足」のように他のコンテクストで聞いたことがあり，研究対象のコンテクストに「輸入」されたフレーズに聞き耳をたてる（注意する）。こうすることで，コンテクストを超えた言説を見つけることができる。こうした言説は，研究対象となっているコンテクストについて人々がどのように考えているのか，ということを形作っているものである。

4．研究しているコンテクストにおける重要人物のカテゴリーを見つける。先の引用では，主流マーケター（バナナリパブリック，バーニーズとか）は軽蔑の対象である。これについて考えることで，他の登場人物のカテゴリーを見つけることができたり，登場人物間の相互依存や彼らの間で起こりうると思われるコンフリクトについてコーディングできる。

5．実際に行われた行動，もしくはそうするかどうか悩んだ行動がどのようなものか気をつける。右の引用では，服の修繕は，他の行動とりわけショッピングと比較される行動の一種である。実際に行われた行動，もしくはそうするかどうか悩んだ行動に注意を払うことで、選ばれることがほとんどない行動や、納得感が得られない行動に対しても敏感になることができる。

6. コーディングしているテキストが生み出された背後にある動機について考える。Alvesson（2003, p.14）によれば、調査プロジェクトのインタビュー対象者やインフォーマントが「有能で倫理的に真実を述べる人々であり、発展に奉仕できるよう行動し彼らの『内面』（経験、感情、価値など）を明かすために必要なデータを生み出してくれる」と考えるのは浅はかである。したがって、インタビューのデータであろうと他のテキストのデータであろうとコーディングする際は、テキストを生み出す背後にある目的がどのようなものかを考えるべきである。先の引用では、ファッション業界を変えて、世の中にある体重差別を訴える運動をする、ということが考えられる。

7. 矛盾についてプローブ（訳注：第3章参照）する。矛盾は、コーディングしているテキストの一見両立しない要素に見出すことができる。あるいはテキストの中には、研究を始める前に考えた仮定と矛盾するものがあるかもしれない。先の引用に関しては、市場が消費者のニーズに対応する機会を見逃しているように見える、という問題がある。というのもマーケティング理論によれば、「通常」の状況では利益が確保できる限り、マーケターは満足されていないニーズを満たすはずだからである。このような問題をコーディングすることで、この問題を解消するためにどのような新しいデータを集めるべきか、検討すべき新しいリサーチ・クエスチョンが何なのか、ということを考えることができる。

EXERCISE 7・1

1　先の引用について検討し、他にどのようなコードをつくることができるか考えてみなさい。

2　友達に同じ作業をしてもらいなさい。お互い相談せず2～3分で作業を進めること。

3　あなたがたがつくったコードを比較しなさい。テキストの同じ部分から違ったコードを導いていないか見てみよう。「なぜ」そのコードが大事だと自分が考えたのか，なぜ友達がそのコードを思いついた理由について自分が理解できるかどうか，議論しなさい。

4　個々のコードを包括したり分解することができるより抽象度の高いカテゴリーを思いつくかどうか考えてみなさい。

もしコーディングの基礎についてコンセンサスがあるとしても，コードを生み出し形作るものは何か，ということについてはよく知られていない。例えば，定性調査においてよく引用される（しかし詳しくは読まれていない）「古典」である『データ対話型理論の発見―調査からいかに理論をうみだすか』（Glaster Strrauss 1999）は，タブララサ（訳注：生まれながらの人間の心には白紙のように生得観念はないという考え方）・アプローチを主張していると考えられている。すなわち，データのみから始めるという考え方である。多くの方法に関する他のテキストブックは同様に，外的要因による「偏見」を受けないようにして，データを扱おうと主張しているように見える。

データを収集する前からそのデータのコードや規則性について強力な仮定や特定の考えを持つべきだという考えは認めないが，**タブララサ・アプローチは間違っている！**　むしろ，最初のコーディングであろうと繰り返し行われているコーディングであろうと，データそれ自体と次の3つのものに影響されていると私たちは考えている。

●最初の調査目的とリサーチ・クエスチョン
●リサーチ・クエスチョンに関連した先行文献
●用いている定性調査トラディション

これらがコーディングにどのような影響を与えるのかについて考えてみたい。

(1) リサーチ・クエスチョンとコーディング

第2章では、定性調査の計画を立てる際にはリサーチ・クエスチョンがとりわけ重要であること強調した。当然のことであるが、どのようにコーディングを行うかということにリサーチ・クエスチョンが影響している。先述の特大サイズのファッションのオンラインコミュニティに焦点を当てたプロジェクトに関係する例をいくつか考えてみよう。私たちのリサーチ・クエスチョンは、(1)「消費者は自分のサイズがないことにどのように対処しているのか?」、(2)「消費者がどう対処するかということへの影響要因は何か?」という「対処」に関係しているとしよう。もしリサーチ・クエスチョンが、これらであるならば、私たちは対処の方法を特定するようなデータのコーディングを試みようとし、ある対処を使うことを消費者に促す個人・集団・文化レベルに見られる要因などを調べるだろう。

1つめのリサーチ・クエスチョンを通して見ると、「対処法」というコードを加えることができる。先ほどの文章ではサイズがないことへの2つの対処法を示している。1つは買い換えができない服を修繕することであり、もう1つは不満をぶちまけることである。後者は、先の引用全体の目的として見ることができる。2つめのリサーチ・クエスチョンからは、「社会的比較」というコードを生み出すことができる。先ほどの文では「サイズ6、10、12の服を着る女性」と自分自身を比較するところにこのコードを付けることができる。なぜならば、そのような比較が対処法の選択に影響を与えるかという疑問があるからである。

対処に関して練り上げられたリサーチ・クエスチョンがなくても、これらのコードを思いつくことは明らかに可能である。しかし、もし部分的にも対処に注目することをあらかじめ決めていれば、様々な種類の対処とそれに影響を与える様々なものの両方に敏感になる。したがって、書き起こしデータの中から意識的にそのようなできごとを探し出すだろう。リサーチ・クエスチョンが、自分が考えるコードに影響を与えるもっともな理由の1つは、集めてきたデータでリサーチ・クエスチョンに答えることができるかどうかを知るときにコードが助けになるということである。もしそうでないならば、他のデータを探す必要や、リサーチ・クエスチョンを考え直す必要があるということである。

(2) 先行文献とコーディング

もし前章のアドバイスを覚えているのであれば、データを集める前、途中、後でリサーチ・クエスチョンに関係する先行文献を読むことを私たちが勧める理由は理解できるだろう。そうすることで、データをどのようにコーディングするかということについて役立つ概念を、先行文献から見つけることができる。

ここでも同じ例で考えてみよう。私たちの調査は消費者の対処の仕方に注目しているとしよう。対処がテーマとなっている論文を消費者調査や心理学のジャーナルを読み、Goffman（1963）のスティグマとアイデンティティの扱いに関する論文を理解しているとしよう。したがって対処に関する主要な文献が対処法と対処の要因という類型を生み出しているということを私たちは知っており、コーディングの方法はこれに応じて変わるだろう。例えば、Duhacek（2005）は8種類の対処の要因（行動、合理的思考、心の支えを求めること、拒絶など）を特定している。このため、私たちは、一般的な「対処法」というコードの下位コードをつくって、データ内にある1つかそれ以上の対処の要因を示すだろう。例えば、文章内で記述されている服の修繕は、「行動による対処」とコーディングすることができるかもしれない（訳注：つまり「行動による対処」は「対処法」の下位コードとなる）。

コーディングのために先行文献を読むことは、データを「無理やり当てはめる」という落とし穴にはまる危険性がある。（例えば）先行文献が8種類の対処を特定していたから、データの中にその全部か一部があるはずだ、などと思い込んではいけない。さらに、先行文献というフィルターを通して物事を見ることで、新しいコードやインサイトが見えなくなるリスクがある。しかし、**先行文献が述べている内容を知らないために生じるリスクは、知っていることで得られる利益よりははるかに大きい**。「車輪の再発明」(reinventing the wheel)（既に立証されたものを発見することのたとえ）のリスクがある。さらに、先行文献が打ち立てた仮定を自分の研究がどのように進展させるのか、また、それにどのように疑問を呈するのか分からなくなるおそれがある。もし先行研究を補完したりその限界を示すことができないのであれば、その研究が何か新しいことを行っていると他の人に思わせることは難しいだろう。コーディングを通して先行文献と意識的に対話を行う、つまり、他の人が生み出したインサイトが自分のインサイトに何を教えてくれるのか考えるべきである。

(3) 調査トラディションとコーディング

第2章において、いくつかの異なるタイプの調査トラディションについて述べた。もしもまだ読んでいないならば、ざっとでも調査トラディションのページに目を通して欲しい。ここでもう一度そのことを取り上げるのは、調査プロジェクトを形にする方法の1つは、何に注意すべきかを明らかにすることにあるからだ。コーディングは、自分が集めたデータに綿密かつ体系的に注意を払っていないとまったく意味をなさない。

既にそれぞれの調査トラディションについては論じてあるので、ここではそのうちのいくつかが、特大サイズの消費者のデータのコーディングにどのように影響を与えるのかを説明しよう。まず、現象学トラディションに基づいている場合、コードは、特大サイズの消費者の生きた体験（lived experience）の特質に関連していることが当然であるように思う。例えば、「信頼できないマーケター」というコードは、彼女の知覚されたニーズを満たしていないという意味で信頼できないとされた主流マーケターについて書き手が経験したことを考えるために生み出されるかもしれない。また、「やむを得ない自分頼み」というコードは、信頼できない市場に直面した時に、自分の技術やイニシアチブに頼ってしまう経験に対応するかもしれない。

解釈学トラディションに基づいている場合、消費者の市場に対する見方やどのように反応するかということに影響を与えているであろう流布した言説や論理に興味を持つことになる。例えば、「消費者主権」というコードが生み出されるかもしれない。消費者主権とは、自由市場において、消費者が生産された財を決定しており、そのため経済において生み出されるものについて、消費者は「主権」を持つ（Henry 2010）、という文化的に深く定着した概念のことを指す用語である。この用語は引用すべてに当てはめることができる。なぜならば、この暗黙の文化的言説は、引用のような議論を生み出している根本的な議論に対して影響を与えているからである。つまり「特大サイズの消費者には主権がない」のである。暗黙のうちにこうした言説の影響を受けて、ブログの書き手は、マーケターは消費者には彼らの望むものを提供すべきである、ファッションは簡単に手に入りやすくなるべき、と考えているのである。

ポストモダン・トラディションに基づいている場合、当然視されているメタ物語（訳注：社会がどのように動いているのかを説明する広く知られた理屈。第2章参照）に関するコーディングに注目し、それがどのように異議を唱えられ、反転し、脱構築されているのかを見る。例えば、ブログの投稿記事全体を通じて、筆者は「太った」という言葉を使っている。学者たちは、肥満に関する支配的な物語があることを示唆している。すなわち、「哀れだとか、次のような多くの要素に関連づけられている」のだ。つまり「モラルがない、病気になるかも、強欲で怠慢、醜くてげんなり、哀れ、下層階級、役立たず、笑い者、要治療・予防」といったようなものだ（Cooper 2008, p.1）。ポストモダニストが考えるのは、引用された文章が、肥満や肥満症についての支配的なメタ物語を反映したり、強化したり、あるいは刃向かう、ということである。

批判トラディションに話を移すと、次のことを明らかにするためのコードを作る。つまり、注目している集団（例えば、特大サイズの服を着る女性など）がどのように過小評価されているのか、さらに、このファッション・システムに関わる人々がそこで行われていることが、この過小評価にどのように影響しているのか。より小さめのサイズの服を着る女性に商品を提供する店で、特大サイズの服が買えない、と述べている文章は、「店による差別」とコーディングすることができる。また、その差別がもたらす帰結にもコーディングするかもしれない。先の引用において、行ける店がないという気持ちについては、「パニック」といったイーミックなコードで表現できる。データ・コーディングに用いられるコンピュータソフトウェア（第8章参照）の中には、店やブロガーが普段行っていることのきっかけに関するデータへのリンクも付けることもある。こうすることで両者が行っていることを後で比較するのが簡単になる。

記号論トラディションで行われる研究は、文章がブロガーの経験を示していると考えない。この意味には、特定の意味を伝える言葉やフレーズでつくりあげられたレトリックの一部である。テクストは、説得しようという意図が伴っていると考えられる。この文章の言葉を慎重に検討する際には、記号論研究者は、ファッションの選択を表現するために、この書き手が選んだ言葉に特定のコードをつける（Mike and

Oswald 2006)。彼女は、ファッションを「資源」として位置づけている。つまり、必需品として他の重要な資源（食料品や住まい）と対比している。しかし実際には、ファッションは生存にはそれほど重要でない。さらに記号論研究者は、「希少」という言葉をレトリック的に選んでいることに対してコーディングすることがある。前述したように、ファッションを希少資源として考えることはあまりない。これらの言葉を使って、食べ物や住まいのような他の必需品とファッションを同じように扱うことで、書き手は個人的な不満だけでなく、政治的なテーマのように特大サイズのファッションを位置づけるための象徴的な基礎をつくっている。

最後に、定性データ分析で新実証主義アプローチを行う調査者は、重要な構成概念やそれを生み出す原因や結果と共にコードを見出そうとする（Silverman 2011)。前述の引用では、コーディングされるだろう重要な構成概念は「満たされていないニーズ」である。書き手は、少なくとも、市場によって満たされていないファッションへのニーズを抱いていることを表現しているのは明らかである。

> 今、もし私が地元の店で私に合う新しいスカートを見つけることができるなら、今着ているものは脱ぎ捨てるだろう。しかしそんなことはありえない。それは過去の苦い経験からよく分かっている。現実は、私がこのスカートを直さなければ、代わりのスカートを見つけるのに1ヶ月はかかるだろう。このスカートのように私を良く見せてくれるスカートが見つかると信じる理由は何もないし、私はこのスカートを何度も繰り返し履くことに満足している。

特大サイズの消費者に関するして収集した大きなデータベースを調べる際に、新実証主義トラディションの研究者は、市場セグメントにおいて満たされていないニーズの原因と結果を探していくことになるだろう。

EXERCISE 7・2

1　前述の引用を用いて、「満たされていないニーズ」についての自己知覚に対応するコードを見つけてみよう。

2　自分のコードと同じエクササイズしている仲間のコードと、比較して対照させてみよう。

3　両者のコードを対照させながら、文献からどのような理論を見つけられたか考えてみなさい。こうした文献は、ニーズが満たされない別の理由を明らかにしたり、満たされないニーズが個人レベルあるいは市場レベルでもたらした帰結について示唆したりする。これによって、潜在的な他のコードを明らかにすることができる。先行文献とコーディングの節で説明したように、本質的にはこうしたコードは先行文献を統合するのである。

コーディングに影響を与えるものについて別々に議論したが、実際は決してそうでない。テキストそのものがコードを示唆するし、リサーチ・クエスチョン、先行文献も、取り上げている調査トラディションもまた、ふさわしいコードを示唆するのである。コツは、これらの様々な影響を別個のものと考えないことだ。最初にコードをつくって、それらをいくつかに分解したり、下位レベルのコード群を統合し、より抽象的なコードを作成したりする。こうしたコーディングの作業では、すべての影響に対して開かれているべきである。

2 解釈と理論構築

この章の導入で示したように、データ分析を解釈と理論構築から明確に区別することは困難だ。下位レベルのコードを定義し、それを集約して上位レベルコードを生成、より抽象的にするプロセスは、確実に解釈的である。しかし、このプロセスを深めると、コードのパターンを認識することから、パターンに見られる意味を見出すことに焦点が移る。

この節では、データのパターンから意味を見出し、さらに理論を構築することできる方法をいくつか議論する。念のためにもう一度説明すると、ここでは使う理論という用語は、関心を持っている現象のいくつの側面を理解するのに役立つ一連のアイディアもしくはステートメントの体系を意味する。学術論文の発表を目的とするのならば、理論こそが目指すべき目標である。

次の内容を読む際に忘れないで欲しいのは、分析、解釈、理論構築を順番に示すものの、実際には、解釈と理論構築を進める途中で、コードを展開したり対照させたり修正したりする、ということだ。また、データとコードと文献、そして構築中の理論の間を行ったり来たりするだろう。ちょっとしたひらめきでコードを見直して思いついた解釈を検証することで、**エウレカ**（訳注：「見つけた」の意。アルキメデスの原理を発見した際に、アルキメデスが思わず叫んだとされる言葉）の瞬間がくるかもしれないのだ（Thompson 1990）。

(1) バリエーションを見つける

分析の段階で、コーディングの枠組みを一度つくって練り直したら、データの中からバリエーションを探すことになる。バリエーションを探すとここで言っているのは、グループごとのコードの付けられ方の違いを探すことである。例えば、ラスと彼の同僚のガリズ・ジェとソーレン・アスケギャードが、消費者の欲望現象についてデータを分析していた時、彼らはデンマーク・トルコ・アメリカのインフォーマントから集まったデータに付けられたコードのバリエーションを探していた。彼らは「新大陸と旧大陸、既成マーケットと過渡期のマーケット、クリスチャンとムスリム、そして社会福祉制度のシステムと個人のマーケットを基盤にしたシステム」における欲望の経験の差があるか否か（Belk et al. 2003, p.332）を探そうとした。これを通じて、彼らは特定の文化のインフォーマントたちにはある典型的な欲望の次元があり、それによる共通点と相違点があることを明らかにした。

「どこ」からバリエーションを探すかということはプロジェクト次第である。もしグループインタビューでデータを集めたとするなら、社会階級、年齢、性別など、グループ間に明確な違いを生み出している社会学的特徴あるいはデモグラフィックスに基づく特徴を見るだろう。また、収集されたデータに見出したコードが、カテゴリーごとに異なるかどうか見るだろう。もし消費コミュニティのメンバーについて調査しようとするなら、新顔メンバーと古株メンバーの違いを調べるだろう。もし複数のサイトで調査をするならば、ある現場から収集したデータに付けたコードと、別の現場から収集したデータに付けたコードに違いがあるかどうか注目するだろう。通常、どのグループを比較対照するかということは、データを収集した相手に見られる違いはもちろんのこと、リサーチ・クエスチョンや先行文献、調査トラディションによって影響される。

EXERCISE 7・3

1 最近の5年間で『ジャーナル・オブ・コンシューマー・リサーチ』もしくは『ジャーナル・オブ・マーケティング』で発表された定性調査の論文を5つ選びなさい。
2 著者のデータ分析で、バリエーションを見つけているかどうかを確認しなさい。
3 もし著者がバリエーションを見つけようとしているならば、バリエーションを見出す基準を明らかにして、データをグルーピングする際の理論的根拠が何か考えてみよう。
4 著者がバリエーションを見出していなかった場合、収集したデータ、リサーチ・クエスチョン、引用した先行文献、基盤となる調査トラディションに基づいて見出せるバリエーションの根拠があるかどうか考えてみよう。

バリエーションを見出すというトピックから離れる前に、同僚のエリック・アーノルドとメラニー・ワーレンドルフからの提案を述べておきたい。エスノグラフィーに関する記述の中で、インタビュー調査のデータから分かったコードと既存の蓄積されていたデータの調査から得られたコードを比較することを彼らは勧めている（Arnould and Wallendorf 1994）。もし複数の種類のデータ持っているならば、このアドバイスに従うことを私たちも勧める。人々の言うこととやること、もしくは彼らの記憶と記録されているデータが見せることとの食い違いは、解釈や理論構築する際の重要なヒントになるだろう。

(2) コード間の関係を見つける：現象の要素、プロセス、結果

下位のコードを上位のコードにまとめるプロセスには、コード間の関係を探すことが含まれている。しかし上位のコードがどのように他の上位のコード意味のあるかたちで結びついているのかを考えることで、さらに前進することができる。コード間の関係を見出す方法について、非常に体系的な説明をStrauss and Corbin（1998）がしている。彼らはオープン・コーディング（第8章で説明するもの）とアクシャル・コーディング（axial coding）を区別した。彼らが言うアクシャル・コーディングとは、観察している主要な現象や構成概念と関係するであろう概念や構成概念を探すためにデータを調べることである。ストラウスとコービンのアドバイスはグラウンデッド・セオリーを進展させるときにのみ適切であると考える人もいるだろうが、これらはグラウンデッド・セオリーに「取り組んでいない」場合にも便利であると私たちは考えている。データセットの中の要素間に存在するパターンを解釈するときに便利な彼らのアイディアから学んでほしい。

（ただし、もしあなたがグラウンデッド・セオリーをやろうとしているのならば、グラウンデッド・セオリーの最初を提唱したアンセルム・ストラウスとバーニー・グレイザーが、グラウンデッド・セオリーにつながる観点をそれぞれ別個に開発したことを知るべきである。Jones and Noble（2007）が記しているように、グレイザーは、グラウンデッド・セオリーの方法論に基づいた研究は、「オープン」、「選択的」、「理論的」コーディングと彼が名付けたものを通じて行われる「べき」と強く主張している（例えばGlaser 2001参照）。ストラウス（例えばStrauss and Corbin 1998）は、グラウンデッド・セオリーは様々なコーディングアプローチを用いてなされても良いとし、オープン・コーディングやアクシャル・コーディングだけでなく、状況や相互作用、戦略、結果を見出す「コーディング・パラダイム」も推奨している（Strauss

1987)。グラウンデッド・セオリーが意味するところは何かを正確に理解するためには、Jones and Noble（2007）を見よ）

一般的に言って、特定したコードを他のコードを関連づける方法は3つある。第1に、同じ構成概念の異なる次元を構成している場合は、あるコードは別のコードと関連づけられる。あるいは同じ現象の異なる要素を構成している場合、と言っても良いだろう。第2に、ある1つのプロセスにおけるステップ、ステージ、フェイズ、構成部分として、あるコードは別のコードと関連づけられる。第3に、（訳注：原因と結果という）説明図式において、あるコードは別のコードと関連づけられる。つまり、次のような前提である。あるコードは、なぜ注目している現象が起こったのかとか、その帰結は何なのかということを説明するのに役立つ。その一方で、別のコードは、注目している現象によって説明されるものであり、その現象の帰結であり、あるいはその現象への反応だったりする。もしインサイトが新しいものであれば、現象の要素、プロセス、現象を説明するもの、現象がもたらす帰結としてコード群を解釈することによって、新たな理論的貢献をすることができる。実際、どのようにすべきか説明するために、理論構築を行ったいくつかの研究例を挙げてみる。

●現象の要素

現象の要素としてのコードの他のものとの関係づけた例として、ラスとガリズとソーレンの消費者欲望についての論文を再び使おう。欲望の経験を特徴づける一連の要素を著者たちが特定したことを思い出して欲しい（こうした次元は、文化が異なる人々から見つけた、ということも明記しよう）。特に、異なる文化に属するインフォーマントによって多様であると彼らが気づいた欲望の要素は次のようなものである。具現化された情熱として経験された欲望の程度、個性的であることを伴う欲望の程度、社会的であることを伴う欲望の程度、危険や不道徳に関わる欲望の程度、距離やアクセスのしにくさに関わる欲望の程度である。こうした欲望経験の次元を明らかにすることは、本質的に、現象もしくは構成概念を明らかにすることである。こうすることで、この現象の複雑さや人間の経験における欲望の様々な現れ方を理解できる。

アイリーンと彼女の共著者シール・オトネズは、この種の理論構築を、構成概念の「マッピング」と言っている。これは理論的貢献のひとつであり、とりわけ構成概念が「分析的一般化」（analytical generalisability）ができる場合、特に価値があるものである。分析的一般化とは、多数の多様な経験的観察を説明できることである（Fischer and Otnes 2006）。欲望は、まさに時や文化を超えた広がりのある現象である。欲望のような構成概念をマッピングすることで、全く異なる研究群を理解することができるし、なぜある次元があるコンテクストの中で顕著なのかという新たなリサーチ・クエスチョンを立てることができる。

●プロセス

定性調査者ができたもっとも重要な貢献のうちの１つは、プロセス理論（process theory）を作り出したことである。バリエーション理論（variance theories）は、先行する出来事と結果の関係性の観点から現象の説明をしたのに対して、プロセス理論は結果を導く出来事の連続性の観点から説明している。時間に基づく順序関係がプロセス理論の中心であるため、出来事のパターンを理解することが求められる。アン・ラングリー（Langley 1999）は、プロセスに関するデータから理論構築するための様々な戦略について述べている。特に注意すべきなのは、彼女が「時間の分類」戦略（'temporal bracketing' strategy）と定義したものである（pp.703-704）。

プロセス理論の構築へのこのアプローチには、「フェイズ」を発見することがある。それは、予想可能な連続したプロセスという意味ではなく、出来事の分類を構築する方法としてのフェイズである。フェイズ内に集まる出来事は内部で一貫しているが、違うフェイズの一部としてまとめられた出来事とは分類として異なる。多くの時間のプロセスはこのように分析され、そうすることで、異なるフェイズでダイナミクスを生み出す条件と、比較対照できるのである。ラングリーは、「もしフィードバックのメカニズムや相互形成、多方向の因果関係が理論構築に組み入れられる可能性があるのなら」、時間の分類戦略は特に有用であると述べている。そして、市場調査や消費者調査の領域で公表されたプロセス理論のほとんどの例において、私たちは、フィードバックメカニズムや相互形成、多方向の因果関係を見出すことを期待している。

ラスと彼の同僚ガリズ、ソーレンによる論文では、時間の分類を取り上げたプロセス理論の構築例が示されている。彼らの研究では、欲望が生じて進化するプロセスについての一般的な説明を展開している。欲望は、感情として経験されるものであると彼らは認めているものの、特に欲望が実現した時がそうであるように、感情が変わるプロセスもあると仮定している。彼らのデータ分析によれば、「欲望の循環」(Belk et al. 2003, p.344を参照のこと)の最初の段階は、個人での自己陶酔的な想像と、欲望の積極的な育成であると主張している。欲望は、対象が手に入るか、手に入れられる望みがまったくなくなったことが明らかになるまで、生き続けると結論づけている。欲望の実現か欲望がくじかれたという認識によって、この循環の出発点、すなわち強く望まれる欲望を想像する地点に戻るのである。この欲望のプロセス理論を導く分析や解釈について考えてみれば分かるのは、プロセスにおいて似ている要素があると最終的と解釈されたデータの中から循環するパターンを見つけたこと、彼らの思考が発展する中で循環するプロセス理論が生まれたことである。

すべてのデータがプロセス理論の構築に役に立ったわけではないことは明記すべきである。特に最近経験したことや(欲望の循環のように)頻繁に何度も経験している場合、時に、インフォーマントは、記憶からプロセスを再構築することができる。理想としては、特に、長期間にわたって起こり、多くの行為者を巻き込むプロセスについて理論構築するならば、長期のデータを取得することが望ましい。

同僚のマーカス・ギースラーは、音楽をダウンロードする人やそのマーケターたちを7年間参与観察することでそのような長期的なデータを得た。ダウンロードが爆発的に人気を集めてから、商業的なサービスに取って代わるまでの時期に彼は研究を進めた。マーカスは構造上不安定な状態が繰り返されて、文化的でクリエイティブな分野における市場がどのように成長したのかを分析するためにこのデータを利用することができた（Giesler 2008）。マーカスは長い時間をかけて共通のパターンを見つけた。すなわち、消費者が周期的に好みの音楽の消費方法を正当化しようとし、それに刺激されて企業は周期的にダウンロードの正当化を阻止しようとするというパターンである。長期的データのプロセスを分析することで、マーカスは、消費者の集団的行為が市場を不安定にしようとするときに、その市場はどのように成長するのかについての理論を生む絶好の機会を得た。

●現象やそれが引き起こした結果を生む条件の把握

現象やそれが引き起こした結果を生む条件についての考え方は、定性調査における新実証主義トラディションのみに関連があるとみなす人もいる。しかし、その他の調査トラディションに取り組む多くの研究者が、対象の現象を生む条件（しばしば文化的、あるいは社会的）、あるいはその現象が引き起こす結果や反応（しばしば人々が採用する戦略、あるいは備わっている反応）のどちらかに言及する理論を最終的に生み出している。定性データの解釈から理論を生み出そうとしているとき、条件や結果を追い求めることを避ける必要はない。実際、市場調査や消費者調査のコミュニティの仲間が生み出した素晴らしい理論の多くは、なぜそのように物事が起こるのか、なぜ時にはそのようになって、時には異なってしまうのかを説明するものである。これらのような理論は、現象が起きるのか起きないのかについての条件、あるいは現象が起こるときに起こりそうな結果を理解するのに役立つという点で本質的にはバリエーション理論である。

定性データの分析を通して、ロブがクリスティン・デ・バルクやアンドレア・ウォジニッキ、サラ・ウィルナーとともに行ったネット上のクチコミマーケティングの研究を説明することで、「なぜ」という疑問に答える調査プロジェクトの一例を紹介する。ロブたちは、ある製品が「種をまかれた」とき、つまり新製品のポジティブなクチコミを生もうと画策しているマーケターに与えられたとき、ネット上のコミュニティの有名なブロガーがその製品についてどのように語るのかについて研究した（Kozinets et al. 2010）。彼らが答えようとした疑問の1つに、「なぜ」ブロガーは様々なコミュニケーションの戦略をとるのかがある。つまり、彼らは採用したコミュニケーションの戦略のなかで観察されたブロガーのバラエティを説明する条件を探していた。集めたデータを解釈する際、ロブたちは、ブロガーが作る（厳密にいえば、コミュニティメンバーとともに作る）物語を4つに分類した。評価、説明、包摂、保証というように戦略をラベリングした。そして、特定のブロガーが生み出した物語のタイプを形成した4つの「影響」を発見した。(1)ブロガー自身の「個性的な物語」あるいは個人的な話を続けること、(2)ブロガーが深く関係するブログフォーラムのタイプ（例えば、生活上の危機、関係、技術的問題、あるいは子育ての問題）、(3)メッセージの表現や伝達、受け取りを規制するブロガーのフォーラム内でのコミュニケーションのルール、(4)マーケターの販売促進により宣伝された特性、例えば製品の種類、ブランドエクイティ、販売促進の目的である。

定性調査者は、そのような説明的な理論を、コーディングされたデータカテゴリー間の関係性を調べることで発展させている。しかし人間の行動は限りある一連の要因によっていつも完全に予測されて形作られると主張しているのではない、と定性調査者は明確に述べている。このことは強調すべきである。ロブは次のように述べている。「結果（ブログへの投稿）は複雑で、不確定のものである」（Kozinets et al. 2010, p.83）。しかし、定性データ分析を通して特定された個人的、社会的、文化的、そしてコミュニティ的な要因によって結果は決して完全には確定されないにもかかわらず、もし私たちが選べば、自分たちが特定した関係性から不必要な要素を取り除いて命題を提示することができる。ロブ、クリスティン、アンドレアそしてサラは、自分たちの論文の中で次のような命題を示している。

WOMM（クチコミによるマーケティング）メッセージに対するポジティブなコミュニティの態度は、次のような形で機能するだろう。(1)発言者の性格についての物語やフォーラムやメディアの目標や内容や歴史と一致する。(2)商売とコミュニティの間にある緊張を理解して上手く解消する。あるいは、個人主義的な志向がふさわしいという強い理由づけを提供する。(3)コミュニティの規範に合わせて、その目的と関連づける（Kozinets et al. 2010, p.86）。

明記すべき非常に重要なことは、研究に命題を含めることで、その理論的貢献を表現できる、ということである。理論的な主張をすることを避けている者もいる。なぜならば、こうすることで、定性調査を通して得られた知識は、定量的な検証にさらされるべきだというシグナルだと解釈されうるからである。しかしこれは、明らかに間違いである。

多くの論文では、理論的な議論は、研究を通じてつくられた論理的なつながりを示す一連の文章となって表現される。図形や図表も、理論的な主張の論理的な流れを伝えるために用いられる場合がある。しかし、命題という形で示すことに私たちは注意を向けてきた。というのも、定性調査での解釈や理論構築に関する文章を読んだ人が、命題を示すのは不適切だと結論付けるかもしれないからである。私たちの見解では、これは不適切でも義務でもない。このようなことを言うのは、ロブたちが明確にした命題の中で示されたような論理を考えることは、解釈的なインサイトを深めて、自分の考えを理論的に明確にする上で実に役立つからだ。しかし心に留めておくべきなのは、不用意に述べた理論的な主張は過剰な還元主義者であるかのように見える上、査読者が論文をリジェクト（訳注：論文の掲載を拒否すること）することになってしまう、ということだ。

EXERCISE 7・4

1 バリエーションの証拠を見つけるために使用していた『ジャーナル・オブ・コンシューマー・リサーチ』や『ジャーナル・オブ・マーケティング』から見つけた同じ5つの論文に再びとりかかろう。今回は、図表も含めて発見事実の節や、研究のインプリケーションを要約し特定しているディスカッションの節を、よく注意してみよう。

2 それらの研究の中で、理解しようとしている中心的な構成概念や現象を特定してみよう。

3 その要素を特定することによって現象を「マッピング」できたかどうか、現象の出現や変化を通じたプロセスを特定したかどうか、そして、現象の発生や現象の共通した帰結を説明するのに役立つ条件を特定したかどうか、確認してみよう。

4 それらの論文が発展させた理論の本質をとらえる文章を1～2文で書いてみよう。

このエクササイズは、他人がどのようにしてコーディングされたカテゴリー間の関連性を見分け、理論構築したのかということを理解する上で役立つ。また、自分ならどうするかというインサイトも与える。このエクササイズを一度経験すれば、自分が観察していることをより完全に理解する上で、次の節の内容が役に立つことが分かるだろう。なぜならば、現代の多くの研究者は、データからまったく新しい理論を構築するだけではないからである。それだけでなく、彼らは、先行する理論を修正して使ったり、既存の理論に基づいたりするのである。これについてはもっと説明が必要だろう。

3 既存の理論パースペクティブを利用する

（例外もあるが）定性分析の研究者は、既存の理論を使うことで、自分に固有のユニークな概念的インサイトを発展させるようになっている。このように言うと、いささか混乱を招くかもしれない。というのも、定性調査に関して先行するテキストでは、新しい理論を構築する際に既存の理論を活用することについて触れていないからだ。実際、定性調査において、既存の理論が果たす役割はないと主張する者もいる（例えば、Anfara and Mertz 2006）。しかしマーケティングと消費者行動研究の分野（戦略や経営の分野も）における現代のトレンドは、新しい理論を築くために先行研究を取り入れるというものである。Alvesson and Karreman（2011）は、理論を構築するプロセスで既存理論を使うことを最も強く主張している人たちである。彼らは、「研究構築プロセスにおける理論と経験的マテリアルの融合を認識することを通じて理論を発展させること」をはっきりと主張している（p.3）。彼らは、研究者はデータのみに基づいて理論を立てるという考え方に疑問を呈し、既存理論を拡張するか、それに挑むために既存データを使うべきと主張している。1つか複数の既存の理論パースペクティブを用いて新たな理論を立てることが実行可能で大事だと思う研究者が増えていることを前提にして、このことがどのような意味を持っているのか、どのようにできるのかについて、いくつかのインサイトを提供したい。

「既存の理論パースペクティブ」という言葉を使う時に、それが単に「先行文献」だとは言っていない

（それは、自分が注目している現象に関する経験的発事実の寄せ集めかもしれない）。むしろ、一連の概念または、様々な現象を説明するために過去の研究者が十分に発展させた理論のことを指す。多くの場合、既存の理論パースペクティブは、注目している現象を見るためのレンズを提供し、リサーチ・クエスチョンに答えを出す上で役立つ概念群を提供する。このことを説明するために、多様な研究者に用いられ多様な問題を扱ってきた既存の理論パースペクティブについて2つだけ話してみよう。

第1の既存の理論パースペクティブは、記号論的四角形（semiotic square）である。アルジルダス・グレマスという構造主義の記号研究者は、思考または言語における体系の中で一対の概念を分析する記号論的四角形を導入した。特に、グレマスは、概念は互いに両立するだけではなく、様々な形で関連すると提案している（記号論的四角形に対するより十分な説明は、Greimas 1987, pp. xiv, 49を参照）。記号論的四角形は、多くの消費研究者に用いられ、関連のある現象の理論的説明を構築する上で役に立っている。例えば、ロブは記号論的四角形を用い、文化および社会状況はどのようにイデオロギーを形成し、そのイデオロギーはどのようにして、技術についての消費者の思考や物語や行動に影響を与えるのかについて問題を扱うようになった。彼の研究で記号論的四角形を使うことによって、表面上で共通点のないイデオロギーの要素間に関連性を発見した。また、消費者が技術についてどのように考えて利用するのかを理解するために、その矛盾するイデオロギー要素はどのように相互に作用するのかを明らかにした。

記号論的四角形を、やや異なる目的のために用いてきた人もいる。例えばポール・ヘンリー（Henry 2010）は、消費者が市場での消費者主権を主張することを促進したり、抑止するような文化的言説を調査するためにこれを用いた。ダグ・ホルトとクレイグ・トンプソン（Holt and Thompson 2004）は、現代の北米人男性の間で、男らしさについての神話がどのように彼らの消費者行動のパターンを形作るのかを分析するためにこれを用いた。また、私たちの同僚マーカス・ギースラーは、音楽をダウンロードする消費者についての研究の中で、マーケターと消費者の間の歴史的な緊迫状態はどのように起こり、解決したのかを解明するために記号論的四角形を用いた（Geisler 2008）。ここで主張すべき重要なポイントは、既存の理論的観点である記号論的四角形が、多様な重要な現象に関連した理論を築くための有効な手段を提供した、ということである。

多くの消費研究者にとって有効とされるもう1つの既存の理論的観点はピエール・ブルデューの研究から生まれた。ブルデューの学問の体系は非常に広く、様々な「考えるためのツール」を提供した。これは、社会全体やその社会の具体的な慣習やその場を解釈するためのアプローチを形作る概念的な用語である（ブルデューの研究の一部はGrenfell 2004を参照）。ここでは、彼の概念の1つ「ハビトゥス」に焦点を当てる。これは、幼少期に経験した社会化とそれに続く教育を通じて当然視されるようになった嗜好、スキル、スタイル、習慣のことを指す。ハビトゥスの概念は、消費や市場に関する理論を展開する研究者にとって特に有効なブルデューによる概念的ツールの1つである。

ダグラス・アレン（Allen 2002）は、ブルデューのハビトゥスの概念に基づいて、消費者が、進学先の大学など人生の大きな選択において、どのように最適な選択肢を選んでいるのかという理論を展開した。選択肢を慎重に公平に吟味した上での決定を説明する上で最適な合理的選択・構成的選択理論の枠組みではうまく説明できない選択について解明することが彼の目的であった。また、ダグラスはブルデューのハビトゥスの概念からヒントを得て独自の選択理論の代替案を展開し、それを「Fits-Like-a-Glove」またはＦＬＡＧフレームワークと名付けた。これは、社会歴史的に形作られた実践的経験、すなわち意思決定者の当たり前のハビトゥスに深く影響されたものとしての選択についての理論を構築している。彼が調査していたコンテクストは学生の高校卒業後教育の選択であったが、このＦＬＡＧフレームワークは多くのコンテクストに適用できると彼は主張している。

ブルデューのハビトゥスの概念を異なる使い方をした人もいる。特に取り上げるべき新しい論文は、チューバー・アスチュナとダグラス・ホルト（Üstüner and Holt 2010）によるものである。彼らは、工業化の進んでいない国々の中産階級においてどのようにステータス消費が起きるのかについて研究していた。アスチュナとホルトは、自分たちのデータを分析するためだけにハビトゥスの概念を用いたのではなく、西洋以外でもブルデューの概念がよりふさわしく用いられるように見直すことを自分たちのデータが可能にしたことを示すことで理論的な提言をした。これらの論文は、新しい理論の発展は、既存の理論を用いて新しいリサーチ・クエスチョンに答えるか、新しい異なる状況でこの理論を用いることに挑戦するかのいずれかによって可能となることを示している。

私たちの分野では、それぞれの研究者によって使われてきた先行する理論が非常にたくさんある。そして多くの場合、研究者たちは自分の分析や解釈を説明するために、2つかそれ以上の先行する理論を用いる。例えば、アシュリー・ハンフリーズ（Humphreys 2010）はずっと以前から制度理論（institutional theory）と新しい社会運動理論（social movement theory）の両方の概念を、カジノ産業を生んだ市場創造のプロセスを理解するために使った。私たちが伝えたい大切なポイントは、広く使われている基本的な理論と、新理論構築に知識を与えるのに有用な方法の両方に気がつくべきだという点である。この章を終えるにあたって、次に示す最後のエクササイズに取り組んでもらいたい。

EXERCISE 7・5

1　前の2つのエクササイズで用いた『ジャーナル・オブ・コンシューマー・リサーチ』または『ジャーナル・オブ・マーケティング』から選んだ5つの論文を見直してみよう（新しいものを選んでも構わない）。

2　それらの論文が新しい理論的貢献をするにあたって用いた先行理論を明らかにしよう。
3　それらの論文が、先行理論を直接的に適用しているか、それとも先行理論を吟味して修正したり異議を唱えたりしているかどうか、考えてみよう。また、著者が用いた理論が、消費と市場に関する研究に基づくものか、それ以外の関連領域に基づくものか考えてみよう。

私たちは、データ分析、解釈、そして理論構築に関するこの章を終えるにあたって、滅多に語られることがないが認められるべき必要のあることを指摘する。今までにない新しい理論と考えられるもの、新しい理論を構築するのに正当なやり方だと考えられるものは、社会的に構築されたものである。この章で私たちは、消費と市場に関する研究における最先端についてのインサイトを読者に与えるために最善を尽くしてきた。しかし、もし私たちがオペレーション・マネジメントの分野の研究者のためにこの章を書くのならば、違うことを重要だと強調しているだろう。理論構築の方法や、本来の理論的貢献と考えられるものに、時代や学問分野を超えて通じる基準はないのである。それらは実際の現場の中で社会的に構成され、したがって時とともに進化するものなのである。ファッショントレンドを学術の領域にあてはめて考えてみると分かりやすいだろう。文化が違えば異なる服を着るように、学会のメンバーも異なるやり方で理論を立てるのである。そして文化が常に変化するように、学術的分野もまた変わるのである。したがって、もし本書のアドバイスが他の分野の本で読んだものと異なると感じたとしても、それは理由があってのことなのだ！　本書が提供するアドバイスは、消費や市場に関するジャーナルに投稿するときには役に立つだろう。しかし、もし市場や消費者、マネジメントの分野以外のジャーナルへの投稿を狙っているならば、あまり適切なアドバイスとはならないだろう。

第8章

実務家のための分析・理論・プレゼンテーション

1 実務での意思決定のための定性調査

どのような方法論のものであれ、定性調査は、実務家が様々な製品やサービスのブランド差別化に採用できるような消費者やマーケティングについてのインサイトを深めるのに役立つ。フォーカスグループやサーベイなど現在のテクニックはまだ有用であるが、世界は変わりつつある。携帯電話やソーシャルメディアなどの技術により文化とコミュニケーションは変わる。異文化は溶け合い、急速に変わっていく。また、ビジネス文化はすべての産業と生き方の変化のペースを上げていく。変化のペースに遅れないように、新しい方法を増やすことが必要である。

私たちは競争の激しいグローバル市場に生きている。市場戦略の小さな違いすら市場シェアの獲得に重大な意味を持つ。このように、マーケティングの実務家は深層インタビュー、エスノグラフィー、観察法、ビデオグラフィーやネトノグラフィーなど、少なくともビジネスにおいて、より新しくリッチな方法に目を向けている（Sunderland and Denny 2007, p.25）。消費者の欲望を満たすというマーケティング志向を実現する実務家の能力は、証拠に基づいて顧客に関する実践的なインサイトをタイムリーに得て対応することにある。この章では、持続可能な競争優位を構築するために、定性的な市場調査と消費者調査の技法を用いて、ブランドや製品を改良したりリポジショニングしたりする数々の例が取り上げる。

アカデミックな研究者の間では、実務向け人類学など実用本位の調査には問題があるとされることが多い。実務のための方法は、純粋な科学的英知を邪悪な企業のために「体を売って金を得る」売春であると、学者たちはなぞらえている。Sunderland and Denny（2007, pp.31-33）は、人類学をよく学んだ学生をファーストフード会社のためのエスノグラフィー調査の助手として働くように誘った。後に、彼らはある学生から別の学生へ送られた「何日か悪魔に魂を売るよ」という件名のメールを発見した。同じプロジェクトでは、人類学の修士は、クライアントがファーストフード会社という理由で仕事を断った。クライアントの目的が人々にもっと健康的な食品を提供することだったにもかかわらずである。Hill and Baba (1997, p.16) によれば、西欧諸国ではビジネスはこう見られている。「実践は、ただの実用本位な目的に資する地位の低い『汚い』活動であり、理論構築に無関係で役に立たない」。道徳的な選択については、調査者の個人的な判断や研究課題により決めるべきだが、産業に関係する調査は理論構築と全く無関係であるという考え方に私たちは反対する。

それどころか、私たちは経営理論での「理論」について実践的に考えることができる。この章で紹介するフレームワークのために私たちが考えるのは、実務的理論と学術的理論はどちらも、いわゆる「実践的」な問題に関心があるが、双方が言う実践の性格は違う、ということである。第7章で述べたように、学術的調査における「実践的」問題は、理論構築を学術的に行うことについてである。理論とは、異なる構成概念間に見られる関係性である。前章で述べたように、記述とは異なり、理論は、より抽象的でより一般的でより完全な説明であり、現象のカテゴリーについての説明である。アイディアとステートメントの体系（訳注：である理論）こそが、関心のある現象のいくつかの面を理解することに役立っているのである。しかし、理論には、実用本位的な意味で実践的な面もある。心理学の理論家であるクルト・レヴィンには、「優れた理論ほど実践的なものはない」という有名な格言がある。つまり私たちは、漠然と「理論」と呼んでいる現実についてのフォーマルかつインフォーマルな地図によって、自分たちの行動を導いているのである。この世界の地図が良くなるに連れて、現実世界においても効果的で効率的な行動に導くことができる。この「実践」の目的は多様である。恵まれない人々の問題を明るみにしたり、公共政策を進めることももちろん含まれる。これ以外にも、多国籍企業が、利益を確保できる形で健康的なメニューのオプションを作るといったことにも役立てられる。

実務の世界においては、私たちが作ろうとしているマーケティング「理論」は、マーケティングアクションを導いたり、消費者の世界の意思決定に関連する要素の正確なモデルを展開したりするものである。本書の多くの部分では、理論に貢献すること、既存研究が明らかにしていない問題を示して検討すること、構成概念間に存在する関係を特定することについて扱ってきた。これらとの対比のために、マーケターが消費者について、当然たずねるであろう疑問の例について考えてみよう。

- 誰が消費者なのか？
- 消費者のニーズと欲望はどのようなものか？
- 彼らは他の消費者と何が違うのか？
- 消費者の習慣はどのように変化しているのか？
- 消費者はどのくらいいるのか？
- 消費者はそれらをどのくらい欲しいと思っているのか？
- 何が彼らにとって問題なのか？
- 自社ブランドに対してどのように考えているのか？
- 彼らのまだ叶えられていないニーズや欲望は何か？
- どのように彼らに接触すれば良いか？
- どのように彼らを納得させるか？
- 彼らはどこに集まるのか？

これらの疑問に答えることで、消費者が考えていること、意味すること、価値観、意図、モチベーション、行動の様々な面を明らかにする。そして時にはマーケターの興味や研究者の興味は重なり合うこともある。例えば、Kozinets et al.（2002）は、テーマ化（訳注：「テーマパーク」の「テーマ」と同じ意味）されたブランドストアの旗艦店ESPN Zone（訳注：アメリカのケーブルTVチャンネルが運営するスポーツバー）に対する欲望に隠された要因についての理解を試みた。この論文は、導入では理論的で学術的であるが、複合的なテーマを持つ小売空間に備わる神話的な意味によって、どのように消費者のロイヤリティを得て、ブランド価値を生むことができるのかということを理解するフレームワークを構築しようとしている。また、スペクタクルや神話的なテーマに関する理論についても述べられており、小売店の実務家やマーケターに対して新しいアイディアを提供しようと試みている。

定性調査は、個々の習慣を理解するというより、文化的な変化や意味を見つけるために行われる場合もある。McCracken（2009）は、リーバイスのジーンズがヒップホップの流行を見逃した否定的な例を挙げている。一方、Holt（2004）は、ジェネレーションX（訳注：アメリカにおいて1961年から1981年に生まれた世代）が働くことについて新しい価値観を持つようになったことに対応して、レッドネック（訳注：貧困白人層）神話から離れてスラッカー（訳注：スラッカーとは仕事をいいかげんにする人の意）神話を活用することに成功した肯定的な例を挙げている。ZMETテクニック（第3章参照）を用いて、例えばZaltman and Zaltman（2008）は、アメリカの病院の中心的な意味が、単に病気を癒すだけではなく変容（transforamtion）に変わったことを発見した。この見方に基づいて、ピッツバーグの小児科病院は、病院の意味を以前より前向きかつ適切で、子供とその家族に楽観と希望を与えられるものに変えることができた。

私たちが必ず強調したいのは、定性データの解釈と分析における学術的、実務的なアプローチの違いが、成果発表についての志向ではなく、行動とプレゼンテーションにある、ということだ。この種の調査が目指すことは、ダブル・ブラインドでの査読（訳注：投稿者も査読者もお互い誰か分からない匿名の査読のこと）をパスして、科学的なジャーナルや本や章を出版することではない。オリジナルであるかどうか、あるいは学界で行われてきた理論的な対話を促進できるかどうか、という学術研究では必須とされる基準で判断されるのではない（第2章と第7章を参照）。

実際、実務家がこの種の市場調査を必要とするのは、人、金、モノの供給の配分を決めるための重要な投資意思決定をするためである。したがってマーケティング意思決定に関連する要素を扱い情報を提供することに集中して分析すべきである。例えば、売れない朝食用シリアルのラインが多くある企業で市場調査をするのは、どのブランドのシリアルをこれ以上生産する必要がないか判断するためだ。このケースでは、シリアルのブランドを、廃番、再投入、再ブランディングをするかどうか消費者調査で決める。この調査では、もしマーケティング資源をブランドの再ポジショニングに集中した場合、消費者の興味を呼び返すための潜在的可能性がどのくらいあるのかを評価するものである。

EXERCISE 8・1：実務志向の定性市場調査について考える

この簡単なエクササイズは、経営実務に役立つ市場調査はどのようなものか考えるためのものである。まずキッチンに行ってみよう。そして、食器棚を開けて、食べ物1パックを取ってみよう。その製品をさらに売るためにどのような質問をするだろうか？　本書で紹介した消費者調査・市場調査のどの技法を使うのか？　調査した結果をどのように実務に活用できるのか？　それが成功したかどうかをどのように判断するのか？

定性的な消費者調査と市場調査、とりわけエスノグラフィー、ネトノグラフィー、その他オンラインとオフラインの観察調査は、まだ誰も取り組んでいない新製品開発の機会を発見するのに非常に役に立つことが明らかになっている。消費者が既存の製品とサービスを使う、使わない、あるいは乱用することを、「見る」ことで（この「見る」は、第4章で説明した観察法など様々な方法論的技法が使われる）、消費者の本当の行動について学ぶことができる。例えば、モトローラがウェブ接続された自動車の音声識別システムを開発した際に、正しく機能しているので市場に出せるだろうとエンジニアは考えた。しかし、音声による指示を実際にこのデバイスで行ったフィールドテストで、そうではないことが明らかになった。音声識別システムが消費者の指示を理解できないため、消費者はフラストレーションがたまって怒りだし、このデバイスに大声でののしった。エンジニアが消費者に見出したのは、理論的に使える製品が実際の環境で使った場合に明らかになった現実的な問題である。製品を使っている時に消費者を観察して質問することで、分析と製品開発のための価値のある材料を加えることができた。消費者インサイトは、(a)新たなコンセプトとしてテストされ（このテストは普通オンラインで行われている）、(b)作業用のプロトタイプが作られ、(c)適切な人をサンプルとしてテストされ、(d)ビジネスモデル分析と様々な費用便益計算・予測が行われ、(e)最終的にはこうした消費者インサイトの中には成功する新製品・サービスになるものが出てくる。

新製品開発のような特定のニーズに関連して、多様な調査分析のアウトプットをつくることについて考えられる。こうした分析は、多様なマーケティングの実践的な問題を解決することに役立つ。データを分析して「理論」を形成して洗練させる5つの一般的なカテゴリーがあると考えられる。この理論は、マーケティング戦略家の意思決定に役立つインプットを提供してくれる。5つのカテゴリーとは、機会の広がりについてのマッピング、消費に見られる関係性を見抜くこと、消費者集団のセグメンテーション・再セグメンテーション、ターゲットとする市場セグメントについての記述、意思決定の様子の記録である。

●機会の広がりについてマッピングする

この分析においては、分厚い記述（thick description）が、消費と市場での経験について詳しく描写するために用いられる。このタイプの（多くは観察）調査が使われることが多いのは、新製品イノベーションやライン拡張が導入できそうな空白市場を特定する場合である。この調査で明らかにされるのは、消費者のその場しのぎのソリューション、製品の組み合わせ、言葉ではっきり説明できない願望、その他、顕在化していない慣習と願望である。このデータをプレゼンテーションする方法は様々である。例えば、消費者がその場しのぎに使った製品の写真を見せたり、消費者が声にしたフラストレーションや満たされない欲望を鮮明に描いたりすることが考えられる。

●消費に見られる様々な関係性を見抜く

このタイプの調査においては、ある習慣・コンテクスト・行動と、特定の消費意思決定や習慣の間に潜む関係性を特定する。コンテクスト（個人、世帯、社会、環境）が、どのようにして消費に影響やインパクトを与えるのかを理解することは、（口に出しているかどうかを問わず）消費者が抱く期待をマーケターがより理解し反応する上で役立つ。この場合、現実の生活に見られるコンテクストに関する写真や記述が、実務家に消費の現状を伝える力強いレトリックを提供する道具となる。

●消費者集団をセグメンテーション・再セグメンテーションする

デモグラフィック、サイコグラフィックス、使用に基づくセグメントは、表面上はマーケティングの実務家にとって同じように見える。定性調査のデータ収集と分析では、ブランド・ロイヤリティストなのかブランド・スイッチャーなのかといったグループ間のより微細な違いが明らかにされうる。コンテクストを豊かに反映した次元に基づいて様々な集団を比較することで、消費者の願望を満たしたり、新しい消費者セグメントに到達するために、どの特徴が関わっているか理解できる。

●ターゲットとする市場セグメントを記述する

定性調査は、社会的行動、感情的行動、身振りといった様々なカテゴリーを明らかにしてしまうことがある。こうした新たな知識や分類は、新規・既存の消費者や顧客集団を記述して理解する上で役に立つ。生活の内面、日々の習慣、そして消費者がいる世間や文化についてより深く理解することで、効果的なブランド・マネジメント、製品開発、そして広告・プロモーション制作に関する意思決定を導く価値あるインサイトを生み出すことができる。実務でのプレゼンテーションでは、ペルソナと呼ばれる擬人化で、セグメントとターゲットが表現されるだろう。後の節でこの技法について議論する。

●意思決定の様子を記録する

市場と消費に関する意思決定にアプローチする方法について深い理解があれば、マーケティングの実務家は、新規・既存顧客に対してよりインパクトのあるアプローチをとることができるようになる。例えば、消費者と一緒に車でドライブすることは、様々な消費者がどのようにしてガソリンスタンドを選ぶのかを明らかにするのに役立つ。いつも同じガソリンスタンドを選択する人もいれば、プロモーションに左右される人もいるだろう。あるいは洗車設備の整っているガソリンスタンドを利用する人もいれば、GPS上で一番近いガソリンスタンドを選ぶ人もいるだろう。こうした選択が誰によって、そしてどのような状況で決定されるのかを理解することで、マーケターはより良い製品やサービスを市場に送り出すことができるだろう。ビデオもまた、こうした同伴ショッピング（訳注：次のコラムを参照）の様子を鮮やかに描き出すだろう。

消費者やその反応、相互作用を観察している定性調査者は、実務的な困難と向き合っている。彼らは、様々なアプローチのための道具を携えて、複雑な文化的、社会的環境に入り込んでいく。調査者は、それぞれ異なる技法に特化しているだろう。すべての技法をマスターしている調査者はほとんどいない。このため、課題に対応するためには、柔軟性やニュアンスの違いが分かる能力が不可欠である。すなわちそのプロジェクトに役に立ちそうで、自分が持っていないスキルを持った調査者と協力するといったことが求められる。

消費とマーケティングは極めてダイナミックかつ絶え間なく変化するものである。そのため、消費者調査者には、「素早い」対応が求められるだろう。加えて、調査すべき消費者を突き止めることは容易ではないかもしれない。したがって、実務に関わる理論での分析と解釈の手続きとして私たちが勧めるのは、かなりの一般性と柔軟性があり、常に調整が利く反復的なアプローチである。実務、学術を問わず、定性的な消費者調査・市場調査には、線形的で「型にはまった」アプローチはない。どんなプロジェクトでも同じものはない。熟練した情報収集と判断は、信頼性と厳密性を兼ね備えた結果を得るために不可欠である。そして、クライアントの好みと予算は、調査の種類や量に必然的に影響する。

はるか昔に使われたモノからインターネット上の様々なソーシャルサイトの技術的展開まで、様々なコンテクストの消費者から集めたデータについて、たくさんの例や選択肢やエクササイズが、本書で紹介されている。消費者が生み出したデータを市場調査者がリサーチ・クエスチョンを解き明かすために使ったら、何が起こるのだろうか？　この章では、調査者が使うことができる様々な選択肢や手順、プロセスについて検討する。これらを使って、集められた定性データから、知識や理解、実務的意思決定へのアドバイスを生み出すことができる。それは、学術的・理論的研究と大きく違うものになるだろう。

買い物行動の分析における実務的アプローチを見る

買い物は消費者調査や市場調査において最も複雑で念入りに考えられている行動の1つである。なぜならばビジネスやロイヤリティを求めるマーケターや小売業者にとって，買い物は消費者による最も重要な行動の1つだからである。観察法は，買い物客が直面するであろう困難や問題を小売業者が理解する助けになる。こうした調査によって，消費者の買い物経験を改善することができる。この短い項で私たちは，消費者の買い物を調査するための定性調査を用いてデータを収集，分析，理論化することで実務的な問題を解決することを狙ったアプローチを描写することで，実務的な焦点が何か見てみる。

パコ・アンダーヒルが立ち上げたマーケティング調査会社エンバイロセルは，スターバックス，ウォルマート，サックス・フィフス・アベニュー（訳注：アメリカの全国チェーンの百貨店），ギャップなどの小売業のクライアントにインサイトを生み出す定性的な観察法に特化した会社である。アンダーヒルの調査は「ショッピングの科学」と彼が呼ぶものを慎重に追うことで成り立っている（Underhill 1999）。調査者は店の入り口から目立たないように買い物客のあとをつけ，客が行うあらゆることを記録しながら店内を歩く。「追跡者」と呼ばれる彼らは，個々の買い物客が店内での買い物を終了するまでそこに留まる（Underhill 1999, p.13）。買い物客の行動の様々な定量的尺度に加えて，追跡者は観察やインサイトをフィールドノーツに記録する。これらのフィールドノーツは小売店の経営判断を生み出すようなインサイトをもたらす価値あるソースである。

「同伴ショッピング」（shop along）は消費者とマーケティングの調査に関連するよく使われるテクニックである。同伴ショッピングや買い物の付き添い（accompanied shopping）では調査者は小売店の場所で，1人か複数の消費者に付いていく。消費者に何かしらの買い物の指示を与えることもあれば，消費者がいつも通りの買い物をするように彼らを放っておくこともある。調査者の関与の程度は調査によって大きく異なる。ある調査では，調査者はできるだけ目につかないようにし，単に行動を観察して記録する。場合によってはその後で彼らの行動について短いインタビューを行って質問することもある。別の調査では，買い物の間ずっと参加者に話しかけたり，質問をしたり，話し合いをしたり，指示を出したりし，場合によっては買い物の間は参加者の連れであるかのように振る舞いさえする。

エンバイロセルによって明らかにされた「科学的」な小売店での消費の原理や実用的な理論について考えてみよう（Underhill 1999, pp.17-18）。ニューヨークのブルーミングデールズ（訳注：アメリカの全国チェーンの百貨店）で行われた研究で，エンバイロセルの調査者はメインの入り口の1つに監視カメラを置いた。そのそばにはセールの棚があったのだが，予想をはるかに下回る売上げしか出さず，カメラからもこのことは捉えることができた。ブルーミングデールズで調査者が解決しようとした興味深い疑問の1つは，なぜその服のラックはそんなにも予想を下回る売上げしか出せないのかということであった。どのような問題があるのだろうか？彼らはそれを説明するような解釈を打ち出す必要があった。調査者たちが録画した映像を見ているとき，買い物客はその棚に近づき，立ち止まってそこに陳列された服を見ていることに気付いた。彼らはどれに興味を持っていて，よりじっくりと見ようとしていた。しかし，その棚が出入り口の側の通路にあったので，彼らは店を出入りする人たちとぶつかりそうになっていた。買い物客は一度か二度ぶつかりそうになると，彼らのほとんどはじっくり見ることを諦めて立ち去った。調査の分析は服の棚の問題に対する説明を思いついた。その解決策は単に棚を人通りが少ないところに移動することであった。

その後，調査チームはさらに一歩踏み込んだ。彼らは「尻こすり効果」という言葉を作り出した。それは，一般的に，買い物客が調査で背後から接触されたりかすめられたり軽くぶつかられたりすることをよく思わず，それを避けるために買い物をやめてしまう、といった小売の消費に関する現象のことを指す。さらなる再検討の結果、この効果は、男性も当てはまるが、特に女性に顕著に現れることが分かった。尻こすり効果はこのように、買い物客の行動に関する理論となっている。この解釈の調査が次のステージであった。エンバイロセルが結論をブルーミングデールズの管理者に報告した後、売上の数字をチェックし始めた。服の棚の位置を変更すること以外は何も変えなかったが、売上は迅速かつ相当に伸びた。この定性的な観察の手法による結果は、店の経営に役立つだけではなく、社会的な活動としての購買行動に関する興味深い、そして広く一般的な概念になる可能性を秘めたことを示している。一般的に、この発見は、アメリカ人のパーソナルスペースについての重要性を強調している。また、消費者が意図しないボディーコンタクトを減らすようなディスプレイの置き方が大事であることも示している。最終的にこの例から分かることは、エンバイロセルの成果は特に売上の増加に狙いが絞られていたものの、データの収集と分析方法、そして理論の構築とテストの仕方も、どの研究者よりも科学的であったということである。

もちろん、すべての実務的調査がこのような一般的な理論の展開を意図しているわけではないが、実務家は、研究者がそうであるように、関連した現象に影響を与える背後の要因を探し当てようとすることが多い。重要な違いと言えばおそらく、調査するのに「適切」と考えられる現象の種類であるだろう。売上や利益の創出という事柄に方向づけられ、制約されるのだ。

2　実務に焦点を合わせたデータ分析・解釈の進め方

実務のために定性的な消費者調査・市場調査を行う場合には、調査の仕方を大まかに方向づける一般的な手続きと手順が考えられる。実務上の意思決定の目的の違いに応じて、定性的な消費者調査・市場調査の分析と解釈は違ってくる。この目的とは、消費者インサイト、消費者の反応、消費者の行動を明らかにして評価することである。この節では、実務上の目的のための分析を行う場合、データ分析や解釈が（訳注：学術調査と）どう違ってくるかについて簡単に議論したい。

計画の第1段階においては、調査が答えようとする特定の課題を定義することから始まる。ヨーグルトについての人々の意見という例のように、探索的に特定のトピックについて見る調査もあるかもしれない。または、40代で3歳以下の子供を持つ母親の世界について理解したいという例のように、より特定のターゲットセグメントへと深まっていくかもしれない。あるいは、サーファーやゴス（訳注：ゴシックロックから発展したファッション・ポップカルチャー）などのライフスタイルのプロファイリングかもしれない。マーケターもまた、消費者のブランドに対する意見を理解することにとても関心がある。これは、特定のブランドの印象に取り巻く意味や価値観、イメージやつながり、そして言語についてのコンテクストの探求を必要とする。

実務上のニーズを理解する

消費者や市場を調査する者は、クライアントと時間をともにし、彼らのビジネスとニーズをしっかり理解するべきである。調査対象をインタビューするのと同様に、調査者がクライアントを深くインタビューするために、ミーティングが必要となる。

次のような質問を投げかけることができる。

- 会社・リーダーシップ・従業員・製品・ブランドに見られる特徴は何なのか?
- クライアントが考える自分の顧客は誰なのか?
- 長期的な観点からみて、最初に一番達成したいことは何なのか?
- 会社の文化・ビジョン・使命は何か?
- 会社が現在、直面している主要な困難と機会は何か?
- この調査を通じて会社が達成したいことは何か?
- 会社が精通している手法は何か? どの手法がやりやすかったり、やりにくかったりするのか?
- プロジェクトの予算はいくらか?

顧客企業の構造やダイナミクスや行動に合うように市場調査がしっかり考えられている場合にのみ、調査が理解され、現実のビジネスの問題を解決できるだろうと確信できる。

本書で何度も述べてきたように、いつデータ収集が終わり、データ分析と解釈が始まるのか決めるのは、実際かなり困難である。段階をはっきり分けることはできないのだ。最初のデータが収集されるずっと前から、定性的な分析や解釈が始まっていると言える。実際、質問をすることは、分析の一種である。したがって、実務家や調査者が集まって、回答すべき疑問や解決されるべき問題が何か議論する際には、分析のタイプや問題の絞り込みについて検討される。こうすることで、どの方法を用いるべきかとか、どのように発見事実を明らかにするかを明らかにできる。このプロセスで、マーケティングやビジネスの問題の複雑な世界が理解され、重要であろう要因を見出すことで調査の範囲を絞ることができる。この選別プロセスで、消費者の世界を取り扱う方法をさらに絞り込む。多くの場合は、実務のための調査の焦点は、様々な共有されるコミュニケーションや、観察、フォーマルもしくはインフォーマルな仮説や一般化を通じて明らかにされる。インフォーマルなデータ収集は、フォーマルなプロセスのずっと前から始まることもある。データの編集、構成、および優先順位付けは、当然ながら調査を方向づける本質的な要素となっている。

データ収集中に、調査者がその場でデータ分析をするのは、よくあることである。実際、前後調査デザイン（inward and outward research design）というコンセプトは、サンプリングとデータ収集の最中に行われる分析が、この2つのプロセスを方向付けることを意味している。観察、エスノグラフィー、ネトノグラフィーに基づいた調査では、チームで行われるものも含めて、調査対象者や現場に対して抱く第一印象やその後の印象について省みることはよくある。チームでの調査では、これはメモ作成（memoing）、もしくはデブリーフィング（debriefing）と呼ばれている。デブリーフィング・ミーティングでは、特定の観察と調査結果が意味するものについてのアイディアや、直感、組織的カテゴリー、分析のためのアイディア、暫定的な結論について話し合ったり、討論したり、割り引いて見てみたり、意見を述べたりする。

調査に関連が低いコメントや、重要度の低い一般的な議論でさえ、役に立つことがある。進行中の調査への解釈と方向付けに役立つ一時的な結論として、これらのアイディアを扱うことはよくあることだ。デブリーフィング・ミーティングの間に、電子メールやメモの形でその場で出てきた新しいアイディアを調査者間で情報を共有することがある。こうした技法は、現場にいない調査者にも役立つ。多くの場合、現場のチーム内だけでなく第三者の人に自分が見ていることを伝えるのは、自分の直感とインサイトが、信用できるのか、共有できるのか、役立つのかどうかを知るために便利な方法だ。

体系的なカテゴリーも、データ収集の中で用いられ、形作られる。人類学者グランド・マクラッケン（McCracken 1988）が指摘したように、どのような調査でも完全にタブララサ（訳注：白紙のこと。第7章参照）の状態から行われるわけではないので、分析的解釈のために、既存の分類を用いて調査に着手する。また、優れた調査の特徴は、新たなインサイトやカテゴリーの枠組みを提示することで、調査者を驚かすことができるというものである。調査が進むにつれて、調査者はデータの解釈のためのカテゴリーを構築し、様々な方法でそれを体系づけはじめる。「伝統的」なアプローチでは、様々な色の紙のファイルや様々な色や印がついたタブが使われることがある（Mariampolski 2006, p.191を参照）。

定性データ分析（ＱＤＡ）ソフトウェアは、定性的な消費者調査・市場調査のデータ収集から得たアウトプットのように扱いにくいものを整理するのに役に立つ。第5章と第6章で議論したように、有料、無料、もしくはオープンソースの優れたパッケージが多数ある。これらのパッケージは、特定の単語、画像、文章、ビデオやデジタルファイルにあるものを整理するのに非常に役に立ち、分析の大きな手助けとなる（残念ながら、分析のすべてをやってくれるわけではないが）。一連のデータを大きなデジタルファイルとして扱うことは、調査者がＱＤＡエンジンを検索エンジンとして使って調査をすることを可能にする。NVivoとAtlas.tiのような有料パッケージは、調査者が特定のコーディングと分類テンプレートを開発、応用するのに役立つ。また、それらのソフトは、いくつかの自動化コーディングを行い、別の分析や解釈を容易にすることができる。データの検索や分類を終えたら、もっと大きな秩序付けられた構成概念（constructs）を整理されたセットの中から識別することでき、さらにデータの意味やインプリケーションに関する結論を得ることができる。そこから、様々なタイプの表現を生成することでき、元データと同様にグラフィカルな図表とインフォグラフィックは、プレゼンテーションとレポートに簡単に組み込むことができる。

ＱＤＡソフトウェアは、一部の定性的な消費調査者と市場調査者にとって非常に便利だと思われている。しかし一方でＱＤＡソフトウェアを用いるのを嫌がる者もいる。調査者個人の好みや仕事スタイルもあるため、一部のＱＤＡの自動化手順には向き不向きがある。これらのプログラムは確実に定性調査者のために反復作業を削減し自動化することができるものの、こうした機械的操作は調査者とデータの間に距離を作ってしまうという批判がある。定性調査においてインサイトは鍵である。したがって、ある特定の現象やコミュニティと距離ができるのは良くない。その上に、ＱＤＡソフトウェアのほとんどは、グラウンデッド・セオリーに基づいたボトムアップな分析や、コーディング・カテゴリー化スキームを実施するために使用されている。このソフトウェアのせいで、解釈学的、創造的、想像的な意味で解釈が飛躍することを妨げてしまう場合がある。こうした飛躍は、より深みのある理解を実現するはずのものである。このような高いレベルでの理解は、定性調査の重要な基準で、それが上手く行く場合には、マーケターの消費者や市場への理解に大きなインパクトや重要なブレイクスルーをもたらす。しかしながら、ＱＤＡソフトウェアは興味深い図や表を作ってくれる。こうしたインフォグラフィックは、実務でプレゼンテーションを行う上で高い価値がある。なぜならば、企業では調査結果を明確に役立つことを伝えることは、結果と同じくらい重要だからである。

3 実務向けの市場分析のための12のガイドライン

この節では，実務に役立つ豊かなインサイトを得るための定性データ分析調査のポイントについて，調査分析者がどこに注目しているのかということを見てみよう。応用できるようにするためには，実務的発見の多様な側面を分析するようにしなくてはならない。マーケティングでの実務的な意図は，様々な戦略的，戦術的なニーズに影響されている。中でも重要なのは次のものである。

- 異質な消費者層のセグメンテーションすること
- 多様な消費者層をそれぞれ意味のある再セグメンテーションをすること
- 製品やブランドの多様な特性・特徴・象徴的特質のどこに消費者が価値を見出しているのかを理解すること
- 消費者の目標と人生計画を理解すること
- 他ブランドとの比較の中で，様々なブランドについて消費者がどのように知覚しているのかを理解すること
- 製品の形，色，パッケージ，サイズ，価格帯，小売店舗での展示，割引，プロモーション，オンラインでのプロモーション，ソーシャルメディア上での印象などの様々な戦術的要素に対して消費者がどのように反応しているのかを理解すること
- 購買と販売のプロセスにおけるその他の戦略的，戦術的側面

これらに加えて，エスノグラフィーとネトノグラフィーのような一般的な調査方法でも，新製品開発に役立つ消費者インサイトを明らかにする（Kozinets 2002, 2010b; Mariampolski 2006; SUnderland and Denny

2007)。これらには、新しいフレーバーや香りなど単純な製品ラインやブランドの拡張から、新たなプラットフォーム製品を生み出すインサイトの発見、いわゆる「ラディカル」で「ゲームを変える」、あるいは「破壊的な」イノベーションまで含む。

消費の仕方や製品への欲望を消費者にたずねても、表面的な答えしか得られないことが多い。消費者たちは、自分自身のモチベーションに気づいているわけでもなく、実務家に直接、彼らの消費や新製品に関する願望を伝えるスキルがあるわけでもない。彼らはより安い値段を、より高い価値を求める。紫色のものを欲しがっているかもしれないのだ。実務家が理解しすぐ行動できるように自分のウォンツと欲望をきっぱり説明できないが、それにかかわらず消費者は唯一の豊富な情報源である。

いつもそうであるわけではないが、ある消費者に関する詳細な描写、行動、言葉そして、その人の経験全体と世界観は、マーケティングの実務家にとって本質的に重要な情報になる。しかし、理論家が記述的なものや明白なことを超越しなくてはならないのは、産業界の市場調査者にも言えることである。もし喫緊の実務上のニーズに対して戦略的、戦術的アドバイスを伝えることを目指しているなら、動機レベルのより深いインサイトに掘り下げなくてはならない。調査分析者は、定性的な消費者調査・市場調査から得たデータの特定の要素にとりわけ注目すべきである。そこで私たちは、データの収集や定性データの直接的な分析に関して次の12のガイドライン、もしくはトピックを提案する（訳注：すべてのガイドラインはPから始まっている）。定性的データ収集を行うのであれば、このガイドラインは、どのような実務でも使えることができる。

1. 人々（People）：誰が製品を消費するのだろうか？　どのようなタイプの人々だろうか？　例えば、年齢、性別、階級、宗教、住所と所在地、知性、ライフスタイル、外見、利害集団、その他にもデモグラフィックやサイコグラフィックな分類基準は何か？　製品は一部の人に利用されているのだろうか、それとも大勢に利用されているのだろうか？　製品を消費する人は消費スティグマ（訳注：それを使うことで、恥をかいたり馬鹿にされたりすること）に悩まされているのだろうか？　平均的な製品使用者のイメージのせいで、新たな消費者が増えていないのだろうか？　消費者はライフスタイルやサブカルチャーやブランドまたは消費者トライブ（訳注：「族」の意）のような特定のコミュニティや集団のメンバーなのだろうか？　彼らは、実際に会ったり、ソーシャルメディアを通じてお互いに親しくしたりしているのだろうか？　消費者の様々な動機や製品の使用のような消費者間の多様な違いを理解することは、マーケティング上の決定を導く際に意義あるインサイトを提供する。例えば、ブレンダー（訳注：料理用ミキサー）について議論する人々についてのネトノグラフィー調査において、いくつかのグループが特定できた。スムージーのために主に朝にブレンダーを使う人もいれば、主に午後に飲み物を飲むためや、もてなしのために氷を砕くのにブレンダーを使う人もおり、健康志向の「パワーユーザー」のブレンダーに対する主な要求は、ナッツバターやスープを作ったり、製粉したりすることである。調査者は、これら3つの主要なセグメントを明らかにし、それぞれのセグメントに異なる製品、チャネル、プロモーション方法をするというマーケティング戦略を提案した。ソーシャルメディアの消費者コミュニティは、マーケターに対してより効果的で効率的な販売を促進する流通チャネルを採用するようにさせる可能性がある。インタビューやネトノグラフィーのような方法を使うことで、多くのこうした消費者のインサイトを利用することができる。

2. **習慣**（***Practices***）：購入、消費、処分につながる行動は何だろうか？　消費者は、製品を指示通りに使うだろうか？　説明書を読むだろうか？　自分なりの慣習をつくるだろうか？　製品やサービスに関する経験曲線や学習曲線において、進歩するだろうか？　お互いに教えあうだろうか？　消費するときに彼らを助ける既存の文化やコミュニティはあるだろうか？　消費者が実際に何をしているかとか、彼らの消費習慣において、どのように身体的な，感情的な，認識上のルーティーンを形成しているかを理解することは，実務家が何の問題を改善する必要があるか，どこに機会があるかを理解するのにも役立つ。例えば，消費者のケチャップの使用に関する在宅調査では，ケチャップをより出しやすくするために彼らはボトルを上下逆さまにして冷蔵庫に保存していることを明らかにされた。出し口が下になるように陳列されるために（訳注：キャップの）底が平らになっているスクイーズ・ボトルというパッケージのイノベーションは，この新しい保管の仕方がアイディアの元となったのである。

3. **プロセス**（***Processes***）：同じ目標に向けて進むように消費者が経由する複数の段階はどのようなものか？いつ，どうやって欲求を満たす決定が下されるのか？　購買にみられる特徴はどのようなものか？　どのように消費は展開していくのか？　その後，何が起きるのか？　意図から実現まで，全体の消費プロセスは，マーケターにとってとても興味深い。行為だけでなく，欲望や，ウォンツ・ニーズ・望み・フラストレーション・願望も明らかにする。例を挙げると，「トルコにおける洗濯慣習の調査は，イスラムの慣習にしたがっている女性は，男性の衣類と女性の衣類を分けていたということを明らかにした。この観察を通じて，この市場の消費者のニーズと期待に対応できるイノベーションを提案することができる。それは既存のブランドが対応していないものである」（Mariampolski 2006, p.202）。

4. **口調**（***Parlance***）：消費者はどのようにして自分の消費について語っているだろうか？　どのような言葉を使っているだろうか？　特別なボキャブラリーはあるだろうか？　略称は使われているだろうか？　オンラインやソーシャルメディアを通じて，彼らはアイディアを共有しているだろうか？　もしそうならば，どのような言葉や言語を使っているだろうか？　彼らの消費を表現するのにどのような言葉遣いがされただろうか？　現象学的インタビューの最中に，彼らの消費を表現するためにどのような種類の言葉の比喩的表現やメタファーが使われただろうか？　消費について説明するのに消費者が使う言葉や言語に細心の注意を払うことによって、重要な消費者のインサイトに導く深い動機と意味を紐解くことができる。例えば、自分で焼くクッキー生地製品の調査では、クッキーを焼くことに関する議論をするときに消費者は繰り返し「家庭的な香り」というフレーズを使っていることを明らかにした。この比喩的表現のさらなる分析では、家で焼かれたクッキーの強いアピールポイントは新鮮な味や温かさにあるのではなく、独特で心地よい香ばしい香りから生まれるという結論が導かれた。消費者はクッキーの焼ける香りを家庭や家族、母親に結び付けており、また彼らは熱く焼かれたクッキーの感覚だけでなく、感覚を喚起させる香りのためにも余分に対価を払おうとする。似たタイプの消費物語の分析では、彼らの行為に意味と価値を付け加えるような強い歴史的で社会的で個人的なコンテクストが明らかにされた。消費者の言語から示唆されることを理解することは、最も意味のある方法であり、消費者とメッセージを介してコミュニケーションをすることと同じくらい、彼らのニーズに関する重要なインサイトを引き出してくれる。

5. **特殊性**（***Particulars***）：家庭で保存されている製品はどこにあるだろうか？ 家庭で使われている製品はどこにあるだろうか？ 特定の消費タスクはいつ行われるだろうか？ 他のどのような製品やサービスが、ある製品とともに使われるのだろうか？ なぜ人々は、特定の製品を特定の時や場所で使っていると言うのだろうか？ パントリー調査は、実際に消費者の食器棚と保管場所には何があるのかを観察する特に強力な技術である。パントリー調査では、消費者を、例えば浴室の薬のキャビネットなどの保管場所へ向かわせ、そこにある色々なものについて調査者がたずねる。場所選びもこの手の調査では重要である。現在の家庭の複雑な消費環境の中では、ゴミ箱行きの製品も消費者のキッチンに落ち着くかもしれない。エスノグラファーとネトノグラファーは、場所やタイミングの変更、潜在的な新たな機会に対するインサイトの指標として、家庭のメンバーそれぞれに想定されている役割の変化に意識すべきである。想定外の意味付けや期待が、これらの変化から明らかになる。例えば、もしマッチョな男性消費者というサブセグメントが、足の魚の目を取るために電動砂まき機を使っていることが分かったら，より安全かつ効果的に，美容と医学上のベネフィットを実現する専用の機器を導入する機会と見なされるかもしれない。

6．問題（*Problems*）：自分が使う製品やサービスに対して，消費者はどのような種類のフラストレーションを抱くのだろうか？　結果に対して消費者が嬉しくないのはどのような時だろうか？　どのような状況下であると消費者は結果に単純に満足を覚えるのだろうか？　消費者は，満足のいかない結果に「黙って」いるのだろうか？　多くの場合，消費者は，市場調査のための報酬をもらっている状況では，文句を言ったり不満足な製品のパフォーマンスについて指摘することをしたがらない。しかし，彼らの不満は，インタビュー中のボディーランゲージと彼らが表現する言葉に見られる違いで明らかになる。同様に，エスノグラファーと参与観察の調査者は，人々の言っていることと行っていることの違いに気がつくかもしれない。エスノグラフィー調査の現場で20代の人々とビールを飲んでいるとしよう（うらやましい限りだ）。もし人々がある特定のビールを飲んでいるが本当にそれが好きで楽しんでいるように見えなかったら，それは，彼らの満足なり不満足を調査する機会だということだろう。もし，現代の実務家が，消費経験での喜びを意図しているのであれば，もし製品のパフォーマンスが十分良いという事実に自己満足して安住しているとしても，さらに深く調べる必要がある，ということなのである。

7．立案（*Plans*）：消費者は何を望んでいるのだろうか？　彼らにとっての完璧な消費経験とはなんだろうか？どのような新しいものが，彼らの消費経験が実現する助けになるのだろうか？　消費するのに理想的な状況はどのようなものだろう？　どのような新しいものが，製品やサービスに組み入れられるのを見たいのだろうか？　消費者が製品やサービスを手に入れたいと思う時，それを消費する経験が，いかに素晴らしいか，自分はどう感じるか，他の人の目にはどう映るのか，といった想像上のイメージをつくる。製品を使う時，彼らは可能性やアイデンティティ，結果について空想にもふける。これらの空想的で理想的なファンタジーについて掘り下げることで、消費者調査や市場調査に豊かなインサイトをもたらす。例えば、第3章で議論したデニス・ルックの身繕いに関する調査を見てほしい。ありふれた日常や達成可能なものを、想像的でほとんど不可能なものへに仕立て上げることは、現代のマーケターの仕事である。インサイトに満ちた熟達した市場調査者によって、消費者は導かれるのである。大手の楽器製造業者は、ギター奏者に、あなたにとって完璧なギターとはどういうものかについてたずねた。例えば、いつも正しい旋律を保ち、常に正しい音を奏でるユビキタスギターや、指の位置を検出するレーザーセンサーといった興味深い回答のおかげで、製品技術者やデザイナーが、可能性と現実のギャップを埋める革新的で新たなコンピュータチップ内蔵ギターを開発できるのである。そして、ビデオゲーム「ギターヒーロー」をすることで、自分たちは才能あるミュージシャンのように、古典的なリフを演奏しているのではないかといった音楽的に馬鹿げた感覚にさえ陥るのである。

8. **代理（*Proxies*）**：誰がその家事をするのだろうか？　誰がそれを買ってくるのだろうか？　家族のメンバー間で、いろいろな消費や家事を任せることはあるのだろうか？　子どもは大人よりも、女性は男性よりも、（配管工や害虫を駆除する専門家など）プロは家庭のメンバーよりも、特定の消費タスクを割り当てられるかもしれない。子どもの場合は、責任感を教育したり植え付けるため、あるいは嫌な雑用をしたくないため、家事をさせるのかもしれない。ジェンダーに基づく家事分担は、実現していない未開発の潜在的なマーケティングのアイディア源となるだろう。例えば、男性は高性能コンロの室内グリルを使って、肉を調理することが多いのだろうか？　それとも室内用ならば、より女性的な作りにしたほうがよいのだろうか？　家事をプロに頼むのは、自分の期待通りになるのかどうかについて、既存の製品の能力に対して消費者が不満を持っていたり信頼していなかったりする、ということである。この論理に基づいて、プロクター・アンド・ギャンブル社がドライエル（Dryel）を開発したのである。ドライエルは、消費者に、デリケートな服を家で洗うためのドライクリーニングの質のレベルを約束した。しかし，プロに任せる習慣を変えるのは難しく，プロの専門知識と比べられると製品の信頼性が疑われた。プロクター・アンド・ギャンブル社のドライエルの失敗は，消費者の先入観を変えることの難しさを示している。

9. **プロサンプション**（***Prosumption***）：消費者は新しいものをつくるためにどのように既製品を利用するのか？どのようにカスタマイズするのか？　どのように自分のものにするのか？　どのように自分のタッチを加えるのか？　まだ満たされていない欲望のために，新たな問題に対して自分自身で解決策を思いつくのか？エスノグラフィーとネトノグラフィーは，様々な消費者が生み出したものや遊びの経験を明らかにするという点で非常に有益だと判明した。例えば，ミュンヘンを拠点とする市場調査会社のHyveが行った靴のオンラインコミュニティの調査によると，消費者は靴をステッカーやペイントでカスタマイズしたいということが明らかになった。このネトノグラフィー調査に基づいて，ある靴メーカーは，消費者がカスタマイズできるように特別にペイントやステッカー付きのプレミアム価格の限定版の靴を販売した。そのイノベーションは成功し，その年で最も成功し，最も利益を生んだ同社の新製品の1つとなった。

10. **組み合わせ**（***Pairings***）：消費者は異なる製品を組み合わせるのか？　既存の在庫品を改造するのか？　特定の消費のための「レシピ」をもっているのか？　消費者はしばしばユニークで面白いやり方で製品を組み合わせるだろう。こうした組み合わせは，消費者の欲望が完全には満たされていない証拠である。こうした情報は，新しくまだ満たされていない欲望についての実務家の意思決定に寄与しうる。一例として，シャンプーについてかつて行われた調査によると，ファッションモデル（von Hippel（1986）による便利な呼び名だと，ヘアケア製品のリードユーザー集団）は髪の毛を洗う前に卵を割り，それを従来の溶剤入りのシャンプーに混ぜていたということが分かった。その卵は髪の毛に光沢や粘性を与えると彼女らは信じていた（今では証明されている）。実は，その不思議な成分は卵内のタンパク質であった。このありのままを見る観察により，タンパク質ベースのシャンプーが開発され，シャンプー産業を制するようになった。

11．**分配**（*Partitions*）：消費者は大きなパッケージをより小さなパッケージに分けるのか？　いつ，なぜ，どのように，どこでそのような小分けをするのか？　自分でパッケージのイノベーションをするのか？　製品の配達のされ方に手を加えるだろうか？　既成のパッケージを改造するのか，あるいは製品を他のパッケージに移し変えるのか？　スプレー・ボトルやスクイーズ・ボトルは保存・再利用されているのか？　いつ，どこでそのような移し変えが行われたのか？　より小さいカロリーにするために，消費者がジップロックからシリアルを子供に与えたり，マシュマロライスクリスピーをラップして保存したり，あるいはスナック菓子を小分けするのを観察したとき，マーケターはこれらの製品に替わるパッケージを提供するというアイディアを得た。消費者のニーズや新たな機会についてのアイディアが生まれるのは，そのような改造やカスタマイズからである。

12．**喜び**（*Pleasures*）：消費者の経験の中のポジティブなエネルギーはどこにあったのか？　どこで，誰の中でそれは生じていたのか？　消費者は購入や消費経験についてどのように期待していたのか？　どのように消費経験を楽しんだのか？　どのような感情が，消費経験の特定の形態や要素に対して抱かれたのか？　消費者は製品とどのようにじゃれあうのか？　製品のベネフィットを消費する経験は，様々な個人的，社会的要因から影響を受けているので，製品やサービスの利用に伴う主観的な経験のあらゆる側面を調査することが定性調査者に求められる。ソーシャルメディアを利用している消費者は，しばしば新製品のイノベーションや既製品の楽しい利用方法を明らかにしてくれる。マウスウォッシュのブランドのリステリンのベネフィットについてのネトノグラフィー調査によると，消費者は不快でほとんど毒素のような殺菌能力を好むことのみならず，その歴史からもたらされるノスタルジックで想定されたベネフィットや，想定しなかった「自宅療法」タイプの利用方法からくるインスピレーションが明らかになった（Kozinets 2010b）。概念的に関係ある別の調査では、大手食品会社の市場調査者が、想定しなかった食べ物の利用方法を調べるために定性調査を行った。驚いたことに、小さい子供のいる家族では（おそらく、そんなことはしては駄目と自分自身がかつて親から命令された経験があるからこそだろうが）、しばしば子供たちに楽しんで食べ物で遊ばせていた。その結果、メーカーは、特別にデザインされたスクイーズボトルに入っている色々な色のケチャップ（黄緑や紫を含む）を開発しテストした。そのボトルは、子供の手にフィットし、ペイントするために使われるものである。

これらの12のガイドラインは、分析者が高いポテンシャルのある分野に焦点を合わせる際に役に立つだろう。あらゆる定性調査の取り組みと同じように、コンテクストに導かれた豊かな出会いが調査中に起こり、調整がなされるように、データ収集は創発的である。クライアントと親しい関係にいること、調査から得られたインサイトの確認と点検を常にすることは、プロジェクトの成功の鍵である（前述のコラム「実務上のニーズを理解する」を参照）。理論的な目的のための定性データ分析と同様に、たった1羽の「ブラックスワン」の発見（すべての白鳥が白いわけではないと裏付ける。第4章参照）から、素晴らしいインサイトが得られるかもしれない。もし、分析者が消費者の創造性を喚起させる例を1つでも見つければ、あるいは在宅調査の際に、消費者と製品やブランドとの関係の核心に迫る「啓示的出来事」を見つければ、マーケティング実務に大きく貢献するだろう。一般的に、そのような発見の一般化を目指すことはない。さらに調査する価値のある実務的なアイディアを、1つでも見つければまったくもって十分なのである。

4 実務向けの分析の質の評価

実務志向の定性調査の質はどのように判断できるのだろうか？ 実務では、第7章でとられた考え方と違って、詳細に記述した調査が高い価値を持つことがある。自社の製品やサービスを利用する消費者を識別し理解したいだけの場合もある。あるいは、なじみの薄い消費者の考え方や行動様式を知ることが、非常に役立つインサイトの源泉になることがある。

あるいは、創造的で完成度の高いインサイトを生むようなものの見方を発展させ、日常のありふれた出来事を意外性のあるものへと変化させる定性調査分析もある。コンテクストを正確かつ適切に取り込むことで、定性的消費者調査から得られるインサイトを重要な価値あるものとする。しかし、最終的な分析では、鋭い分析と実務ニーズの体系づけの2つを融合することで、実務的な定性調査プロジェクトは成功するのである。

実務志向の定性的消費者調査・市場調査のアウトプットを判断する際、Sanjek（1990）は、エスノグラフィーの質を評価するために3つの基準を活用できると述べている。それは、理論に基づいた誠実さ、エスノグラファーが行ったデータ収集の進め方についての透明性のある説明、フィールドノーツと（訳注：そこから得られた）エスノグラフィー的解釈の間に見出した関係性についての説明の3つである（p.485）。実務的なプレゼンテーションのためには、これらの考えをもう少し深めて発展させることができる。実務に焦点を合わせた定性的消費者調査・市場調査のアウトプットの明快さについての次の3つの指摘は役立つものだ。

第1に、具体的な意思決定のために実務上のニーズから生じた疑問に対応する明確な答えを、調査結果は提供すべきだ。第2に、調査で用いられる手法とその調査が解き明かそうとしている疑問との間に明確なつながりを調査結果はつくるべきだ。第3に、集められ提示されたデータ、分析された発見事実、実務的行動を導くアドバイスのすべてを、調査結果が明快につなげなければならない。分析は、実務上の決定に焦点を合わせるべきである。実務志向の定性的消費者調査・市場調査の目的は、これ以外にない。

はじめに調査しようと設定した疑問に答えられない場合もある。一方で、定性調査がしばしば予期せぬインサイトを明らかにすることがあるように、思いがけずとても価値のある成果が得られることもある。これは、定性調査の大きな強みの1つである。定性調査は、ありのままの状況で行われ、複雑で絶えず変化している文化的・共同社会的環境のダイナミックな現実について調べるので、私たちが考えつきもしなかったような問題への新たな見方を気づかせてくれるのだ。しかしながら、このような通常と異なる分析方法は、実務からの完全な同意を得て行われるべきである。市場調査データを提供する際の政治的プロセスをうまく扱うことは今までになく重要になってきているが、このプロセスの複雑な詳細について十分説明することはこの章の範囲を越えてしまう。

優れた分析者はしばしば、何を探そうとしているのか、そしてどのように目的を定めるのかについて、自分の感覚に基づいて調査を始めることがある。もし彼らがすでにデータ収集や整理に関わっているならば、発見事実はまったく新しいものとはならないだろう。すでに紹介した12のガイドラインに加えて、次に挙げるものは、高品質の実務志向の解釈やプレゼンテーションを生み出すのに役立つ一般的な提案である。

1. データとコンテクストを関連付ける：消費者行動はコンテクストの中で起こる。観察がそのコンテクスト内で行われると、思いもつかなかったものが並べられたり互いに関連づけられるので、そこから新しいインサイトを見出すことができる。例えば、ペットの世話をするということには、有料サービス、ペットストア製品、多種のホースや水処理具、薬、餌、犬用の肉の切り身、おもちゃなどが関係してくる。ペットの世話に関する消費に、これらの様々な製品を関連付けようとすることは、消費者の意思決定や考えを組み立てる新たな行動の一群やパターンを明らかにすることができる。別の例は、バーバラ・オルセン（Olsen 1995）による子供時代の記憶とブランドに関する研究である。この研究で、22歳の男性は次のように述べている。

私の両親はいつもコルゲート、リステリン、アイボリー製品にこだわっていました。私は、スーパーマーケットで考えもせずこれらを選んでいます。陽気なカリフォルニアの家のバスルームでくつろいでいる気持ちになります。母と姉と一緒に入浴し、ジョンソン・エンド・ジョンソンのベビーシャンプーの泡でよく遊びました。私はまだ同じ製品を使っています。風邪を引き、孤独なアパートで面倒を見てくれる母もいなく、気分が沈んでいるとき、ヴイックスヴェポラッブの香りがいつも、そばにいてくれた祖母と、ずっとあやしてくれた母を思い出させてくれます。

このような連想に基づき、リチャードソン・ヴィックスによるヴェポラッブの１９８８年の印刷広告では、見慣れた青色の容器を「ヒーロー」として演出し、「最近の臨床研究は、あなたのおばあちゃんは正しかったことを証明している」と言った。そして「ヴイックスヴェポラッブは錠剤のように充血を和らげるだけでなく、咳止めシロップのように咳を和らげる、ということは今では当たり前となっている。そしてヴェポラッブの暖かく安心できる感覚は他の何からも得られない。このすべてが、おばあちゃんはあなたにとって何が最適かを知っていたということを証明している」と続けた。子供時代のブランドの記憶に基づいたインサイトにより、ノスタルジアと世代を越えたブランドロイヤリティがこのキャンペーンに組み込まれた。

2. **比喩やメタファーなどの言葉のあやを分析する**：Arnould and Wallendorf（1994, p. 498）は、消費者の様々な行動と言葉遣いの間に意味深い象徴的な関連性を見出し、分析する重要性について議論して説明している。これらの関係性は、典型的、統合的、比喩的、換喩的なものがある。彼らの研究で用いた具体例は、アメリカの感謝祭に家族やゲストに振舞われるお祝いの食事における「手作り」という単語の使い方である。分析者が「手作り」のような言葉の重要性と、その言葉の正確な定義と、消費者が生み出した定義（「何かが『手作り』だと言うとき、あなたは厳密には何を意味しているのか？」）について調査するとき、特定の消費がもつ価値についての新たなインサイトが明らかにされる。洞察に満ちた分析や明敏な実務への応用は、こうした文化理解に対して、様々な実践的インプリケーションを提供する。このケースでは、手作りという言葉は、単に市販のパッケージから製品を取り出し、家庭の食器に並べることを指しているということが分かった。同様に、「1から作られた」という言い方は、ミックスに水と卵を加えただけの場合でも使われることがある。先述したように、比喩の分析は、Zaltman and Zaltman（2008）のZMETテクニックが強みとする分野である。

3. **データの中の矛盾に注意する**：定性調査では、データが時には矛盾した複数の視点を支持することがよくある。これは、文化や意味や価値が一面的な現象ではなく、複雑で多面的であるという事実に基づいているため、興味深く有効なものである。データの中の結びつきや分岐（またはArnould and Wallendorf（1994）が呼ぶように「収束と分裂」）に注目し、（最初の提案のように）これらをコンテクストと照らし合わせ、パターンを探すことで、定性調査の分析者は、想定外のインサイトを見つけ出すことがある。このように注目することで、製品やサービスに対して消費者のとる行動や態度から、様々なセグメントに分けることができる。

4. **啓示の瞬間を明らかにする**：文化メンバーはよく、ある瞬間における自身の存在に関する最も深い秘密を明らかにする。人類学者のJames Fernandez（2000）は、この「エウレカ」的な瞬間を、「啓示的出来事」

(revelatory incidents) と定義し、発展させた。Mariampolski (2006) は、ペーパータオルの使用者についてのエスノグラフィー調査について述べている。調査者は、普通はペーパーナプキンが必要とされる場面でペーパータオルが使われていることを見つけた。この行動を調査したところ、調査対象者はこの行動を、アメリカでますます人気を獲得していたブリート (訳注：トルティーヤに具材を載せて巻いたメキシコ料理) などの「フィンガーフード」を食べた時にペーパーナプキンを使った時に不満足だったからと説明した。顧客が話したこのような発見によって、いくつもの新製品の機会が明らかになった。これらのアイディアは、夕食の食卓で起きた一連の啓示的出来事から生まれたのである。

5. **話と行動との間の不連続性を探究する**：第4章に述べた通り、鋭い観察者は、消費者は言うことと行うことが違うと発見するかもしれない。消費者は、現実的でないことを言い、証拠に基づかなかったり、矛盾する証拠に基づいて、ものの使い方について語る。例えば、ある調査の参加者は、「たいてい健康的なものを食べる」と言っているのに、色々なブランドのポテトチップス、クッキー、キャンディー、チョコレートが食器棚に沢山置いているのが発見されるかもしれない。それについて聞かれたら、その消費者は当惑しながらも、それらのお菓子が「お客さんのためだ」とか、「子供たちのためだ」とか、「自分たちが一緒に映画を見る時のためだ」と説明するかもしれない。人が言うこととすることは違うという不連続性を探究することで、彼らが消費について考え、それを説明する時に用いられるカテゴリーを明らかにできる。こうしたカテゴリーには、マーケターが消費者の考え方や行動を理解する上で深いインプリケーションがある。

6. **学術的理論との生産的な関係を維持する**：最後に、過剰なことかもしれないが、そのプロジェクトの理論的かつ実体的な面に関わりがある学術研究とつながることで得るものはまだ多い。例えば、ファーストフードについてのあるエスノグラフィックな研究においては、ある特定のエスニック食品文化に対する人類学的研究や現代のファーストフードについての社会学的研究は、プロジェクトの様々な側面を浮き彫りにさせるだろう。特にプロジェクトの初期段階においては，理論は重要である。そうすることで，与えられたトピックに対する幅広い考え方について調査者は知ることができる。実務家の顧客は，簡潔で行動に結び付く結論に集中しがちであるが，学術的に基礎付けることで正当性が得られ，想像力のあるブレイクスルーをもたらすより高いレベルの思考に貢献することができる。このような組み合わせのすべてがそうであるように，理論と実践を結びつける「ゴルディロックスの原理」(Goldilocks principle) がふさわしいはずである。この原理では，調査者は，多すぎず少なすぎず適切なレベルで抽象的理論を取り入れる。

5　定性的消費者調査・市場調査を実務家にプレゼンテーションする――●

実務のための定性調査者は，自分の調査の結果を有用にして理解しやすくする責任がある。多くの（もしくはほとんどの）実務家は，調査方法または理論的な言語に精通しておらず，方法や理論などを勉強する時間も興味もなくなりがちである。率直に言えば，彼らは結果のためにお金を払うのである。成功する実務家向けプレゼンテーションの鍵は，簡潔で，適切で配布しやすい形で，有用で適切な結論を示すことである。後ろにあるいくつかの具体的なヒントは，調査結果を組み立てて伝えるのに役立つ。

クライアントと緊密に接触することで，調査者がクライアントのニーズを満たし，調査結果の利用を促すプレゼンテーションを準備することができる。報告書が要求される場合，その中の結果は簡潔にまとめられるべきである。報告書で重要なのは，しっかりと簡潔にまとめられ行動につなげられるエグゼクティブ・サマリーやハイライトである。それらを，読みやすく，分かりやすく，利用しやすい形で実務家に提供すべきである。なぜならば実務家は，いつも多忙であり，キーワードで示したほうが分かりやすいからである。方法論や理論の記述は避けて，発見事実とインプリケーションを示すべきである。必要であれば，方法論の詳細は付録にすればよい。もし報告書が配布されるとすれば、配布する前に報告書の草稿を提出し、役に立つ内容かどうかについてクライアントと討論すべきである。

現代の市場調査の基準は一般にかなり高い。企業クライアントは、高水準のクライアントサービスと鋭い分析的インサイトに慣れている。紋切り型でよく知られた使い古しのアイディアとフォーマット（マズローの欲求階層理論を展開してデータを説明するのは陳腐で使い古された分析の一例である）を超えて、独創力、想像力、創造性と発明を求めている。クライアントは、消費者たちが共有する現実や、彼らを駆り立てるものと社会的な行動について、新しい見方を発展させるために調査を活用したい。それらを明るみに出して生き生きと描くことが、あなたの仕事である。幸いにも、ビデオグラフィーやネトノグラフィーなどいった手法が発展し、音や映像で説得的にデータを説明する選択肢が増えている。

市場調査のクライアントは、魅力的でためになるデータのプレゼンテーションを期待している。多くの場合、クライアントが依頼するパワーポイントのスライドショーやビデオが、企業で共有され使用される重要な提出物となるだろう。そのため、専門用語を減らし、方法論的な瑣末を最小限にし、プレゼンテーションのあらゆる側面をシンプルにして、魅力的に伝えるように、市場調査者、特に忍耐強く時間の制約のない学界出身の調査者が、クライアントからプレッシャーをかけられるのは、驚くに当たらない。

熱心な市場調査者は、スライドやビデオの質や、プレゼンテーションのあらゆる側面によく注意を払うようにアドバイスを受ける（優れたアドバイスについては、Duarte 2008を参照）。つまり、最先端のパワーポイントを提供すべきである。もしまだ1989年から使われている水性ペンでＯＨＰシートに書きこんでいるならば、多少の刷新をする時期かもしれない。次にあるのは、定性的な消費者調査・市場調査について実務家にプレゼンテーションする際の８つのアドバイスである。

1. **物語を話すこと**：プレゼンテーションを始める前に、あなたが伝えたい物語を考えなさい。重要な点を伝えられるような力強い物語を創りなさい。もしあなたが自信に満ちたプレゼンターでないならば、そのトピックに関する本を何冊か読むか授業を受けなさい。実務家向けのプレゼンテーションの基準は高いのである。

2. **役に立つこと**：実務家からの質問や自分が見つけた発見事実に常に集中しなさい。彼らの行動に対するニーズを、あなたが発見した情報、つまり彼らの行動を導く情報と関連づけなさい。

3. **きちんとしたパワーポイントにすること**：枚数が少なくかつ説得力のあるスライドを目指すこと。聴衆に余計な負担をかけないこと。

4. **視覚に訴えるものにすること**：白い背景に黒い文字をぎっしり詰め込んだスライドのプレゼンテーションを、2時間ずっと座りっぱなしで聴くことほど最悪なことはない。より強力なのは、ビジュアルイメージである。

5. **動きを入れること**：適切な場面で示された高品質のビデオほど、定性的なプレゼンテーションに活力を与えるものは何もない。使い過ぎないようにすること。ただし使えるときは使うこと。

6. **インフォグラフィックを使うこと**：データの表現を上手くすると説得力が高まる。ネトノグラフィックデータと発見事実に見られる社会構造を表現するために、メンションマップ（Mention Mapp）のようなオンライン上の社会関係とネットワークを示すマップを使うことを検討しよう。

7. **ペルソナを考案すること**：可能ならば、代表的なターゲットである消費者のペルソナ・イメージをつくりなさい。そして、ペルソナ本人の失望や恐怖だけでなく、その人の物語や、望み、夢、空想を伝えなさい。想像力をかきたてなさい。そして、ペルソナの実際の行動についての事実を伝えなさい。

8. **共有しやすくすること**：簡単に伝えられるプレゼンテーションを提供しなさい。それを2分間のビデオにすることはできるだろうか？　説得力のある図に要約することはできるだろうか？　あなたが「リサーチミーム」（訳注：ミームとは、情報などが複製され伝播することのたとえ）を作れば作るほど、あなたのプレゼンテーションが使われるよりよい機会が増えるだろう。

良質な分析を行い、プレゼンテーション準備に多くの時間をかけることは、インパクトを高める上で重要だということを忘れるべきでない。もしインパクトがある1つのインサイトがかき消されてしまうのならば、山とある事細かなことや、調査参加者が提供してくれたがまだ分析がされていない大量のデータ、そして参与観察で撮影した写真の数々は歓迎されない。その代わりに、大きな利益をクライアントに与えるような有意義で十分に一体化されたインサイトに、調査者は焦点を合わせるべきであり、鋭く明快な考えをもって集中することが必要である。この章のアドバイスやガイドラインに従うことで、消費者や市場を調査する者は、これらの有力な方法を応用することができる。消費者の世界をより深く理解することで、実務家が自分のビジネスを発展させ、消費者に役立つのを調査者は手助けすることができる。

第9章

プレゼンテーション・公開・共有

定性調査の結果のプレゼンテーションや公開の方法には様々なものがある。カンファランスやフィルム・フェスティバルや聴衆の前での発表、本や学術ジャーナルやワーキング・ペーパーやプロシーディングス（訳注：学会で発表される論文をまとめた冊子のこと）での出版、テレビやラジオや他のメディアでの放送、ビデオやフォトエッセイのＤＶＤまたは他の配布メディアの作成、雑誌やウェブサイトや調査アーカイブやインターネットサイトへの掲載などである。それぞれのプレゼンテーションや公開の手段は、発見事実に興味を持ちそうな人と共有するためのものと理解される。論文や写真やスライドプレゼンテーションやビデオを、関心のある同僚にメールで送ることも同様である。発見事実は、企業、クラス、セミナー、コロキアム、またはワークショップで共有することもできる。また、このような伝統的なプレゼンテーションの形式以外に、散文や詩や小説、オンラインフォーラムへの参加、オンラインの写真アルバムの作成、音楽の作曲や演奏、「芸術的」とされる他のメディアの活用など、代わりとなる形式もある。一般的ではないが、十分に加工された発見事実ではなく、生データに近いものを公開したり共有したりすることもあり得る。この章では、定性調査の結果のプレゼンテーション、公開、共有の従来の方法と新しい方法の両方を検討する。さらに、自分の作品を公表する新しい方法や、従来型のメディアでの出版（訳注：学術ジャーナルで論文を発表すること）に成功するためのプロセス、そして伝統的ではないメディアに公開しても信頼を得るためのプロセスについても論じる。

1　目指されること

(1)　目標の1つ：人々の感情を動かす

一般に、定性的な消費者調査・市場調査が目標としているのは、特定の状況、プロセス、集団、また特定の状況における市場、消費者、学界、公共政策の担当者、ステークホルダーに関係した組織に対する理解を高め、深め、広げ、発展させることである。しかし、定性調査は、行動を駆り立て、聞き手を感情的に動かすために、関心のある分野を批判的に問題として取り上げることができる。これはBasil（2011）がフォトエッセイにみた説明的な役割以上のものである。例えば、ジェイコブ・リース（Riis 1971）、ルイス・ハイン（Freedman and Hine 1994）、アプトン・シンクレア（Sinclair 2003）、フレデリック・ワイズマン（Grant 2003）のように、作家、調査者、写真家、映画製作者は、例えばスラム街、児童労働者、危険な仕事環境、劣悪な精神病院などを改善すべきと主張するために自分の作品を活用している。

写真撮影においては、例えばハインは、小さい子供でも使えるようにわざわざ短くしたメリヤス機を使って9歳の小さな子供が機織りをする様子を見せた（Freenberg 2010）。ジェームズ・エイジーとウォーカー・エヴァンス（Agree and Evans 1941）は、１９３０年代のアメリカ南部の白人支配層と貧困層の変化を散文と写真を組み合わせて描写した。ＦＳＡ（The Farm Security Administration：農業安定局）の写真は、大恐慌時代のアメリカ人の生活を写している（例えばHagen 1985, Lang 1981）。Maharidge and Williamson（1989）は、エイジーとエヴァンスの作品の40年後に、同じ地域の次世代の人々を散文と写真の組み合わせにより描写することで、貧困の連鎖を描いた。写真の連作において影響力のあるジム・ゴールドベルク（Goldberg 1985）は、富裕層と使用人たち、貧困層とその子どもたちの同じように惨めな生活を写真で表現した。彼は、写真を撮った後で、その被写体の人々に写真を見せ、人々の記憶に残るようなことを書いてくれるよう頼んだ。物質主義のむなしさを描写するのにこれよりも説得力のあるものを探すのは難しい。他の異なった例としては、メキシコの新興富裕層の女性の生活スタイルの過剰性と退廃を描写し成功を収めたダニエラ・ロッセル（Rossell 2002）が挙げられる。

映画製作においては、マサチューセッツのブリッジウォーターにある精神異常の犯罪者のためのブリッジウォーター州立病院の患者と入院患者に関する観察ドキュメンタリーであるワイズマンの１９６７年の映画『チチカット・フォーリーズ』が挙げられる。患者に対する貧弱なケアを描いたことに州は不満を感じ、この映画は１９６８年にマサチューセッツの高等裁判所によって破棄するように要請された。この要請が覆され、この作品の上映が許され広まるには１９９１年まで待たなくてはいけなかった（Grant 2003）。この議論を呼ぶようなものではないが、最近の多くのドキュメンタリー映画は次のような出来事に同じように批判的に焦点を当てている。例えば、ジェネラル・モーターズ（Moore 1989）、アメリカのヘルスケアシステム（Moore 1989）、銃の所有（Moore 2007）、マクドナルドの食品（Spurlock 2004）、エンロン事件（Ellwood 2005）、企業に見られるパーソナリティ（Achbar and Abott 2005）、地球温暖化（Gugenheim 2006）、水圧破砕法による天然ガス採取（Fox 2010）、様々なウォルマートの商慣行（Greenwald 2005; Hawis-Davis 2002; Kirby 2006; Young 2004）などが挙げられる。消費研究学会フィルム・フェスティバルの受賞作品の１つであるメアリールイーズ・コールドウェルとポール・ヘンリーとサイフェン・ワトソン（Caldwell, Henry, and Watson 2008）による『生きる権利：パキスタンでの妊娠による死と疾病を減らす』という映画はあまりにも感情に訴えかけるものであったため、上演後、観客の中には失神している者もいたほどであった。アル・ゴアの『不都合な真実』（Gugenheim 2006）は、地球温暖化に関する（訳注：政府の）独りよがりを明らかにすることによって大衆の不信感を生み出したことで，よく知られている。

感情に刺激を与えるような内容である時には，エスノグラフィックな書物も行動力を促すポテンシャルを持つ。アプトン・シンクレア（Sinclair 2003）が１９０６年に書いたシカゴの食肉解体工場における労働者の取り扱いに関する本は，家畜置き場の労働者の労働環境を改善することが意図されていたが，実際にはアメリカの連邦法を通じて公衆衛生が改善した。しかし，暴露や批判的エスノグラフィーだけが，感情を引き起こし行動を促すわけではない。「他人」を人間らしく慈悲深くし，感情移入できるような他人や文化の描写を生み出すことが可能である。ホームレスと投獄された消費者についてのロン・ヒルのエスノグラフィー（Hill 1991; Hill and Stamey 1990; Szykman and Hill 1993）は良い例である。このような描写は，「私たち」を安定させ「奴ら」を犠牲にするような植民地主義的，人種差別的，性差別的描写に依存しているような大衆文化的な「他者」の描き方とは対照的である（例えばGoffman 1988; Lutz and Collins 1993; McClintock 1995; O'Barr 1994; Sivulka 1998）。

(2) もう1つの目標：納得してもらう

観客の感情を引き起こすことと対立するのではないが，もっと普遍的に認められた定性調査の目標とは，納得してもらうことである。この目標は，因果関係を基に行動を説明するより実証主義的な目標とは対照的である。解釈的調査においては，行動が複数な原因で形成されること，文脈に基づくこと，調査者の行動に影響を受けることを，仮定することが一般的である。そのため仮説によって明確化され，簡単な実験方法で調査され，因果的な矢印でつなげられる概念や行動に関するボックスを用いてダイアグラム化された還元論的因果関係によって解釈することは可能であるとは考えられない。実際に，定性調査で要求される納得は１つか２つのことぐらいである。より記述的なレベルで言うと，努力すべきことはクリフォード・ギアツ（Geertz 1973）が分厚い記述（thick description）と呼ぶものを創ることである。ギアツは、また「一部のことを理解するためにすべてのことを理解する必要はない」と述べた（1973, p.20）。ギアツが言う厚い記述という概念には、複合、明確、詳細の3つの特徴がある（1973, p.23）。記述的なレベルで言うと、私たちが求める物語は、適切に詳しく述べられ、人、（インフォーマントを匿名にするため偽名を使う場合もあるが）場所、ブランドなどが明示され、コンテクストを取り巻く環境を描写する。

もし成功すれば、分厚い記述は、読者や観客に、興味の対象となる人、場所、あるいは現象が自分の知っているものだと感じさせる。「彼女はニューイングランドの小さな街の30歳の英語教師だ」という事実を知るだけではなく、「彼女は今、自分の生活に飽きてしまい、小さな街で彼氏を探す未来を諦めようと思っている。パーティ、クラブ、新しい人々が目まぐるしい生活を想像して、大都市に引っ越すことを夢見ている」ということが感じられる。Langer（1963）は、このような知識を「何かに関する知識」（knowledge about）と対立させて「何かそのものについての知識」（knowledge of）と呼ぶ。Denzin（1989）は「認知的理解力」（cognitive understanding）と対立させて「感性的理解力」（emotional understanding）と呼ぶ。ラス（Belk 1989）は「命題的知識」（propositional knowledge）と対立させて「経験的知識」（experimental understanding）と呼ぶ。分厚い記述は、調査者や作者に豊かで親密で人の心に深く入り込む物語を作らせる。完璧な物語は、読者が疑うことをやめ、物語の中に自分がいると想像するように人を引き付けるのである（Davies and Harré 1990）。これは、Martín et al.（2006）が、ターゲット消費者の具体的なイメージを実務家が獲得するのを助けるために使った目的である。実務志向の定性調査は、実務家が消費者の行動、ニーズ、社会をより理解するために、消費者を説得力をもって描く必要がよくある。ペルソナは、こうした納得感を伝えるためによく使う技術である。

良い定性調査が提供しようとしている納得の第2のタイプは解釈（interpretation）である。記述

(description）は、データ（現象のwho、what、when、where）と相当近い。一方で、解釈は、観察もしくは語られた事実を超えて、どのようにして（how）、なぜ（why）、あることが起こるのかについて、より抽象的、概念的、理論的な理解を提供する（Wolcott 1994）。解釈的な調査者は、研究するものに関わりを持つという強みがある。複数の場で同時に行うエスノグラフィーの場合、異なる状況や場所で、異なる人々と会話するため、その人たちを観察する際に広い観点を持つ（例えばEkstrom 2006; Kjeldgaard et al. 2006）。解釈的な調査者は、慎重で体系的なアプローチを使い、データを収集する。複数の方法を使い、複数の調査者が関わることもある。したがって、2つの手法を用いるトライアンギュレーションが可能になる。調査者は、関連する論文を読み、似ている現象を解釈するため他の人が提供した記述と理論を知っている。調査者は、定性データの意味を理解する経験と知識がある（第7章と第8章を参照）。そのため調査者は、研究していることに関して特権的な解釈的立ち位置にいることになる。

私たちは日常の行動の意味を常に解釈している。もし誰かが私たちに「愛しています」と言うならば、私たちはその言葉の意味を解釈しようとする。話し手の文脈と知識が解釈の助けとなる。話し手は、親友、恋人、両親、子供、配偶者のうち誰なのか？　人々が集まっている所、それとも私たちしかいない所で発言されたものなのか？　発言する際に話し手は微笑んでいたのか、それとも声を立てて笑っていたのか？　その発言をする前に話し手がしていた会話とどのくらいかけ離れているのか？　話し手が持っていたかもしれない言外の気持ちは何だろうか？　この告白を促した私たちの発言は何だったのだろうか？　話し手は私たちがどう反応すると予測していたように見えたか？　このような発言を解釈するために、私たちはさらに話し手をいろいろ質問し、意味を明らかにするため質問し、ひょっとしたらその発言がどのような意味を持っていたのかを直接問いただすかもしれない。私たちは他者の行動を含めた三角関係から解釈するかもしれない。そして私たちは空想的な愛、兄弟のような愛、性的な愛、もしくはカジュアルな愛（感謝、好意、楽しいといった意味で）などの解釈を試みるかもしれない。

『いつも心に太陽を』という映画（訳注：1967年公開のイギリス映画）では、教師のシドニー・ポワチエは彼に夢中だった女子学生からラブレターを受け取った。個人的なレベルで手紙に反応を示すことなく、彼は教師としての役割を守り抜き、そして文法上のミスを直した後で、悲しみに暮れるだろうその女子学生に手紙を返した。それは彼が状況の意図をくみ取れなかったというわけではなく、むしろ彼がそれを教室での課題だと再定義し、職業的な教師対学生の関係性を保つことを選択したということだ。この例が示すように、コミュニケーションがなされる際には、私たちはまた情報発信源とメッセージの受け取り手の双方に共同志向がどの程度あるのかを確かめる必要がある。これは調査者とインフォーマント間のコミュニケーションにも言えることである。人々は、発言の意図を常には言わない。人々は、調査者のどちらかまたは両者におもねるために社会的に好ましい回答をするかもしれない。人々が観察されていることを知っている時、彼らの行動はいくらか不自然になりうる。プローブや投影的質問、長期の関与、信頼構築、トライアンギュレーションなどのすばらしいフィールドワークに関する技法は、そのような歪みを最小化もしくは発見するよう設計されているが、解釈は証拠を評価する際に思慮深く行う必要性がある。このことは、インフォーマントを代弁するという著者の権威が、批判的多元主義（critical pluralism）によって疑問視されているという著者の再帰性（reflexivity）に関わるものである（Joy et al. 2006）。批判的多元主義とは、複数の視点、時には対立する視点を示そうという試みである。Spiggle（1998）は、このアプローチを多義的フレーミングの創造（creating multivocal framing）と呼んでいる。これは代表性という問題を完全には解決しない。なぜならば導入された他者の意見には彼ら自身のバイアスがあるからだ。しかしそのことで、現象に関するあり得る別のパースペクティブの多様性（男女、老若、貧富、中心か周縁かなど）に注目することになる。

Wolcott（1994）は、分析がデータを変形（transform）させる一方で、解釈はデータを超越（transcend）すると区別した。つまり、解釈がデータから距離を置いており、より抽象的で、データに部分的に由来しているに過ぎない、ということである。解釈の（訳注：データに由来しない）残りの部分は、調査者に由来し、それは、これまでの訓練や経験、読書、その人が持つ偏見（それが良いか悪いかは別にして）によって形成される。偏見は、切っても切れない存在であり、自分が書いているものに、自己の個人的なしるしを残しても罪ではない。自分が主張する解釈を裏付ける何かが、データあるいは先行文献になければならない。しかし推測やその人特有の表現法は避けて通れないものであり、「科学的客観性」といった言葉で無視されるべきではない。例えば、メタファーやアナロジーは、解釈を創造し伝達する際によく用いられる。批判的な人々にとって、それがプリンであるという証明は、味見することで行われる。自分が言うことはもちろん、証拠や議論、引用、データと解釈の妥当で説得力のある結びつきを示すことで、自分の解釈がいかに優れているのかを示すことが大事である。書き手は読み手に対して、自分に信頼を抱き、メタファーやアナロジーを信じ込み、自分の話を最後まで聞くために不信感を払拭するよう頼んでいるのだ。定性調査において解釈は、コンテクストの中に位置づけられ、人間性に関する普遍的な見解として提案されない。しかしそれでもなお、解釈が研究したコンテクストに制限されることなく、他者や他の場所、そして関連する現象を理解するのにいくらか役立つことを私たちは望んでいる。別の言い方をすると、正しく分厚い記述は、立つための足を与えてくれて、よい解釈は、舞い上がるための羽を授けてくれるということだ。

2　共有するものを創る

(1)　先行文献と理論の役目

第7章で述べたように、データに基づいた発見志向の調査を強く主張する者は、フィールドに入る前に先行文献を読んでしまうと、ものの見方に影響を及ぼす恐れがあるから避けるべきだと言っているが、私たちはそうでないと言った。第3章で述べたように、虚心とは知識のない頭を意味するのではない。関心の対象となる現象と関連する理論的展望に関するものを、ぜひ読み検討するべきだ。これは、フィールドワークをする前、その最中、終わった後に、行うべきである。その最中に、アイディアが発展し、あたかも風に向かって進んでいく帆船のように、文献とデータの間を行き来する（私たちも効果的にコミュニケーションしようとしてメタファーを用いた）。創造的発想は、折衷的な源泉から引き出したものである。この源泉は、理論と観察とインサイトが、自分の世界観と共鳴するかどうかを自分で振り返る際によく出てくる。最良のアイディアは、シンプルなものであり、特別のものではない。

関連する先行文献のレビューは、マーケティングと消費者についての学術調査のジャーナルや章や本において一般的である。しかし、ビデオにはこのようなレビューがあるのは珍しい。なぜならば、ビデオは、より記述的なものであることが多く、引用を許さないからである。ただし、もしビデオ自体が、教材ではなく研究成果とされるなら、参考文献をあまり目立たない形で巧みに利用だろうが、理論も含まれていることが期待される（Kozinetz and Belk 2006）。文章の場合、慣習として、文献レビューの節は方法と発見事実の節の前にある。こうすると残念なことに、採用された理論的パースペクティブが先験的であるように見えてしまい、データと文献と理論の結びつきを隠してしまい、計画、データ収集、分析が順に起こっているように見えてしまう。発見志向の定性調査で実際に起こったプロセスをきちんと示しているのは、イノベーティブなプロジェクトに限られている。

文献レビューの一般的な目的は、過去に行われた先行文献と理論の一連の流れの中にその研究を位置づけることにある。こうすることで、この研究の貢献を明らかにして、予め示しておくべきである。文献レビューは、「AはXと言った」「BはYを発見した」「CはZと言った」のようにただ引用を列挙するだけでなく、関連する文献の批判的な綜合でなければならない。自分の調査が埋めたギャップを明らかにして批判することで、単なる総和だけでなく、綜合を示すのである。しかし、ギャップを埋めたり、これまで行われなかったことを行うことということは、その研究を発表する理由として十分ではない。これでは、何か新しいものがあるということを示したに過ぎない。より重要なのは、その研究は私たちの理解に何を貢献するか、どのようなインサイトを得られるか、そしてそれは将来の研究をどのように変えるか、ということである。

もし自分の調査の貢献が、重大な出来事がなぜ、どのように起きるのかを説明する完全な理論を構築することであれば素晴らしい。しかし、こうしたことは消費者調査・市場調査においては滅多にない。他の人の理論を展開させたり、例外を示したり、既存理論を新たなまたは面白い方法で応用する可能性のほうが極めて高い。

(2) 面白さについて

マレー・デイヴィスは、素晴らしい理論のすばらしさはその深遠さや意義深さ、真実にあるのではなく、その面白さにあると述べている（訳注：Davis, Murry S.（1971）, "That's Interesting!" *Philosophy of the Social*

Sciences, 1(2), 309-344.）。面白いということは読み手が仮説を肯定することよりも否定することに関する問題である、と彼は続ける。Zaltman et al.（1982）は、どのように面白くできるのかということについて膨大な例を示している。その1つがCaplovitz（1963）の『貧乏人はより多く支払う』（The Poor Pay More）である。普通に考えれば、収入が少ないので貧乏人は財やサービスを金持ちよりも安い価格で買っているはずである。なぜならば、貧乏人には、余分なものや上位モデルの製品を買う立場にないからである。しかし、（訳注：車がないため）地理的移動性が十分でなく、裕福な郊外の超大型店にある低価格の財にアクセスできないため、貧乏人は金持ちよりも高い価格で似たような商品を買う羽目になるというのである。これは興味深い！（そして、そのような重大な傾向は、貧しい消費者が直面する価格の不平等を改善する方法を探すきっかけになる）。

このインサイトは、データをそのまま解釈することを超えており、思い切った議論である。しかし、調査を面白くすることは、読み手の常識にはない別々の論文とインサイトの間につながりをつくりだして、物事を新しく興味深い方法で示して、説得力のある説明をつくりだすということである。後者が強調されたのは、マーケティングの世界では並外れた書き手であるスティーブン・ブラウン（Brown 1998）が、Arnould and Price（1993）による「リバー・マジック」という論文についてコメントを行った時である。この論文を褒めて、「この種の論文では『最高』のもの」だと記した上で、ブラウンはこう続けている。

しかしながら、「リバー・マジック」が、リバー・マジックの経験という魔法を捉えているのか、という疑問は残り続ける。そして、その答えは残念ながらノーである。「リバー・マジック」の論文は確かに私たちにリバー・マジックについて話しているが、悲しいことにそれは私たちに何も示しておらず、アーノルド・プライス論文の冗長な部分に、魔法も超自然的なものも魔術のようなものさえもない。繰り返すように、その論文はそのジャンルにおいて最高の評価を得ているが、これで思い出されるのは、エスノグラフィーの批評家であるマリー・ルイーズ・プラット（Pratt 1986: 33）が述べた「そのような興味深い分野で興味深いことをしている興味深い人が、なぜそのようなつまらない本や記事を書くのだろうか？」というレトリカルな疑問である。

ブラウン自身はマーケティングと消費に関する3部作の小説を完成させるためにエスノグラフィックなジャーナルや本の執筆を一時的に中断している（Brown 2006b, 2008, 2009）。ロブ（Kozinets 2008a）や、Schouten（1991a, 1991b, 1993）、Sherry（1991b, 1998, 2008）、Stern（1998）、Wijland et al.（2010）、そしてZinkhan（1998）は、消費やマーケティングに関するインサイトを伝えるジャンルとして詩を採用している。先ほど引用されたもののようなロブの詩のいくつかは、音楽とともに詠まれている。予め録音されていたり、DJとライブで演奏されたりしている。これらの例が示し始めているように、どのような調査であれ、調査のプレゼンテーションは物語を話す形式をとる。そして、最も興味深いプレゼンテーションは、形式も内容も面白い。ヴァン＝マーネン（Maanen 1988）は、エスノグラフィーとして語る様々な種類の典型例について議論している。現実主義者の物語（realist tales）（冷静な第三者の声による語り）、告白の物語（confessional tales）（非常に個人的な自分語り。フィールドワークで直面した困難についてのメロドラマのこともある）、印象派の物語（impressionist tales）（ドラマチックで、思慮深く、思索好きな語り。フィールドワーカーに特権を与えるような立ち位置からの語り）である。しかし、ヴァン＝マーネン（1988）は、それぞれの物語には明らかな問題点があるとして、それぞれを、字面通りの物語（literary tales）、誰かとともに話される物語（jointly told tales）、フォーマルに焦点を合わせた物語（focused formal tales）、批判的な物語（critical tales）と名付けている。どのスタイルが最も適しているかは、自分であれこれ考えなければならないことであろう。文章作成（もしくはビデオ編集）に見られる技巧については、試行錯誤を繰り返し、真剣に意識すべきだ。つまり、書いて、書いて、書き直すことを繰り返すのだ！すでにあるひな型に当てはめるようとするのではなく、自分の語り口をつくり上げよう。

ビデオを作成する際には、文章にはない考慮すべきことがある。音楽を入れるかどうか、入れるのであれば、どこに何の曲を入れるのか、タイトルやインタータイトル（訳注：映像の途中で挿入される文字のこと）、サブタイトルを入れるのか、どのように移り変わりを示すのか、どのようなペースでビデオを進めるのか、そのビデオがどのようなトーンであるべきなのか、ナレーションを入れるのか、もし入れるのであれば何を話させるべきなのか、どのくらい理論を盛り込むのか、関連する先行研究への謝辞をどのように示すのか、そして、それをどのようにビデオに盛り込むのか、などである。編集作業が順調に進まない時によくみられるのは、凝りすぎることである。ストレートカットが多く、ナレーションとタイトルは最低限にとどめたシンプルなもののほうが良い。ビデオ編集に役立つ本や授業があり、いくつかは第6章で既に引用した。もう1つのコツは、ドキュメンタリーや映画、ユーチューブ、テレビなど、他の人がそれをどのように行っているかを見ることである。自分が見て気に入った技法をえり好みして真似をすることは、とりかかりとして良い方法である。おそらく無意識にそれをやってしまうが、とにかく、他の人の作品を学ぶことは、様々なメディアに批評的になることだけでなく、手早く仕上げるためにも良いことであろう。

消費研究学会フィルム・フェスティバルの最初の10年間、ラスとロブが共同チェアだったとき、フェスティバルで上映される映像の評価のためのガイドラインを作った（Kozinets and Belk 2006）。消費文化理論カンファランス（The Consumer Culture Theory conference）は、映像と詩を取り上げており、今は亡き異端消費者研究カンファランス（Heretical Consumer Research conference）も、調査や理論をさらに別の方法で伝える解釈的な演劇があった。そのような表現的なメディアを使用した発表の別の理論的根拠は、他のやり方で伝えることは難しい、もしくは不可能であることを「語る」ことができる、ということである。自分の踊りが意味するものは何かと問われたとき、20世紀初期の有名な解釈的なダンサー、イサドラ・ダンカンは、伝えられるところによると、「もしそれを口にすることができるのであれば踊る必要なんてないわ！」と答えたという。

EXERCISE 9・1

スティーブン・ブラウンやモリス・ホルブルック、ジョン・シェリーなど、才能があると思う文章を書き、独特の表現を確立している人のジャーナル論文や章を見つけよう。その論文を注意深く研究し、そのような才能のある文を書くために、その書き手が採用している書き方がどのようなものか分析しよう。その人のやり方をかなりマスターできたと思ったら、同じ分量もしくは同じ内容を扱った別の論文を見つけてきて、真似することを決めた作者の書き方で、数段落を書き直してみよう。ステレオタイプなやり方のように思えてしまうかもしれないが、これが良いやり方なのである。書き直しが終わったら、自分が選んだ著者を熟知している同僚のところに行こう。そして、自分が書いたものを見せて、真似た著者が誰なのか同僚が分かるか試してみよう。そして、自分が影響を受けた著者により似せるための建設的なフィードバックをもらおう。このエクササイズによって、今までの書き方から自由になって、独自の表現を磨くことがどういうことか深く理解できるようになる。インスピレーションとアイディアを得るために、Brown（2005）によるマーケティングの文章のスタイルの分析を見てみよう。

(3) 定性調査のプレゼンテーションに含まれるべき内容とは

定性調査とその調査結果のプレゼンテーションに入れる内容は聴衆とプレゼンの手段によって決まる。第7章で議論したような分析に基づく学術的なプレゼンテーションと、第8章で注目したような分析に基づいた実務的なプレゼンテーションとでは、含まれる内容が明らかに異なる。一般的に、そのプレゼンテーションの聴衆によってどの程度の詳細を含むかが変わる。博士論文審査委員会、学界の人々、企業の人々、一般の人々の順に、含まれるべき詳細は少なくなっていく。この詳細とは、文献のレビューや、手法の説明、調査参加者からの引用、理論的な議論や一般的な議論、参考文献などである。そして、聴衆が一般的になるにつれて、調査結果はよりシンプルな言葉で説明される。しかしながら、定性調査は（定量調査も同様だが）、常に率直でシンプルかつ直接的なやり方でまとめなければならない。簡潔な文章と写真、そして積極的な一人称の語り口（例えば、「こういうことが見つかった」、「明らかになった」ではなく、「私はこういうことを発見した」といった言い方）を用いるべきなのだ。自身の発見を伝えるために絶対に必要でない限りは、専門用語や大げさな表現を用いるのを避けるべきである。Walcott（2001）は、何を盛り込み、何を切り捨て、どのように書くか、そしてタイトルの選び方までもについて、良いアドバイスをしている。

メディア（プレゼンテーションの手段）という観点に着目すると、学術論文、ブックチャプター（訳注：本のある章のみ執筆すること）、カンファランス発表論文、パワーポイントでのプレゼン、動画、ウェブでのプレゼン、ブログと変わるたびに、盛り込む詳細は少なくなっていく。これらすべてのメディアでは視覚的なマテリアルを入れることができ、また後者3つのメディアでは音声も用いることができる。メッセージとメディアをうまくかみ合わせることで、使える時はいつでも、マルチメディアの特性の利点をうまく利用することが重要である。これは、パワーポイントすべてに動画を用いるように言っているわけではなく（もしくはプレゼンには常にパワーポイントを作成しろというわけではなく）、注目せずにはいられない視覚・聴覚的なマテリアルがあるのなら、それを言葉で表現するよりも、使ったほうが良いのではないだろうか？

可能ならば、プレゼンをインタラクティブにすることも有効であると思われる。特に、聴衆がトピックに関係しているときや、用いるメディアがインタラクティブな機能を持っている場合などである。例をあげると、オンラインやDVDでのプレゼンでは、非直線的なメディアを直線的に変えようとすることなく、一連の流れの中で、聴衆が特に見たり聞いたり読んだりしたい部分へと移行すべきだろう。こうすると、作業が少し増えてしまうが、聴衆が方法やテーマ、インフォーマント、状況や参考文献、写真などを詳しく検討できるので、結果として彼らの求める詳細を深く与えることができる。一例が、ピーター・メンツェル（Menzel 1994b）の本『地球家族：世界30か国のふつうの暮らし』のインタラクティブなCD-ROMバージョンである。本とCDの両方が30もの国の写真や動画、家族や所有物のエスノグラフィックな研究を報告している。本には索引はあるが、国ごとに構成され、写真とその説明があり、また各々の国と家族について写真とその所有物の説明とともに簡単な記述がある。また、他の多くの国との比較で、テレビや食事、トイレなどの写真と叙述がある。そこには写真を撮った人のノートがあり、まえがきとあとがきに国の統計的な比較がある。DVD-ROMのほうでは、これらの情報に加えて、家族の日常の活動や学校、楽器のビデオクリップや追加の写真があり、またキッチンや輸送、余暇活動などの比較も載せられている。さらに、CD-ROMではある程度好きなように、情報にアクセスすることを可能にしている。1つの家族を追跡したいとか、世界の音楽を比較したいとか、それぞれの所有物の目録を見て家族のメンバーによってそのモノの意味合いが変わることを調べたい場合に、正しいところをクリックすればよいのだ（Keshenboom 1995は例外だが）。CD-ROMによるインタラクティブなプレゼンは多くはなく、DVDやインターネットなどの新たなテクノロジーがCD-ROMに取って代わっているが、それぞれの新しいメディアには同じ可能性が潜んでいる。Farnell and Huntley（1995）はこう観察している。

もしも学術的な生産物の結果が、文化的な出来事それ自体と同じくらいマルチメディア的でありうるならば、CD-ROMのことを念頭に置いてフィールドワークを行うということは、できる限り多様な形のデータを収集することを意味する。動画、音声、写真、絵、地図、歌、インタビューなどだ。そしてそれらを描写する創造的な方法を考え、ユーザーが知りたがる情報を選ぶ、エスノグラフィーは毎回違った形で構成されうる、ということを心に留めて行うのだ。それが楽しいことに気が付いた！（p.10）

Belk（1998）は、この可能性についてさらに議論している。

定性調査の発見事実のインタラクティブなプレゼンテーションがユーザー志向になると、調査者が特定の解釈を視聴者に課すようなコントロールがなくなってくることが分かる。また、関心のある視聴者に多くの生データを提供することができる。調査者とその他の人の間でのパワーバランスの劇的な変化と言えば、生データそのものの共有である（例えばSieber 1991）。定性データの収集に大量の時間と才能を投資したこと、そしてもし別の人がこのデータを見たら、理論的にも実践的にもデータの異なる側面が見つかる傾向があることを考慮すると、データを共有することは大いに意味がある。これは、特にそのデータで私たちがやろうとすることを終えた後に意味があることだ。しかし、これはめったに起こらないことである。それには、弱い理由と強い理由がある。弱いほうの議論は、データが私たちのものだと独占するような態度に基づいている。自分がした仕事のすべてをやることなく、他の誰かが容易に世に公表してしまうことを恐れているのかもしれない。もしくは、自身のデータを用いて、他の誰かが自分の解釈に批判することを恐れているのかもしれない。しかし、データの共有に反対するより強い理由がある。道徳的な理由からは、もしも生のデータがシェアされるならば、インフォーマントのプライバシーが深く傷つけられうる可能性があるということだ。それを避けるための防衛手段もあるだろうが、確かなものではない。より注目が集まっている議論は、第6章にあったように、フィールドワークを行う調査者は、第三者には分からない（訳注：すなわちデータを見ただけでは分からない、その場にいた者でしか分からない）暗黙の知識を持っているということだ。しかしデータが共有されること「も」ある。完全にオープンにしないとしても、私たちに欠けている何かしらの解釈（理論的なノウハウ、経験、執筆スキル、動画編集技術など）について教えてくれるような同僚に限定的に公開することが考えられる。この手の共有はより一般的になってきており、協力者、共著者の間で、ウインウインな状況をもたらすかもしれない。そして協力者はまた、調査参加者自身となりうるし、1980年代の人類学の分野（Clifford and Marcus 1986; Clifford 1988）で注目された説明を解決もしくは少なくとも改善することにつながるだろう。

EXERCISE 9・2

良い研究は、強力なオープニングをもって始まる。それは読み手の探索心を起こすきっかけとなり、注目を集め、書き手の言うことや示すことについて知りたいと思わせることができうる。タイトルや概要は、その論文を読むか無視するかの決定を下す重要なポイントである。タイトル抜きの150ワード程度で、今あなたが取り組んでいる研究が、私たちが注目するに値することを説得してみよう。さあ始めよう！

3　学術ジャーナルで論文を出版する

(1)　発表媒体を選択し投稿論文を準備する

良いエスノグラフィーは正しく評価をするために本のように長いモノグラフを必要とするが、マーケティング系の学界では、学術ジャーナルに論文を書くべきとされている。この伝統に従うならば、比較的少ないページ数で研究を発表するということである（最もページを割いてくれるジャーナルでも、2段組で50～60ページしかない）。ビジネス系の学術ジャーナルは、コンテクストはあまり重要ではないので、理論をより求める。したがって、自分の論文が実現した理論的進歩にまず焦点を合わせる必要がある。カンファランス発表論文やビデオは、記述的発見により十分に集中することを可能にするかもしれないが、これらの発表媒体は発表ができる量に制限がある。ビデオは1時間もしくはそれ以上かもしれないが、20分がより一般的であり、そのようなオンラインのものはたいていそのビデオの一部だけだ。1時間のビデオは、長くみえるかもしれないが、（そんなことをしたら退屈な内容になるが）ビデオにたくさんの言葉を載せない限り、おそらく40ページの論文より少ないことしか言えないだろう。一方、印刷媒体よりも強く、消費者の声（あるいはマーケター）を印象づけることができるだろう。審査がある消費研究のフィルムフェスティバルも、コンテクストだけでなく、理論を求めている。

ビデオでの発表を選ぶ際に他に考慮すべきことは、あなたが編集したビデオ作品をどのように広めるかである。市場調査・消費者調査のフィルム・フェスティバルや、オンラインまたはＤＶＤ版のジャーナル特集号では、審査に有利な点がある。こうした媒体に投稿することで、大学の昇進やテニュア（終身在職権）に関する委員会で、より説得力のある質の証拠と競争力のあるピアレビューになるかもしれない。それでも、このようなプレゼンテーションはやや短命だ。フィルム・フェスティバルや学術ジャーナルの特集号への提出をするだけではなく、より幅広いアクセスを可能にするために、オンラインビデオ（例えばユーチューブやヴィメオ）に投稿するのもよい。第6章で述べたように、ヴィメオのサイトにある「消費研究者制作フィルム」（Films by Consumer Researchers）（http://vimeo.com/groups/136972）は、長い間査読ジャーナルや審査があるフィルム・フェスティバルで受け入れられている映像の投稿先となっている。DVDコピーを送ることはいつでもできるし、効果は大きいが、よりコストがかかり、より狭い範囲にしか行き渡らない。自分のビデオを、消費者行動・マーケティングの教科書メディアに含めることは、より多くの視聴者を得るかもしれないが、研究ドキュメントではなく教材に過ぎないと非難されるかもしれない。一方で、フィルム・フェスティバルには最高のビデオに与えられる賞があることが多く、その研究の質を裏付ける証拠となる。

マーケティングと消費者行動分野のジャーナルへの投稿については、3大ジャーナル（『ジャーナル・オブ・コンシューマー・リサーチ』『ジャーナル・オブ・マーケティング』『ジャーナル・オブ・マーケティング・リサーチ』）のうち前2者は、定性調査を受け入れている。欧米そして英語とフランス語圏では、定性調査を受け入れられる良い他の学術ジャーナルが数多く存在する。だがしかし一般より少しページ数に関しては制限が厳しいかもしれない。もし3大学術ジャーナルに投稿するのは不向きなら、かなり専門的だが一部の学術ジャーナル（例えば、旅行、エスノグラフィー、マーケティング理論、消費文化）は、良い投稿先である。

もし自分の博士論文を投稿したいなら、私たちの同僚マーカス・ギースラーの親切なアドバイスを聞くべきである。博士論文なんて捨ててしまえ！　これは極端に聞こえるかもしれないが、学術ジャーナルへの投稿のためには、改めて論文を書き直すべきであり、自分の博士論文の一部を切り取るべきだと思い込む必要はない、という意味だ。このアドバイスに関わることとして、博士論文は、複数の小論から構成されており、全体から部分を切り出すことができるかもしれない。しかし、ここで大事なのは、学術ジャーナルの慣行とライティングスタイルは博士論文のそれと同じではない、ということだ。そのジャーナルで発表された関連論文を引用し、自分の論文がその学術ジャーナルのスタイルシートに合わせなさい。そのジャーナルに掲載されている解釈的な論文を見て、文献レビュー、方法、結論それぞれにどれだけの文章量を費やしているかを確認しなさい。読者が理論についてどれだけ詳しいのか、ということを、これらの論文の著者たちは期待しているのだろうか？　もし詳しくなさそうならば、シンプルな説明を心がけるべきである。先行研究をよく分かっていることを示すために、レビューに文章を費やせないとしても重要文献は引用すべきである。そうしないと査読者はレビュー不足として批判するだろう。しかし最も重要なことは、上手に書くということだ！　もしあなたが英語で投稿しようとし、英語があなたの第一言語ではない場合、投稿する前に英語が母語であるコピーエディターに見てもらったほうが良い。

記述として書かれたことと解釈として書かれたことは、確実に区別すべきである。分厚い記述は説得的にするために必要であるが、面白いからといって不必要な詳細は含めるべきでない。解釈は、インタビューや観察の詳細を省く自由度があるが、その解釈を裏付ける根拠は必要である。例えば、論文の前半に述べた記述データを後（訳注：の解釈の議論）で引用することが必要だ。文献レビューは、発見事実や解釈の部分で行うものではない。もちろん、これらの部分でいくつかの論文を引用することはできるが、あくまで自分が行ったことが主となる必要がある。議論の部分では、より多い文献を引用して自分の主張を強化することができる。あるいは、自身の結論を支持する論文や、他のコンテクストにも適用できることを示す論文と関連づけることができる。

本の場合には、通常、本の企画書とその本に対する市場と読者の評価とともに、サンプルとして1～2章分の原稿提出を出版社は要求する。出版社の中には、定性的な市場調査と消費者調査に関する論文により肯定的な反応を示すところがあるので、これまでの刊行タイトルを確認すべきである。本だけではなく、カンファランス発表論文、学術ジャーナル論文、およびビデオ、ブックチャプターも発表の手段である。もし自分の研究と関連した関連した本を誰が編集しているか分からないときは、カンファランスで発表することで同じ目標を持つ人々と出会うことを狙うべきである。もちろんメーリングリスト、ウェブサイト、ディスカッションフォーラムに参加し、セッションや本の企画書を作ったり書いたりしてくれる人を探すこともできる。後者の場合は、1人で、もしくは同僚と一緒に自ら出版物を編集しているという想像してみよう。この場合、あなたが書いた企画書には、執筆者候補を挙げるか、執筆に同意した著者の例を示すべきである。

もしブログやウェブサイトを運営しているか、ユーチューブやヴィメオ、または他のソーシャルメディアサイトで発表をしている場合、次の節で述べるレビューのプロセスに関する内容は読まなくても良い。自分の作品以上に重要なことはないからだ。こうした個人発信は、より多くの人々に自分の研究を伝える優れた方法である。特に作品へのコメントを受け付けるならば、そうしなければ出会えなかったはずの様々な人々に「会う」ことができる。しかし、学界や産業界もまたあなたの研究を評価していることを忘れてはならない。グラント・マクラッケンのブログCultureBy（http://wwwcultureby.com）とロブのブログBrandthroposophy（http://kozinets.net）は、見本となり、インスパイアを与えてくれるだろう。

(2) 査読者とエディターへの対応

論文や本の企画書や動画を、書いて、書いて、書き直して、査読のために送ると、あなたはやっと安堵のため息をし、査読結果がくるまでの何週間を緊張しながら過ごすだろう。第2ラウンドの査読を拒否されたり、「デスクリジェクト」されて最初の査読すら行われないこともある。改訂する機会が与えられる、もしくは「拒否されたものを大幅に修正し再提出する」ことは素晴らしいことであり、アクセプト（訳注：論文のジャーナル掲載を認めること）される可能性が高まる。一般的には、改訂する場合は、個々の査読者よりもエディターと上級エディターの要求に応えるべきである。投稿者と査読者を取り持つこうした仲介者（訳注：エディターや上級エディターのこと）は、査読者のコメント群に優先順位を付け、論文修正が上手くいくためには何をすべきか教えてくれる。このアドバイスは真剣に受け入れるべきである。その一方で、いくつかには反対しても良い。すべての査読者が言った通り行動するのは失敗の要因になり得るからだ。彼らはたまにあなたの論文に対し違う観点を持っている場合もあるため、エディターや上級エディターが仲介するのである。ある点について反対する場合は、反対する理由を明確にする必要がある。例えば、スペースの制限から、すべてに対応することは無理である。投稿者の意図することや証拠について査読者が誤解している。査読者が言いたいことは理解できるものの、それに対応するには完全に研究をやり直さなくてはならない。別の国や場所でフィールドワークをしている場合は、そこに戻ってデータの収集をすることは不可能である。もし交渉決裂であれば、そうするしかない。

出版されるようになった時、最も大事なのは粘り強さである。たとえもしあなたがコミュニケーション上の問題があると感じたり、レビューや明らかにしようとする手段によって混乱しているとしても、これはエディターに会ったり、理解を請うことではない。これは残された夢を追うことである。著者になりたい人のほとんど多くが最初のネガティブなフィードバックをもらうと諦めてしまう。作品は自分の赤ん坊だ。現実的に、しかし頑固になりなさい。自分のアイディアを完全に変更することを怖がるべきでない。査読プロセスは、協力し合う努力である。査読者やエディターは、別の理論を紹介したり、観察についての別の見方を示してくれたり、別の文献を薦めることで、助けてくれる。そのようなアドバイスは選択的に受け入れなさい。しかし、それを否定する前に十分に検討しなさい。そして自分が選んだことが正しいと説明できるようにしておきなさい。解釈プロセスが論文提出で終らないように、文献レビューや理論構築も終わることがないのである。どんなに辛くても心を開いて良いアドバイスに感謝しなさい。この本の著者それぞれは、エディターや上級エディターを担当しており、定性調査論文が却下される一般的な理由が論文の理論的な貢献において十分な深さとオリジナリティがないことだと考えている。恐れずに自分の解釈に自信を持つべきである。解釈がデータのみから生まれることは滅多にない。データを離れて、おそらく何か違うことを考えているときに生まれるのだ。もしかしたら寝ているときにも起こるかもしれないから、ペンと紙とレコーダーをベッドサイドに置いておこう。そうしないと朝になったらアイディアを忘れてしまう。

「一流」学術ジャーナルの誌面は貴重で、エディターやおそらく査読をする人も10～20％もしくはそれ以上の割合でページ数を減らそうとする。カットするように迫られた時、あなたはどうやってより簡潔に言い表すか、何が本当に重要なのか決める必要があるだろう。もし参照すること（例えばA, B, C, and D）があるならば、2つや3つ以上列挙してはいけない。これらは例であり、徹底的なリストを意味しているのではない。短いシンプルな文章がもつ美徳について学ぶべきである。引用をいくつかカットすることもできるし、段落分けしたり要約したりすることもできる。インタビューやエスノグラフィーの観察的パートも活用しよう。

EXERCISE 9・3

一流の消費研究学術ジャーナルに自分が提出した論文が査読されているとしよう。さらに査読結果の中の半分の論点には納得するし、他の論点は間違っているとあなたが思っているとしよう（どれなのかは選ぶことができる）。なぜならば彼らはあなたがしようとしていることを誤解しているからかもしれない。あるいはあなたの調査の誠実さを信用していないからかもしれない。さらには、既に長い原稿に、本質的でないことを、書き加えさせようとするかもしれない。レビューに対する建設的な答えを用意しよう。受け取ったコメントの一部分が要求する変更は既に対応したとしよう。

査読結果：貴論文をXYZに投稿して頂きありがとうございます。３人の知識ある査読者に読んでもらいました。それらを左のようにまとめました。特に最も重要だと思ったものをあげました。３人の査読者全員が、どのように人々が入浴するかは重要なトピックであるにもかかわらず、消費研究では無視されてきたということに同意しています。同時に、どのように調査が行われ、理論づけられ、プレゼンテーションされたのか、という点について、査読者それぞれが深刻な懸念を表明しています。私見によれば、大きな懸念は次の通りです。

1．原稿が長すぎること。特にあなたのレビューと発見に関する節です。あなたの研究を評価するのに本当に入浴や衛生の歴史を知ることが必要でしょうか？　その後に、２人の男性と2人の女性からの結論を提示しているが、私たちは本当に追加の情報における少しのバリエーションを知る必要があるでしょうか？シャワーを浴びることとバスタブにつかることを含める必要はないと思われます。どちらか一方に集中してはどうでしょうか？　査読者AとCの指摘を確認してください。

2. 査読者も私も、これは敏感なトピックであり、入浴するところを写真で撮ったり動画で撮影したりする許可を専門的なモデルが入浴する前に取らなければならないことは理解しています。しかしこれには2つの問題があります。(1)入浴や乾燥の手順を再現させるために、服を着たインフォーマントに（水なしの）擬似的な入浴やシャワーを浴びてもらうのは不十分ではないでしょうか？ (2)こうした擬似的なシャワーの写真を見せる必要があるのでしょうか？ 意味がないのではないでしょうか？ 言葉ではできない写真が果たす役割にあなたは何を期待しているのでしょうか？ 査読者Bは、モラルの問題があると言っていますし、この学術ジャーナルの読者にも同じ見解を持つ人がいると思います。

3. さらに根本的には、参与観察を行う必要が本当にあったのでしょうか？ この研究は、人々に演じさせるというよりもシャワーを浴びたりお風呂に入ったりした経験を描写させることによって行われてきたわけではないでしょうか？ 査読者は誰もこの点を明確にしていませんが、あなたの方法について批判的な議論を強調しているように見えます。

4. 研究におけるあなたの今の理論的な貢献の数々は、メアリー・ダグラスの汚穢《おえ》と禁忌に関する概念が、現代の北米における体を清める儀式に影響を与えているというように様々な方法を指し示しています。しかし、彼女の研究の多くは、聖書の禁止と「原始的な」人々の人生を基礎にしています。これらの概念を使うことを、どのように正当化できるのでしょうか？ 正当化できないのならば、査読者AとBが提案しているように、代替的な観点が必要です。その点において、査読者Bは、エリザベス・ショウブ（Shove 2003）による清潔好きの商業化に関する研究を勧めています。いずれの場合でも、よく知られているけれども新しさを提供していないダグラスの研究を超えて、あなたの貢献を発展させるためには、何かが必要です。

5. 査読者Cはもう1つの問題を示しており、私もこの点は重要だと思います。あなた（とあなたのインフォーマント）は、清潔さや他のことについて、否定しようがない素晴らしいものと決めて道徳的な物言いをしがちです。しかし、この査読者が記しているように、行き過ぎた洗浄癖はＯＣＤ（強迫性障害）とも考えられます。Abrahamson and Freedman（2006）は乱雑であることや散らかっていること、汚いことは私たちの生活の中で利点があり、あまりにも整然としていてきれいすぎると創造性や変化が生み出せなくなると主張しています。自分のデータについて、他の道徳的な見方から厳しく批判的に見る必要があると私は思います。少なくとも、あなたは、アブラハムソンとフリードマン、査読者Ｃから挙げられた点に反論する必要があります。

査読者から挙げられた他の点について１つ１つ繰り返すことはしませんが、これらも非常に重要な指摘です。以上を考慮すると、現状のこの論文をアクセプトできませんが、かなり異なる論文になるのならば受け入れ可能です。もしあなたが改訂すると決めたなら、今の論文からの変更点をまとめ、特に上記の点に応じた簡潔な返信を用意してください。私たちに論文を送ってくださりありがとうございました。ご多幸をお祈りしております。

敬具

エディター

4 結　論

この章で私たちがしようとしてきたことは、誰かに伝えたい調査内容を公表する方法を広げることである。伝え方には様々なものがあるが、現実的には一流の学術ジャーナルで出版することが、学問的なポジションについている多くの定性調査者にとっては、依然として最も優先順位が高いことだとも分かっている。もしあなたの所属する組織が「最高位の」学術ジャーナルしか業績として考慮しないのなら、昇進するまでの数年間は、幅広い人々に発表することは避けなくてはならない。しかし、あなたが本当にやりたいことで、読者や学生、観察者だけでなくあなたの人生をも充実させるかもしれないことを先送りにするのは、簡単なことである。ジョージ・バーナード・ショーが作ったとされる次のような話を思い出させる。ロンドンで行われた社交パーティで、彼は女性に「100万ポンドで自分と寝ないか」と聞いた。「まあ、100万ポンドならいいわよ」と彼女は答えた。「では10シリングではどうか」とバーナード・ショーが言うと、「絶対だめよ！　私のこと、なんだと思ってるのよ！　娼婦とでも？」と彼女。すると彼は「もう交渉は成立している。あとは値段を決めるだけだ」と言った。要は、理想を妥協し始めたら、なりたい自分をもうあきらめてしまったということになるのだ。そして、そうし続けると、自分が求める創造的なチャンスをものにするのが、ますます難しくなる。

だから、自分の定性的な研究を発表するという選択を排除すべきではない。しなければならないことだけでなく、したいことができる方法を見つけなさい。広い視野で考え、広範囲にわたって「出版し」、多様な読み手と対話するように努力しなさい。さもなければ、あなたの研究がどんどん狭くなり、あなたの読み手がどんどん偏っていき、非常に限られた似たもの同士の集団に話しているかもしれない。人々の人生により大きなインパクトを与える機会を逃してしまうのである。

第10章

最後に

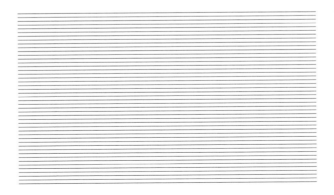

これは最終章だが、定性調査に終わりを告げることはできないだろう。定性調査や消費のダイナミックな状態を考えるならば、本書は、消費者調査や市場調査の進化の終わりを告げることよりも、進化がさらに拡大していることを明らかにしている。本書を書くことで、まだ初期段階ではあるが萌芽しつつある調査分野を検討する貴重な機会をタイミングよく得た。異なるジェンダー、視点、世代の調査者として、私たちは1冊の本の中で、やや一貫した方法で、様々な考え方を描き出そうと努力した。また、それはベテランと新人の学者、実務向けの市場調査者、消費者インサイトに関わる実務家、アカデミックな環境で教える教員など、様々な読み手に向けられた本を書こうと試みた。この最終章では、本書で提供しようとしてきた教訓や討論や考察を要約し拡張した「賢明な」(sage) アドバイスを提供したい。同じ立場の研究者に対する戒めと課題として私たちが共有したこれらのインサイトは、次のようなものである。新たなコミュニケーション技術についての検討、方法論的道具箱の開発、時間がかかるという定性調査の本質、直接的経験という価値、チームワークの有益さ、バックアップの必要性、感情的関与という定性調査がもつ本質、言語としての科学的調査という本質。

学術や実務を問わず、定性的な消費者調査や市場調査の実践には、ヘロドトスの古代ギリシャにおけるエスノグラフィーだけでなく、ソーシャルメディアやオンラインの相互作用について最近取り組まれている調査まで含まれる。したがって、過去の確立されたエスノグラフィーの実践や、急速に進化しているデータマイニングやネトノグラフィーの実践を問わず、戒めと課題、簡潔なインサイトという形での私たちの考え方を示したい。また、これまでの章で詳しくは論じられなかったが再び強調しておくべき考察について述べたい。

過去数十年進化したデジタル革命が、私たちの生活や消費、定性調査など様々な調査方に多大な影響を与えたのは明らかである。しかし、私たちの生活がかつてない変化を遂げているという印象に惑わされてはいけない。過去に何度も、新技術愛好（technophilia）（あるいは新技術恐怖症（technophobia））が、電報、電話、ラジオ、テレビ、車などを含む多くの過去の技術を待ち受けた（Gietlman 2008; Marvin 1988; Nye 1994; Standage 1998）。これらの技術は、「実際に」私たちの生活に深いインパクトを与えたが、過去に熱狂した者が予言したほど破壊的ではない。例えば、ケーブルテレビの影響を予測した次の熱狂を考えてみよう。

ケーブルテレビ…それは他のテクノロジーにはない人々をつなげる能力を秘めていた。それはどこでも可能な相互的コミュニケーションをもたらし、エレクトロニック・デモクラシーに統治されたネットワーク社会におけるガイドになるであろう。多重チャネルの世界はコミュニティを復活させ、学校を活性化し、貧困に終わりを告げ、銀行やショッピングモールなど全てのものへのニーズをなくし、車への依存を減らす…つまり、ケーブルテレビは世界を変えるであろう（Mosco 2004, p.1）。

もしこの予測が何かと似たように聞こえるのなら、それは私たちがインターネットについて同じようなことを聞いたことがあるからである。そして私たちはミレニアムの終わりにドットコムバブルを経験したかもしれないにもかかわらず、２０１２年に世界で最も価値のある企業としてアップルが繁栄していることを目にして、私たちはバブル２・０の真っ只中にいると主張する人もいる。ゆえに、私たちの第１の警告はこうだ。**新技術を使った定性調査や新メディアを調査することの潜在的な可能性について、あまり過大評価すべきでない。**

最近の多くの消費現象では、オンラインのクチコミ、オンライン格付けサービス、ネットショッピング、その他のオンラインに関する手段の出現という形でインターネットが関わってることは、もちろん考慮

「すべき」である。実際、オンラインのコミュニケーションや社会的行動の調査やコネクションや分析がなければ、特定の文化的・社会的集団や現象を研究することは不可能になってきているという研究者もいる（例えばGarcia et al. 2009）。しかし、これらの現象の現実世界での兆候が未だに存在しているときに、これらの兆候のみに注目するのは間違いである。例えば、コンピュータやカメラを試着室やディスプレイに設置しているデパートや服飾店もある。それらのデバイスを使って、全身を写真に撮ってフェイスブックに載せて、友人からすぐにフィードバックがもらえる。これは共創的な自己構築に関わるという点で、調査するのに面白そうな現象である。しかし、調査する服の他の側面や社会に見られる様々な側面を見落とすのは誤りである。そのようにすることはコンテクストの重要性や、読んでくれるかもしれない論文の読者や、私たちが買って着る服への影響といったものを無視することになろう。状況に応じた服の選択を観察的に調査すること、インフォーマントが着たり着なかったりするアイテムが収納されているワードローブの調査、古着屋の調査、服の小売店の雰囲気の調査、服についての日記、投影法など可能な限り考えられる様々な定性調査は、オンラインで観察される行動やインサイト以上のものを提供してくれるのだ。

これはまた、2つ目の提案を導く。**大きな方法論的道具箱をつくりあげて、取り掛かっている問題またはリサーチ・クエスチョンに適したツールを選択しなさい**。自分の道具箱の中にハンマーしか入っていないときは、それで叩くしかないという古いことわざがあるが、問題の内容にかかわらず、ここでも言えることである。完全な道具箱には、観察、深層インタビュー、投影法、エスノグラフィー、ビデオグラフィー、ネトノグラフィー、内容分析、データマイニングなど、ここで説明された定性法はもちろんのこと、定量ツールも含まれる。本書では、定量的要素を含む幾つかの技法や、データマイニングとコンテント分析などの定性的、定量的アプローチを結びつける可能性について簡潔に説明した。コンピュータ処理されたデータの「分析」パッケージはまた、もともと定性的なデータに定量的にアプローチすることを容易にしている。消費者と市場についての定性調査者の中には熱意が強すぎるため、自分のやり方が、神聖な儀式、神、（定量的立場をとる）悪魔からなる宗教のように見えることがある。そのため定量的手法が間違っており、本質的に操作的であり「邪悪」である、と罵られることとある。これは、定性的手法を浅はかでジャーナリスティックで未完成だと定量調査者が軽蔑することと同様に間違ったことだ。どちらの敵対心も、様々な点から非生産的であり、科学的探求に見られる学際性や、制約を受けないというスピリットに反している。

したがって、才能と評判における免れない制約があるという認めざるを得ない事実を受け入れるならば、調査へのアプローチは、興味深いコンテクスト、理論、概念を特定し、ふさわしいツールを選択することから始めるべきである。そうでないならば、方法にこだわって、それにふさわしい問題を求めていることになる。これは最善のアプローチではない。こうした場合、扱うことのできる問題は限定され、ツールと問題の不適合（ハンマーの法則）を引き起こす。また、面白いコンテクストまたは理論的観点に興奮して研究を始める場合よりも、情熱的でなくなってしまう可能性がある。これが意味するのは、新たな調査アプローチを学んだり作り出すことが、この先ずっと続くということである。技術が工夫に満ち変化しうるということは、現時点では存在しないためここでは議論がしようのない新たな方法を採用すべき機会が常に存在し続けることを意味する。定量調査よりも、定性調査においてのほうが新たなアプローチを創造することが容易であると私たちは考える。また、消費文化理論のコミュニティは、データ収集、分析、調査結果の発表に関する新たな方法にオープンである。実際、Arnould and Thompson（2005, p.870）が述べているように、「定量的測定と分析技術が、いま議論されている理論的アジェンダを前進させることができるように、消費文化理論の研究者は方法的多元論の立場を取る」（例えばArnould and Prince 1993; Coulter et al. 2003; Grayson and Martinec 2004; Grayson and Shulman 2000; McQuarrie and Mick 1992; Moore and Lutz 2000; Sirsi et al. 1996)。この方法論における自由を楽しまない理由があるだろうか？　採用すべき方法の選択に公平になり、取り組む調査問題に有益になるアプローチをつくり上げる際に独創性を発揮すべきである。

3つ目の注意は、定性的手法に不慣れであり、特に過去に定量調査しかしたことのない人に向けてである。**定量的手法と比べると、定性的手法は、より多くの時間を要し、より積極的に参加することが求められ、習得することにより努力が必要であり困難なことが多い。**私たちは決して、「君、自分で試さないで、プロに任せなさい」と言っているのではない。あなたが定性調査を行うことは大歓迎だからこそ、私たちはこの本を書いたのである。しかし、定性手法が定量手法よりも簡単であることを期待している人や、定量スキルに問題があるから定性調査をする人は思慮が足りない。定性調査は、フォーカスグループをちょっとするなど、手軽に表面的に使うこともできる。しかしこのようなアプローチでは、もちろん議論している現象を表面的にしか理解できない。

質の高い深層インタビューや詳細なフィールドノーツがある観察を行うスキルは、話す、聞く、見る、書く能力があれば勝手に身に付くものではない。実際、強力なインタビュー技術を学ぶには、少なくとも50の大規模なインタビューを経験していることが前提になるだろう。エスノグラフィー・スキルは、本から学ぶことのできる内容を超えており、研ぎ澄まされた社会的、政治的スキルと、現場で起きたことを記憶し鮮明に記録する能力を指す。これらのスキルを身につけるには、膨大な練習を必要とする。オフラインまたはオンラインのどちらでも、定性調査は、能動的な関与を必要とし、「被験者を扱う」ことができる実験室アシスタントに任せることは基本的にはできない。実験やサーベイ調査もスキルや知識や解釈的な能力を必要とするため、こうした定量調査を軽んじているわけではない。しかし定性調査では、修業とデータ収集により長い時間がかかるのである。さらには、得られたデータを、決定的で具体的な結果を出してくれる統計プログラムにインプットすることができない。したがって、どのような調査であれ、多くの定量的手法よりも、また自分が予想しているよりも、多くの時間を投資できるように準備している必要がある。この時間の長さは、学術的研究よりも深刻な時間的プレッシャーにある実務向けの市場調査にも当てはまる。

4つ目の提案は、前に述べた点に関わるが、矛盾することでもある。つまり昔のナイキのスローガン「Just do it!」である。ヒントやコツや手法や提案を与えることはできるが、本当の定性調査を学ぶことができる唯一の方法は、それを使ってみることである。前の段落で、見習い期間について言及したが、経験を積んだ定性調査者とともに調査を行うことも素晴らしい経験になるのでお勧めする。しかし、次のような困難に直面しない限り、「調査する」ことの本当の意味を完全に理解することはできないだろう。ここでいう困難とは、深層インタビューで信頼とラポールを築くことだったり、調査者を当惑させるような無秩序な行動や会話の中から観察する対象を決めることだったり、特定の話題について調査するためにインターネット上に溢れる無限の文章や画像の中から意味を見出そうと試みたりすることだったりする。これまでの章でたくさんの実践的なエクササイズを提示してきたのは、こうした理由からである。これらのエクササイズは、この本を使って学びを深めるためのカギとなる。他の人とオンライン上で共有できるようソーシャルメディアを活用してエクササイズを充実する計画を進めている。どのようなアプローチなのかを問わず、より良い定性調査者になるための知識やスキルは、教師と学生がともに創り上げるものであり、一方がもう一方に教えるという関係は次第になくなっていくのである。

定性調査を行う際に、実践から学ぶことが重要であることは既に述べたとおりだが、他のタイプの調査においても恐らく重要だろう。過去10年から20年間の間、人類学を学ぶ学生たちはエスノグラフィックな訓練など受けたことはなく、また大学の指導教員との連絡手段がほぼない状態で現場へと送り込まれていた。彼らはそこの文化に足を踏み入れる前に、現地の言葉をかなりよく学びエスノグラフィーに関する先行研究を読んではいただろうが、ほとんどの部分は調査が進むにつれて埋め合わせていくような状態であった。つまり、彼らはエスノグラフィーに関する先行研究をいくつか読んだだけで、最終的な結果を得るためには自分の彼らの想像力を使うしかなかったのである。今日の人類学、消費者調査では、学生たちはそのような厳しい状況に投げ出されるようなことはなく、また外の世界と連絡をとることはかなり容易に即座にできるようになっている。ガルナー・タンバットが、ラスの指導を受けている博士課程の学生だったときに、エベレストのベースキャンプから遠く離れた場所で、彼女ひとりで数か月間にわたって調査を行ったことがあった。しかしそのような状況でも、ラスと電子メールを使って連絡がとれていたし、場合によっては衛星電話を使って電話で話すこともできたのである。そうであったとしても、博士論文研究から『ジャーナル・オブ・コンシューマー・リサーチ』受賞論文などを出版できるフィールドワークを経験できたのは、彼女の多大な創意工夫と努力によるものであることは特筆すべきことである。

すでに前の章で触れてきたが、ここでもう一度、読者に勧めるのは、**調査は全て一人で取り組むよりもチームで取り組むほうが簡単である、**ということである。ガルナーがエベレストでの調査を行う際に、パートナーやチームメンバーを連れていくことができたら、彼女は感情の面でも、調査遂行の面でも、とても安心できただろうことは言うまでもない。しかし、調査は学術論文のためであり、ベースキャンプに行くには多額の費用がかかり、調査者が自宅と現場を簡単に行き来できるような場所ではないなどの様々な理由から、チームで取り組むのは不可能だったのだ。同僚の研究者らからなるサポート・チームがいたにもかかわらず、ラスが初期に取り組んだ消費者行動に関する予備調査のフィールドワークの経験について次のように報告している。

フォーカスグループを行ったことはあるし、ビデオ講義を受けたばかりだったが、現場での深層インタビューは自分にとって未知なことであった。私は興奮すると同時に怯えていた。しかし、不用品交換会（swap meet）で人々と寝食をともにしその雰囲気を味わうことで、人というのは基本的にはフレンドリーで、人助けを好み、そして真剣な興味を持つ者に対しては報いようとするものだと学んだとき、私はインタビューを怖いと思うことが少なくなった（Belk 1991b, p.7）。

メラニー・ワーレンドルフとジョン・シェリーが調査チームの一員であったことで、この調査がかなり容易になり、そしてよりためになる入門的調査になったことは言うまでもない。さらに言えば、ビデオインタビューを行う際は、最低でも2人でチームを組むのが望ましい。1人がU規格のビデオ（訳注：テープ幅4分の3インチのカセット式ＶＴＲ規格のビデオカメラ。現在のものと比べるとても大きく重かった）を操作し、もう1人がインタビューを行うことができるので、1人でやるよりもずっとやりやすい。加えて、第7章で述べたように、調査チームを組むことで、メモ取り、デブリーフィングや、比較のためのノート作成が可能になる。これらの協同作業によって、メンバー同士の連携が高まると同時に、新しいアイディアを生み出す生産性が高まる。

消費者行動オデュッセイア（Consumer Behavior Odyssey）（Belk 1991a）から得られるもうひとつの提案は、**必要不可欠な機器は2つかそれ以上の予備を持っていくべきである**、ということである。第3章と第6章で述べたように、録音機器、ビデオレコーダー、スマートフォン、タブレットＰＣ、そしてパソコンはどれも重要な場面で壊れたりバッテリーがなくなったりするものである。ボールペンや鉛筆でさえインクがなくなったり、折れてしまったりする。カメラやビデオカメラには、余分のメモリーカードを持っていくことで、いつでも安心して使える。エベレストのベースキャンプで近代的なコミュニケーション機器が使えるといっても、ガルナー・タンバットが準備していなければ予備の機器を見つけることはできないだろう。このアドバイスは、第6章で詳しく述べたように、これらの機器を失くしたり盗まれたりして記憶をたどって、すべてのインタビューを復元しなければならない状況にいる調査者にも言える。定性調査では調査者自身がとても重要な道具なので、病気やその他の緊急事態に備えて代わりの人々を準備しておくことも大切である。消費者行動オデュッセイアでは、メンバーのハル・カサージアンは妻の病気のため予備調査から抜け、トム・オーグウィンは調査の途中で怪我をしたため脱退し、チームは撮影隊長を失った。もう一度言うが、異なる技能を持つメンバーからなる調査チームを作ることで、こうした緊急事態を乗り越えることができるのだ。

より人間的なレベルで言うと、**インフォーマントと感情的に親密になる心構えをする**、ということである。実験や調査、2次データの分析のように調査対象に干渉しないアプローチと違って、参与観察を利用し、長期的な絆をつくり、深層インタビューを行い、ラポールを形成しインフォーマントに対応することで、彼らとの人間関係を発展させる。この場合、お互いに情報をやり取りしたり、助け合ったりすることが多い。例えば、ラスたちが、タイのHIVに著しく感染した地域で、ゲイの消費者についての調査を行っていた時、多くの人が安全な性行為についての知識を持っていないことが判明した。彼らはタイを離れる前にこの情報を共有しなければならないという義務感を感じた（Belk et al. 1998）。このように、定性調査は、社会改革を試みる「アクションリサーチ」あるいは「参加型リサーチ」と呼ばれてきたものへと、次第に変わりうる（Ozanne and Saatcioglu 2008参照）。あるいは、友人になったインフォーマントと電子メールのやりとりを続けていることがある。インフォーマントの家の食事に招待してもらったり、私たちの家に泊まってもらったり、現場を離れてからも資料を送ってもらい続けてきた。そして、私たちは約束していた論文やビデオを送ったりした。ロブは、イベント参加者とともに暮らしてキャンプしなければならなかったバーニングマンでのフィールドワークを通じて、あらゆる社会ネットワークを築きあげた。このネットワークには、多様な学問分野の興味深い学者との協力関係も含まれている。社交に関するこの種の話はいつも当てはまるわけではないが、調査者は、どれだけ社交的になり絆をつくるのかということは、特にエスノグラフィー調査の際には、意識すべきである。そのような親密な関係が実験やサーベイで生じら驚いてしまうが定性調査においてこれは自然なことである。

本書を通して明白に、または暗黙に繰り返されていた別の重要な指示は、次のものである。**自分のデータに対して正直で親密であり続けなさい。**あなたは定性調査のデータ収集と分析方法について、多くの知識と技術を学ぶだろう。そしてまた、自分の調査を実施し、発表をするための独自のスタイルを発展させていくだろう。事実、芸術家のように、自身の調査スタイルが独特になればなるほど、自身の考えや学術を発展させる機会が大きくなる。例えば、アルスター大学のスティーブン・ブラウンは、独自のライティングと発表のスタイルを発展させただけでなく、マーケティング分野における他の学者の独自のスタイルを分析し、それについてまとめた（例えばBrown 2005）。

例えば、自分にとってのミューズを追い求める際に、定性的な消費者調査や市場調査を行う学者の中には、NVivoやAtlas.tiのようなコンピュータのプログラムを利用して分析を行うことを好む人もいれば、それらを避ける学者もいる。私たちは皆、利用したことはあるが、これらを使わずに、よりシンプルなデータ検索やコーディングのためのプログラムを使用することを好む。最大の懸念は、より洗練したプログラムが分析者とデータの間に入り込み、私たちが避けようとしていたグラウンデッド・アプローチへと導いてしまうことである。これらのプログラムは、豊富でエティックな解釈を必要とするようなデータを超越することを難しくしてしまう。しかし、これらのプログラムを試して、どのような役に立つのかを確認すべきだ。強力なプログラムのすべての機能を使う必要はなく、プログラムの一部はオプション無しで使用することができる。どれが自分にとって一番よいのかを探すようにして、私たちのアドバイスに頼りきるのはやめるべきである。将来、より優れた音声認識ソフトウェアが出て、書き起こしせずに音やビデオを直接コーディングできるようになると、書き起こしという退屈な仕事は時代遅れと言われるだろう。写真や高解像度のビデオや録音ができるスマートフォンがあるので、突然インタビューする準備ができなかったと言い訳することはできない。そして、消費者と市場についての定性調査者が気を抜かないためには、決して「オフ」の状態になってはならない。というのも、チャンスが、多くの場合とても良いチャンスがいつでも待ち構えているからである。興味深い消費現象や、非常に見込みのあるインフォーマントや、メモを取りたいと思うような興味深く印象的な調査内容や、予想外な興味深い写真を撮る機会や、思わぬ調査機会に偶然出会うことがあるのである。たとえ（特にもし）あなたが博士課程の学生だとしても、多くの調査計画を実行し、新しい興味の現象を逃さず、そして24時間いつでも、どこにいようとも、予想外のフィールドワークに備えておきなさい。

最後に、本書を通して様々な方法で強調してきたアドバイスは、これである。**調査自体が言語であることを忘れないように。**私たちは、ヴィトゲンシュタインの哲学にしたがってこの論理的結論に達した。研究の世界一般もそうだが、定性的消費者調査・市場調査の世界を、文化的に構築された意味合いとダイナミックな社会的慣習から成り立っている場であるとみなしている。ジャーナル、企業環境、消費者インサイトに関わる実務家、編集体制において、流行るものは1年や10年で変わってしまうのだ。したがって、よく知らない人や同輩などが共有する言葉や規範や慣習を、研究者として学ぶことは、極めて重要なことである。彼らとは、お互いに研究を評価し合うことになるのだ。この分野の調査の質の高い研究とは何か、そして、どのようにその研究を発表し判断するかを、綿密に述べてきたが、これらの基準は常に変化している。唯一できることは、調査に関わる言葉を学び、最近の会話に遅れずについて行くことである。

学界にいるならば、なすべきことは、一流の学術ジャーナルを読み、それを吟味し、少なくともいくつか一流のカンファランスを出席して参加し続けることである。もし学術研究者であるなら、消費研究学会（Association of Consumer Research）と消費文化理論（Consumer Culture Theory）の年次カンファランスを出席することを計画しよう。もし業界で働いており、実務的な定性研究をしているとしたら、ＥＰＩＣ（Ethnographic Praxis in Industry Conference、http://epiconference.com//）をスケジュールに入れるべきであろう。定性調査者が集まり、ビジネス実務においてどのように定性的な方法を最も上手に統合するのかについてを議論し、最善の実践の進化に対する共通の理解を発展させている。

また、最新の消費者調査・市場調査の言語と形態を理解することによって、ある調査技法または方法が、実際はそうではないにもかかわらず「真実」に近づく道筋を提供するという思い込みを避けることができる。科学には、文法、アクセント、活用の熟達が含まれている。一見「客観的」だが、実は合意に基づいているに過ぎない「現実」は、言語それ自身と似ていて、絶えず変化し、多様かつ多面的である。にもかかわらず、科学は、すべての調査を明瞭に下支えしているのである。

定性調査は、自己発見のプロセスになりうる。これは、自分のために新たな定性研究技法を発見するということと、定性調査によって自分を発見するということの両方を意味している。私たちは、自分が気づいて面白いと思うこと、または自分が既に巻き込まれているがこれまで調査して内省する機会はなかったこと、そのような自分の好奇心をそそることを、調査する傾向が常にある。同じように、あなたも定性調査を進める中で、自分を探究する機会を見出すかもしれない。そして私たちは、自分に似ているけど違う他者を知って対照させることによって、自分たちを定義するから、自分自身についても知るのである。極端な事例から始めることによって、ある消費現象についてより多く知ることがある。例えば、人はお金とどのように関係づけるのかに興味を持っているとしたら、倹約家や浪費家とされる人から始めるのが有用であろう。その後で普通の人たちを調査してもよいが、極端に振ることで、パターンが早く一層明らかに現れる。解釈も同様である。分析の際に極端事例が「外れ値」として検出される定量研究とは違って、定性分析は、なぜ人は極端的な消費者行動に携わるのか理解しようと努めているので、外れ値は常にとても面白く有益なケースである。

私たちは前に進むが、定性研究方法を用いて発見する冒険にあなたが抱いている興味を削がないようにしたい。本書が、現代の定性的な消費者調査と市場調査について読者が抱く視野を広げたと信じたい。また、本書が、多くの例とエクササイズを提供することで、読者が自信を持って調査に着手して定性調査のスキルを高められるようになったと信じたい。また、様々な定性調査、様々な読者（学者、実務家、様々な調査トラディション、ジャーナルなど）、定性調査を発表する様々な可能性について、道を開いたと信じたい。もしあなたが私たちと同じように定性的方法を取り入れるとしたら、同僚の中で気の合った人のコミュニティを見つけるだろう。しかし、そんな人は、自分の会社にも大学にもいないかもしれないので、声をかけて、見つけることが重要である。私たち３人が同じ学部に所属しているのは極めて幸運なことだ。また、インサイトにあふれたサミー・ボンス、マーカス・ギースラー、デトレブ・ズウィックのような同僚や、客員の教員や博士課程の学生、定性研究で学位を取ろうとしているシュリック・ビジネススクールの博士課程の学生たちとともに、定性調査を追求できることも極めて幸運なことである。しかし、これが普通はありえない例外であることは分かっている。定性方法に対する熱情を、自分が所属する学部や会社に説明する機会が来るかもしれない。そのために役立つ材料を私たちが提供できたのならば幸いである。

訳者あとがき

本書は，Russell Belk, Eileen Fischer, and Robert V. Kozinets (2013), *Qualitative Consumer and Marketing Research*, London: Sage. の日本語訳である。

本書は，消費文化理論（Consumer Culture Theory）の領域で一流の業績を上げてきた3名のベテラン研究者が著した定性的マーケティング・リサーチの教科書である（本書冒頭の「著者について」を参照）。とりわけ筆頭著者のラッセル・ベルク教授は，この分野の創始者の中心的な1人として，贈答，拡張自己，シェアリングなど，世界各国の消費文化についてのユニークな研究を大量に生み出してきた指導者である。日本の消費文化にも造詣が深く，訳者もベルク教授と共同研究を行った経験がある。また昨年の秋に東京で開催された国際会議（International Conference of Asian Marketing Association）においても，基調講演を行った。２００７年に出版されたおよそ６００ページの大著『マーケティング定性調査法ハンドブック』(Handbook of Qualitative Research Methods in Marketing）の編集も担当している。本書は，このハンドブックの成果をコンパクトにまとめたものであるとも言えるだろう。

消費文化理論は，深層インタビューやエスノグラフィーなど定性的な調査手法を用いて，消費文化について解釈的な研究を行う研究分野である。１９８０年代以降，定量的な実証研究が支配的な消費者行動研究の領域において着実にその存在感を高めてきている。本書で紹介されているように，彼らは様々な消費文化現象を取り上げて，創造的な研究を展開した。同時に，そうした現象についてのデータ収集，分析手法についても洗練させてきた。その成果を包括的にまとめたのが本書である。

このように学界において定性調査に基づく業績が増えてきた。その一方、マーケティング・リサーチの実務においても定性データの収集、分析の重要性が高まっている。従来の深層インタビューやフォーカスグループ（グループ・インタビュー）に加えて、ソーシャルネットワークでの書き込みやＭＲＯＣ（Marketing Research Online Community）のような新しい手法は、分析すべき大量のテキストデータを生み出している。リサーチの実務家からよく言われるのは、こうした大量の定性データを分析するための方法論が、定量データに比べて著しく欠けているため、意味のある解釈をするために大変な手間がかかり、かつ分析しきったという確信が持てない、ということである。

目次を見ていただくと分かるように、本書は、定性データの収集から分析、プレゼンテーションに至るまでの一連の方法論を包括的かつコンパクトにまとめている。そうであるがゆえに、本書は、定性的マーケティング・リサーチの定番書となり、長く読み継がれることになるだろう。また、実務家のみならず、研究者にとっても解釈的消費研究を進める上での大きな指針となると期待される。これまでこの種の研究を進めるには、英語論文を渉猟しなくてはならなかったが、翻訳版があれば、こうした負担が一気に減るからである。次は、第1章にある一節である。

本書には、かなりはっきりした目的が1つある。それは、定性調査のスキルを高める手助けをすることである。私たちの目的は、読者にとって価値がある実践的なアドバイスを提供することにある。新人の研究者や実務家、（産学の）既に定性的手法を使い始めている人、さらに上手く使いこなしたい人を問わず、役に立つアドバイスをしたい。

このように本書は、研究者と実務家の双方にとって役に立つ教科書である。これ以外にも、オブザベーション（観察法）のような実務家の関心が高い手法やネトノグラフィーといった新しい技術を用いた手法にもバランス良く目配りされていること，さらにはその背景となる社会理論（これを本書では「調査トラディション」と呼んでいる）にまで議論しているところも本書の魅力である。

本書の翻訳は，松井ゼミナール13期生（現4年生）が行い，その下訳を松井がすべてチェックして加筆修正を経て完成した。それをさらにゼミの4年生と大学院生がチェックした。翻訳に取り組んだのは，池内勇磨（ゼミ幹事），大津直樹，岡本かれん，尾坂竜一郎，扈文茜，菰田滉平，城谷萌，タンティフティジャンヤ・スティナ，関口由実，高濱萌子，陳映忻，馮鋭昌，表智妍，中島舞，村上美由紀，劉昀婷の16名である。昨年4月に初めて出会ったばかりにもかかわらず，たぐいまれなチームワークを発揮して翻訳をしてくれた。日本人のみならず，中国，台湾，韓国，タイの留学生たちが，時には難解な英文を翻訳してくれた。このような優秀な学生たちを心より誇りに思う。

翻訳にあたっては，できる限り平易な日本語になるよう心がけた。とりわけ複雑な言い回しについては，文意を伝えることを優先して，機械的な全訳はしていない。あるいは，長い文章を2つに分けるなどの工夫もしている。こうしたことは，すべて読みやすさを優先したことであり，著者たちが主張したいことを曲げることなく伝わるよう努力した。しかし翻訳についての問題はすべて訳者の責に帰すものである。

石井淳蔵先生（碩学舎）には，本書を翻訳する機会を頂きました。浜田匡さん（中央経済社）には，校正作業などで大変お世話になりました。厚く御礼を申し上げます。この魅力ある教科書ができる限り多くの人々に届くことを心より期待します。

2016年4月

松井　剛

Wright, Terence (1999) *The Photography Handbook*, London: Routledge.
Yablonsky, Lewis (1976) *Psychodrama: Resolving Emotional Problems through Role-Playing*, New York: Basic Books.
Young, Rick (2004) 'Is Wal-Mart Good for America?', 60:00 minutes, Boston, MA: WGBH and Public Broadcasting Service,.
REfERENCES 227
Zaltman, Gerald (2003) *How Consumers Think: Essential Insights into the Mind of the Market*, Boston, MA: Harvard Business School Press.
Zaltman, Gerald, Karen LeMasters, and Michael Heffring (1982) *Theory Construction in Marketing: Some Thoughts on Thinking*, New York: John Wiley & Sons.
Zaltman, Gerald and Lindsay Zaltman (2008) *Marketing Metaphoria: What Deep Metaphors Reveal About the Minds of Consumers*, Boston, MA: Harvard Business School Press.
Zhao, Xin and Russell Belk (2008) 'Politicizing Consumer Culture: Advertising's Appropriation of Political Ideology in China's Social Transition', *Journal of Consumer Research*, 35, (August), 231-244.
Ziller, Robert C. (1990) *Photographing the Self: Methods for Observing Personal Orientations*, Newbury Park, CA: Sage.
Ziller, Robert C. and Douglas Lewis (1981) 'Orientation: Self, Social, and Environmental Percepts Through Auto-Photography', *Personality and Social Psychology Bulletin*, 7(2), 626-639.
Zinkhan, George M. (1998) 'Time and Timelessness Through Consumption: A Reflection on the Social Meaning of Things', in Barbara Stern (ed.), *Representing Consumption: Voices, Views, and Visions*, London: Routledge, pp.299-302.
Zwick, Detlev and Nikhilesh Dholakia (2006) 'Bringing the Market to Life: Screen Aesthetics and the Epistemic Consumption Object', *Marketing Theory*, 6(1), 41-62.

Consumption', *Journal of Consumer Research*, 10 (December), 292–302.
Walsh, David. (2000) 'Doing Ethnography', in Clive Seale (ed.), *Researching Society and Culture*, 2nd edn. London: Sage.
Warren, Carol A.B. (1988) *Gender Issues in Field Research*, Newbury Park, CA: Sage.
Webb, Eugene, Donald T. Campbell, R.D. Schwartz and L. Sechrest (1966) *Unobtrusive Measures*, Chicago: Rand McNally.
Weinberg, Bruce D. (2001) 'Research in Exploring the Online Consumer Experience', in Mary C. Gilly and Joan Meyers-Levy (eds), *Advances in Consumer Research* Volume 28, Valdosta, GA: Association for Consumer Research, pp.227–232.
Wellman, Barry (1988) 'Structural Analysis: from Method and Metaphor to Theory and Substance', in B. Wellman and S.D. Berkowitz (ed.), *Social Structures: A Network Approach*, Cambridge: Cambridge University Press, pp.19–61.
Wesch, Michael (2008) 'An Anthropological Introduction to You Tube', presented at the Library of Congress, 23 June. Avaiable online at http://www.youtube.com/watch?v= TPAO- lZ4_hU.
Whyte, William Foote (1955), *Street Corner Society*, Chicago: University of Chicago Press (奥田道大，有里典三訳『ストリート・コーナー・ソサエティ』有斐閣，2000年).
Wijland, Roel, John Schouten, and John F. Sherry, Jr. (2010) *Canaries Coalmines Thunder-stones*, St. Barhans, New Zealand: University of St. Bathans Press.
Wilson, William A. (1986), 'Documenting Folklore', in Elliot Oring, (ed.), *Folk Groups and Folklore Genres: An Introduction*, Logan: Utah State University Press, pp.225–254.
Witkowski, Terrence (1989) 'Colonial Consumers in Revolt: Buyer Values and Behavior During the Nonimportation Movement, 1764–1776', *Journal of Consumer Research*, 16(2), 216–226.
Wolcott, Harry (1992) 'Posturing in Qualitative Inquiry', in M.D. LeCompte, W.L. Millroy, and J. Preissle (eds), *The Handbook of Qualitative Research in Education*, New York: Academic Press, pp.3–52.
——— (1994) *Transforming Qualitative Data*, Thousand Oaks, CA: Sage.
——— (2001) *Writing Up Qualitative Research*, Thousand Oaks, CA: Sage.
——— (2008) *Ethnography: A Way of Seeing*, Lanham, MD: AltaMira Press.
Wolfinger, Nicholas H. (2002) 'On Writing Fieldnotes: Collection Strategies and Background Expectancies', *Qualitative Research*, 2(1), 85–95.
Wood, Natalie T. and Michael R. Solomon (eds) (2009) *Virtual Social Identity and Consumer Behavior*, Armonk, NY: M.E. Sharpe.
Workman, John, Jr. (1993) 'Marketing's Limited Role in New Product Development in One Computer Systems Firm', *Journal of Marketing Research*, 30 (November), 405–421.

Underhill, Paco (1999) *Why We Buy: The Science of Shopping*, New York: Simon & Schuster（鈴木主税訳『なぜこの店で買ってしまうのか：ショッピングの科学』早川書房，2001年）.

Üstüner, Tuba and Douglas Holt (2010) 'Toward a Theory of Status Consumption in Less Industrialized Countries', *Journal of Consumer Research*, 37 (June), 37-56.

Vanden Bergh, Bruce G. (1992) 'Volkswagen as Little Man', *Advances in Consumer Research*, 19, 174.

Van House, Nancy (2009) 'Collocated Photo Sharing, Story-Telling, and the Performance of Self', *International Journal of Human-Computer Studies*, 67, 1073-1086.

Van Maanen, John (1988), *Tales of the Field: On Writing Ethnography*, Chicago: University of Chicago Press（森川渉訳『フィールドワークの物語：エスノグラフィーの文章作法』現代書館，1999年）.

Van Ness, Elizabeth (2005) 'Is Cinema Studies Degree the New MBA?', *New York Times*, 6 March, online edition.

Venkatesh, Alladi, Annamma Joy, John F. Sherry, Jr., and Jonathan Deschenes (2010) 'The Aesthetics of Luxury Fashion, Body and Identity Formation', *Journal of Consumer Psychology*, 20(4), 459-470.

Vidich, Arthur J. and Stanford M. Lyman (1994), 'Qualitative Methods: Their History in Sociology and Anthropology,' in Norman K. Denzin and Yvonna S. Lincoln eds, *Handbook of Qualitative Research*, Thousand Oaks, CA: Sage, 23-59.

Von Hippel, Eric (1986) 'Lead Users: A Source of Novel Product Concepts', *Management Science*, 32, 791-805.

Wagner, Jon (2007) 'Observing Culture and Social Life: Documentary Photography, Fieldwork, and Social Research', in Gregory C. Stanczak (ed.), *Visual Research Methods: Image, Society, and Representation*, Thousand Oaks, CA: Sage, pp.23-59.

Wallendorf, Melanie and Eric Arnould (1991) 'We Gather Together: The Consumption Rituals of Thanksgiving Day', *Journal of Consumer Research*, 18(1), 13-31.

——— and ——— (1988) '"My Favorite Things": A Cross-Cultural Inquiry in Object Attachment, Possessiveness, and Social Linkage', *Journal of Consumer Research*, 14(4), 531-547.

Wallendorf, Melanie and Russell Belk (1987) 'Deep Meaning in Possessions: Qualitative Research from the Consumer Behavior Odyssey', 46-minute video, Cambridge, MA: Marketing Science Institute.

Wallendorf, Melanie and Russell Belk (1989) 'Assessing Trustworthiness in Naturalistic Consumer Research', in Elizabeth Hirschman (ed.) *Interpretive Consumer Research*, Provo: Association for Consumer Research, pp.69-84.

Wallendorf, Melanie and Michael Reilly (1983) 'Ethnic Migration, Assimilation, and

Stewart, David W. (2010) 'The Evolution of Market Research', in Pauline McLaren, Michael Saren, Barbara Stern, and Mark Tadajewski (eds), *The Sage Handbook of Marketing Theory* Los Angeles, CA: Sage, pp.74-88.

Stewart, David, Prem Shamdasani and Dennis Rook (2007) *Focus Groups*, 2nd edn, Thousand Oaks CA: Sage.

Strauss, A. (1987) *Qualitative Analysis for Social Scientists*, Cambridge: Cambridge University Press.

Strauss, Anselm and Juliet Corbin (1998) *Basics of Qualitative Research: Techniques and Procedures for Developing Grounded Theory*, Thousand Oaks, CA: Sage（操華子・森岡崇訳『質的研究の基礎：グラウンデッド・セオリー開発の技法と手順』医学書院，2004年２版）.

Sunderland, Patricia L. and Rita M. Denny (2007) *Doing Anthropology in Consumer Research*, Walnut Creek, CA: Left Coast Press.

Szykman, Lisa and Ronald Hill (1993) 'A Consumer-Behavior Investigation of a Prison Economy', in Janeen A. Costa and Russell Belk (eds), *Research in Consumer Behavior*, 6, Greenwich, CT: JAI Press, pp.231-260.

Thomas, Tandy Chalmers , Linda L. Price, Hope Jensen Schau (forthcoming), 'When Differences Unite: Resource Dependence in Heterogeneous Consumption Communities', *Journal of Consumer Research*, published online June 29, 2012.

Thompson, Alex (2011) 'Videography and the Production of Commercial Ethnographic Practice', presented at Consumer Culture Theory Conference VI, July, Evanston, Illinois.

Thompson, Craig (1990) 'Eureka! and Other Tests of Significance: A New Look at Evaluating Interpretive Research', *Advances in Consumer Research*, 17, 25-30.

Thompson, Craig, Willian Locander, and Howard Pollio (1989) 'Putting Consumer Experience Back into Consumer Research: The Philosophy and Method of Existential Phenomenology', *Journal of Consumer Research*, 16(2), 133-146.

———, ———, and ——— (1990) 'The Lived Meaning of Free Choice: An Existential-Phenomenological Description of Everyday Consumer Experiences of Contemporary Married Women', *Journal of Consumer Research*, 17 (December), 346-361.

Tian, Kelly and Russell Belk (2005) 'Extended Self and Possessions in the Workplace', *Journal of Consumer Research*, 32 (September), 297-310.

——— and ——— (2006) 'Consumption and the Meaning of Life,' *Research in Consumer Behavior*, 10, 249-274.

Turkle, Sherry (1995) *Life on the Screen: Identity in the Age of the Internet*, New York: Simon & Schuster（日暮雅通訳『接続された心：インターネット時代のアイデンティティ』早川書房，1998年）.

Library of Sweden.
Sobh, Rana and Russell Belk (2010) 'Domains of Privacy in Arab Gulf Homes', 16:11 minutes, Toronto: Odyssey Films.
——— and ——— (2011a) 'Gender Privacy in Arab Gulf States: Implications for Consumption and Marketing', in Özlem Sandicki and Gillian Rice (eds), *Handbook of Islamic Marketing*, Cheltenham, UK: Edward Elgar, pp.73-96.
——— and ——— (2011b) 'Privacy and Gendered Spaces in Arab Gulf Homes', *Home Cultures*, 8(3), 317-340.
——— and ——— (2012) 'Domains of Privacy and Hospitality in Arab Gulf Homes', *Journal of Islamic Marketing*, 2(2), 125-137.
Sobh, Rana, Russell Belk, and Justin Gressel (2010) 'The Scented Winds of Change: Conflicting Notions of Modesty and Vanity among Young Qatari and Emirati Women', *Advances in Consumer Research*, 37, 905-907.
Spaarman, Anna (2007) 'Up the Walls! Children Talk about Visuality in Their Own Rooms', in Karin M. Ekström and Birgitte Tufte (eds), *Children, Media and Consumption: On the Front Edge*, Göteborg: Nordicom, pp.301-318.
Spencer-Wood, Suzanne M. (ed.) (1987) *Consumer Choice in Historical Archaeology*, New York: Plenum Press.
Spiggle, Susan (1998) 'Creating the Frame and Narrative: From Text to Hypertext', in Barbara B. Stern (ed.), *Representing Consumers: Voices, Views, and Visions*, London: Routledge, pp.156-190.
Spurlock, Morgan (2004) 'Supersize Me', 100:00 minutes, Roadside Attractions, Samuel Goldwyn Films, and Showtime Independent Films.
Standage, Tom (1998) *The Victorian Internet: The Remarkable Story of the Telegraph and the Nineteenth Century's On-line Pioneers*, New York: Walker.（服部桂訳『ヴィクトリア朝時代のインターネット』NTT出版，2011年）
Steele, Jeanne R. and Jane D. Browne (1995) 'Adolescent Room Culture: Studying Media in the Context of Everyday Life', *Journal of Youth and Adolescence*, 24 (October), 551-575.
Stern, Barbara (1989) 'Literary Criticism and Consumer Research: Overview and Illustrative Analysis', *Journal of Consumer Research*, 16(3), 322-334.
——— (1993) 'Poetry and Representation in Consumer Research: The Art of Science', in Barbara B. Stern (ed.), *Representing Consumers: Voices, Views, and Visions*, London: Routledge, pp.290-307.
——— (2004) 'The Importance of Being Ernest: Commemorating Dichter's Contribution to Advertising Research', *Journal of Advertising Research*, 44, 165-169.

Sherry, John F., Jr. (1995a) *Contemporary Marketing and Consumer Behavior: An Anthropological Sourcebook*, Thousand Oaks, CA: Sage.

Sherry, John F., Jr. (1995b) 'Bottomless Cup, Plug-in Drug: A Telethnography of Coffee', *Visual Anthropology*, 7, 351-370.

Sherry, John F., Jr. (1998) 'Three Poems', in Barbara Stern (ed.), *Representing Consumption: Voices, Views, and Visions*, London: Routledge, pp.303-305.

Sherry, John F., Jr. (2008) 'Three Poems on Marketing and Consumption', *Consumption, Markets and Culture*, 11 (September), 203-206.

Sherry, John F., Jr. and Robert Kozinets (2001) 'Qualitative Inquiry in Marketing and Consumer Research', in Dawn Iacobucci (ed.), *Kellogg on Marketing*, New York: Wiley, pp.165-194.（奥村昭博・岸本義之監訳「消費者調査における定性的研究」『マーケティング戦略論：ノースウェスタン大学大学院ケロッグ・スクール』ダイヤモンド社，2001年，pp.212-246）

Shove, Elizabeth (2003) *Comfort, Cleanliness and Convenience*, Oxford: Berg.

Sieber, Joan E. (ed.) (1991) *Sharing Social Science Data: Advantages and Challenges*, Newbury Park, CA: Sage.

Silverman, David (2011) *Interpreting Qualitative Data: A Guide to the Principles of Qualitative Research*, Los Angeles, CA: Sage.

Sinclair, Upton (2003) *The Jungle*, Tucson, AZ: Sharp Press.

Singh, Sachil and David Lyon (forthcoming) 'Surveilling consumers: the social consequences of data processing on Amazon.com', in Russell Belk and Rosa Llamas (eds), *The Digital Consumer*, London: Routledge.

Sirsi, Ajay, James Ward, and Peter Reingen (1996) 'Microcultural Analysis of Variation in Sharing of Causal Reasoning about Behavior', *Journal of Consumer Research*, 22 (March), 345-372.

Sivilich, Daniel M. (1996) 'Analysing Musket Balls to Interpret a Revolutionary War Site', *Historical Archaeology*, 30(2), 101-109.

Sivulka, Juliann (1998) *Soap, Sex, and Cigarettes: A Cultural History of American Advertising*, Belmont, CA: Wadsworth.

Skeggs, B. 1994. 'Situating the Production of Feminist Ethnography' in M. Maynard and J. Purvis (eds), *Researching Women's Lives from a Feminist Perspective*, London: Taylor and Francis.

Smith, Andrea, Yionjan Chen, and Eileen Fischer (2012) 'How Does Brand-Related User-Generated Content Differ Across YouTube, Facebook, and Twitter?', *Journal of Interactive Marketing*, 26(2), 101-113.

Snickars, Pella and Patrick Vonderau (ed.) (2010) *YouTube Reader*, Stockholm: National

Salinger, Adrienne (1995) *In My Room: Teenagers in their Bedrooms*, San Francisco, CA: Chronicle Books.

Sandikci, Özlem and Güliz Ger (2010) 'Veiling in Style: How Does a Stigmatized Practice Become Fashionable?', *Journal of Consumer Research*, 37 (June), 15–36.

Sanjek, Roger (1990) 'On Ethnographic Validity', in R. Sanjek (ed.), *Fieldnotes*, Ithaca, NY: Cornell University Press, pp.385–418.

Saunders, Dave (2010) *Documentary*, London: Routledge.

Sayre, Shay (2006) 'Using Video-Elicitation to Research Sensitive Topics: Understanding the Purchase Process Following Natural Disaster', in Russell Belk (ed.), *Handbook of Qualitative Research Methods in Marketing*, Cheltenham, UK: Edward Elgar, 230–243.

Scaraboto, Daiane and Eileen Fischer (2013), 'Frustrated Fatshionistas: An Institutional Theory Perspective on Consumer Quests for Greater Choice in Mainstream Markets,' *Journal of Consumer Research*, April, forthcoming.

Schatzki, Theodore R. (1996) *Social Practices: A Wittgensteinian Approach to Human Activity and the Social*, Cambridge: Cambridge University.

Schau, Hope Jensen, Albert M. Muñiz Jr., and Eric J. Arnould (2009) 'How Brand Community Practices Create Value', *Journal of Marketing*, 73 (September), 30–51.

Schouten, John (1991a) 'Land of the Winnebago', in Russell W. Belk (ed.), *Highways and Buyways: Naturalistic Research from the Consumer Behavior Odyssey*, Provo, UT: Association for Consumer Research, p.13.

——— (1991b) 'Sorting', in Russell W. Belk (ed.), *Highways and Buyways: Naturalistic Research from the Consumer Behavior Odyssey*, Provo, UT: Association for Consumer Research, pp.112–113.

——— (1993) 'Recommended Daily Allowance', *Journal of Advertising*, 22(1), 24.

Schouten, John W. and James H. McAlexander (1995) 'Subcultures of Consumption: An Ethnography of the New Bikers', *Journal of Consumer Research*, 22 (June), 43–61.

Schutz, Alfred (1962), *The Problem of Social Reality*, The Hague: Martinus Nijhoff.

Schwandt, Thomas A. (2001) *Dictionary of Qualitative Inquiry*, Thousand Oaks, CA: Sage (伊藤勇・徳川直人・内田健監訳『質的研究用語事典』北大路書房，2009年).

Sherman, Sharon R. (1998) *Documenting Ourselves: Film, Video, and Culture*, Lexington, KY: University of Kentucky Press.

Sherry, John (1991a) 'Postmodern Alternatives: The Interpretive Turn in Consumer Research', in Thomas Robertson and Harold Kassarjian (eds), *Handbook of Consumer Research*, Englewood Cliffs, NJ: Prentice-Hall, pp.548–591.

Sherry, John F., Jr. (1991b) 'Trivium Siam', *Consumption, Markets and Culture*, 1 (January), 90–95.

Pinney, Christopher (1997) *Camera Indica: The Social Life of Indian Photographs*, Chicago: University of Chicago Press.

Prasad, Pushkala (2005) *Crafting Qualitative Research: Working in the Postpositivist Traditions*, Armonk, NY: M.E. Sharpe.

Pratt, Mary Louise (1986) 'Fieldwork in Common Places', in James Clifford and George E. Marcus (eds), *Writing Culture: The Poetics and Politics of Ethnography*, Berkeley, CA: University of California Press, pp.27-50（春日直樹他訳「第２章　共有された場をめぐるフィールドワーク」『文化を書く』紀伊國屋書店，1996年，pp.51-92）.

Prelinger, Rick (1996) *Our Secret Century*, Irvington, NY: Voyager (12 volumes of varying lengths).

——— (2010) 'The Appearance of Archives', in Pelle Snickars and Patrick Vonderau (eds), *The YouTube Reader*, Stockholm: National Library of Sweden, pp.268-274.

Prosser, Jon (1998) *Image-Based Research*, London: RoutledgeFalmer.

Quart, Alissa (2003) *Branded: The Buying and Selling of Teenagers*, New York: Basic Books.

Rabiger, Michael (2009) *Directing the Documentary*, 5th edn, Stoneham, MA: Butterworth.

Rapaille, Clotaire (2006) *The Culture Code*, New York: Broadway Books.

Rathje, William and Cullen Murphy (1992) *Rubbish! The Archaeology of Garbage: What Our Garbage Tells Us About Ourselves*, New York: Harper Collins.

Reckwitz, Andreas (2005) 'Toward a Theory of Social Practices: A Development in Culturalist Theorizing', *European Journal of Social Theory*, 5 (May), 243-263.

Richards, Lyn (2005) *Handling Qualitative Data: A Practical Guide*, London: Sage.（大谷順子，大杉卓三訳『質的データの取り扱い』北大路書房，2009年）

Riis, Jacob A. (1973) *How the Other Half Lives: Studies Among the Tenements of New York*, New York: Dover.

Robson, S. and A. Foster (1989) *Qualitative Research in Action*, London: Edward Arnold.

Rook, Dennis (1988) 'Researching Consumer Fantasy', *Research in Consumer Behavior*, 3, Greenwich, CT: JAI Press, pp.247-270.

Rook, Dennis (2006) 'Let's Pretend: Projective Methods Reconsidered', in Russell Belk (ed.), *Handbook of Qualitative Research Methods in Marketing*, Cheltenham, UK: Edward Elgar, 143-155.

Rose, Diana (2000) 'Analysis of Moving Images', in Martin Bauer and George Gaskell (eds), *Qualitative Researching with Text, Image and Sound*, Los Angeles: Sage, pp.246-262.

Rossell, Daniela (2002) *Ricas y Famosas*, New York: Art Publishers.

Rowe, John Howland (1965) 'The Renaissance Foundations of Anthropology', *American Anthropologist*, 67, 1-20.

O'Barr, William (1994) *Culture and the Ad: Exploring Otherness in the World of Advertising*, Boulder, CO: Westview Press.

O'Connor, John E. (1988) 'History in Images/Images in History: Reflections on the Importance of Film and Television Study for an Understanding of the Past', *American Historical Review*, 93 (December), 1200-1207.

Odom, William, John Zimmerman, and Jodi Forlizzi (2011) 'Teenagers and Their Virtual Possessions: Design Opportunities and Issues', *CHI 2011*, 1491-1500.

Olsen, Barbara (1995) 'Brand Loyalty and Consumption Patterns: The Lineage Factor', in John F. Sherry, Jr. (ed.), *Contemporary Marketing and Consumer Behavior: An Anthropological Sourcebook*, Thousand Oaks, CA: Sage, pp.245-281.

Otnes, Cele, Tina Lowrey, and Young Chan Kim (1993) 'Gift Selection for Easy and Difficult Recipients: A Social Roles Interpretation', *Journal of Consumer Research*, 20 (September), 229-244.

Otnes, Cele and Mary Ann McGrath (2001) 'Perceptions and Realities of Male Shopping Behavior', *Journal of Retailing*, 77, 111-137.

Ozanne, Julie and Bige Saatcioglu (2008) 'Participatory Action Research', *Journal of Consumer Research*, 35 (October), 423-439.

Pace, Stephano (2008) 'YouTube: An Opportunity for Consumer Narrative Analysis?', *Qualitative Market Research*, 11(2), 213-226.

Page, Edwin R. (2001) 'Social Change at Bike Week', *Visual Sociology*, 16(1), 7-35.

Page, H. (1988) 'Dialogic Principles of Interactive Learning in the Ethnographic Relationship', *Journal of Anthropological Research*, 44(2), 163-181.

Papacharissi, Zizi (ed.) (2011) *A Networked Self: Identity, Community, and Culture on Social Network Sites*, London: Routledge.

Parkin, Katherine (2004) 'The Sex of Food and Ernest Dichter: The Illusion of Inevitability', *Advertising and Society Review*, 5(2), online, npn.

Patterson, Anthony (2005) 'Processes, Relationships, Settings, Products and Consumers: The Case for Qualitative Diary Research', *Qualitative Market Research*, 8(2), 152-156.

Peñaloza, Lisa (1994) 'Atravesando Fronteras/Border Crossings: A Critical Ethnographic Exploration of the Consumer Acculturation of Mexican Immigrants', *Journal of Consumer Research*, 21 (June), 32-54.

Pettigrew, Simone (2011) 'Hearts and Minds: Children's Experiences of Disney World', *Consumption, Markets and Culture*, 14 (June), 145-161.

Pfeiffer, John (1982) *The Creative Explosion: An Inquiry into the Origins of Art and Religion*, Cambridge: Harper & Row.

Pink, Sarah (2001) *Doing Visual Ethnography*, London: Sage.

Miner, Horace (1956) 'Body Ritual among the Nacirema', *American Anthropologist*, 58 (June), 503-507.

Moisander, Johana, Anu Valtonen, and Heidi Hirsto (2009) 'Personal Interviews in Cultural Consumer Research: Post-structuralist Challenges', 12(4), 329-348.

Moore, Elizabeth and Richard Lutz (2000) 'Children, Advertising, and Product Experiences: A Multimethod Inquiry', *Journal of Consumer Research*, 27 (June), 31-48.

Moore, Karl and Susan Reid (2008) 'The Birth of the Brand: 4,000 Years of Branding', *Business History*, 50 (July), 419-432.

Moore, Michael (1989) 'Roger and Me', 91:00 minutes, Hollywood, CA: Warner Brothers.

Moore, Michael (2002) 'Bowling for Columbine', 120:00 minutes, Alliance Atlantic.

Moore, Michael (2007) 'Sicko', 123:00 minutes, Dog Eat Dog Films.

Morgan, Christiana D. and Henry A. Murray (1935) 'A Method Investigating Phantasies, the Thematic Apperception Test', *Archives of Neurological Psychology*, 35, 261-287.

Morgan, David and Richard Krueger (1993) 'When to Use Focus Groups and Why', in David Morgan (ed.), *Successful Focus Groups: Advancing the State of the Art*, Newbury Park, CA: Sage, pp.3-19.

Morris, Desmond, Peter Collett, Peter Marsh, and M.O'Shaughnessy (1979) *Gestures: Their Origins and Distribution*, London: Jonathan Cape (多田道太郎・奥野卓司訳『ジェスチュア』筑摩書房, 2004年).

Mosco, Vincent (2004) *The Digital Sublime*, Cambridge, MA: MIT Press.

Muñiz, Albert M. and Thomas C. O'Guinn (2001) 'Brand Community', *Journal of Consumer Research*, 27 (March), 412-432.

Muñiz, Albert M. Jr. and Hope Jensen Schau (2005) 'Religiosity in the Abandoned Apple Newton Brand Community', *Journal of Consumer Research*, 31 (March), 737-747.

Murchison, Julian (2010) *Ethnography Essentials: Designing, Conducting, and Presenting Your Research*, San Francisco, CA: Jossey-Bass.

Murray, Jeff B. and Julie L. Ozanne (1991) 'The Critical Imagination: Emancipatory Interests in Consumer Research', *Journal of Consumer Research*, 18 (September), 129-144.

Nguyen, Thuc Doan and Russell Belk (2007) 'This We Remember: Consuming Representation in Remembering', *Consumption, Markets and Culture*, 10 (September) 251-291.

Nichols, Bill (2001) *Introduction to Documentary*, Bloomington, IN: Indiana University Press.

Nunes, Michael, Saul Greenberg, and Carman Neustaedter (2009) 'Using Physical Memorabilia as Opportunities to Move into Collocated Digital Photo-Sharing', *International Journal of Human-Computer Studies*, 67, 1087-1111.

Nye, David E. (1994) *American Technological Sublime*, Cambridge, MA: MIT Press.

International Journal, 10(3), 227-242.

McCahill, Michael and Clive Norris (2002) 'CCTV in London', Working Paper 6, Centre from Criminology and Criminal Justice, University of Hull, Hull, United Kingdom. Available online at http://www.urbaneye.net/results/ue_wp6.pdf

McCann-Erickson (1988) 'The Mind of a Roach Killer', *The Wall Street Journal*, May 14(3), Colonial Contest, London: Routledge.

McCracken, Grant (1988) *The Long Interview*, Newbury Park, CA: Sage.

——— (2009) *Chief Culture Officer: How to Create a Living, Breathing Corporation*, Philadelphia, PA: Perseus.

McCreadie, Marsha (2008) *Documentary Superstars: How Today's Filmmakers Are Reinventing the Form*, New York: Allsworth Press.

McGrath, Mary Ann, John F. Sherry, Jr., and Sidney J. Levy (1993) 'Giving Voice to the Gift: The Use of Projective Techniques to Recover Lost Meanings', *Journal of Consumer Psychology*, 2(2), 171-191.

McQuarrie, Edward and David Mick (1992) 'On Resonance: A Critical Pluralistic Inquiry into Advertising Rhetoric', *Journal of Consumer Research*, 19 (September), 180-197.

Menzel, Peter (1994a) *Material World: A Global Family Portrait*, San Francisco: Sierra Club Books.

Menzel, Peter (1994b) *Material World: A Global Family Portrait* (CD-ROM), San Francisco: StarPress Multimedia.

Merton, Robert (1987) 'Three Fragments From a Sociologist's Notebooks: Establishing the Phenomenon, Specified Ignorance, and Strategic Research Materials', *Annual Review of Sociology*, 13 (August) : 1-29.

Merton, Robert and Patricia Kendall (1946) 'The Focused Interview,' *American Journal of Sociology*, 51, 541-557.

Mick, David Glen (1986) 'Consumer Research and Semiotics: Exploring the Morphology of Signs, Symbols, and Significance', *Journal of Consumer Research*, 13(2), 196-213.

Mick, David and Laura Oswald (2006) 'The Semiotic Paradigm on Meaning in the Marketplace', in Russell Belk (ed.), *Handbook of Qualitative Research Methods in Marketing*, Cheltenham, UK: Edward Elgar, pp.31-45.

Miles, Matthew B., and A. Michael Huberman (1994) *Qualitative Data Analysis: An Expanded Sourcebook*, 2nd edn, Thousand Oaks, CA: Sage.

Miller, Daniel (2008) *The Comfort of Things*, Cambridge: Polity.

——— (2011) *Tales from Facebook*, Cambridge: Polity Press.

Miller, Daniel and Don Slater (2000), *The Internet: An Ethnographic Approach*, Oxford, UK: Berg.

Lutz, Catherine A. and Jane L. Collins (1993) *Reading National Geographic*, Chicago: University of Chicago Press.

MacDougall, David and Judith MacDougall (1997) 'Photo Wallahs: An Encounter with Photography in Mussoorie, A North Indian Hill Station', 60:00 minutes, Canberra: Ronin Films.

MacInnis, Deborah and Valerie Folkes (2010), 'The Disciplinary Status of Consumer Behavior: A Sociology of Science Perspective on Key Controversies', *Journal of Consumer Research*, 36(6), 899-914.

Maharidge, Dale and Michael Williamson (1989) *And Their Children After Them: The Legacy of Let Us Now Praise Famous Men: James Agee, Walker Evans, and the Rise and Fall of Cotton in the South*, New York: Pantheon.

Marcus George (1998) *Ethnography Through Thick and Thin*, Princeton, NJ: Princeton University Press.

Marcoux, Jean-Sebastien and Renauld Legoux (2005) 'Ground Zero: A Contested Market', 27:00 minutes, in special 2-DVD issue of *Consumption Markets and Culture*, 8(3).

Mariampolski, Hy (2006) *Ethnography for Marketers: A Guide to Consumer Immersion*, Thousand Oaks, CA: Sage.

Markham, Annette N. (1998) *Life Online: Researching Real Experience in Virtual Space*, Walnut Creek, CA: Altamira.

Marschan-Piekkari, Rebecca, Catherine Welch, Heli Penttinen, and Marja Tahvanainen (2004) 'Interviewing in the Multinational Corporation: Challenges of the Organisational Context', in Rebecca Marschan-Piekkari and Catherine Welch (eds), *Handbook of Qualitative Research Methods for International Business*, Cheltenham, UK: Edward Elgar, pp.244-263.

Marshall, Catherine and Gretchen Rossman (2011) *Designing Qualitative Research*, 5th edn, Thousand Oaks, CA: Sage.

Martin, Diane, John Schouten, and James McAlexander (2006) 'Reporting Ethnographic Research: Bringing Segments to Life Through Movie Making and Metaphor', in Russell Belk (ed.), *Handbook of Qualitative Research in Marketing*, Cheltenham, UK: Edward Elgar, pp.361-370.

Marvin, Carolyn (1988) *When Old Technologies Were New: Thinking About Electric Communication in the Late Nineteenth Century*, New York: Oxford University Press.（吉見俊哉，水越伸，伊藤昌亮訳『古いメディアが新しかった時：19世紀末社会と電気テクノロジー』新曜社，2003年）

Maulana, Amalia and Giana M. Eckhardt (2007) 'Just Friends, Good Acquaintances or Soul Mates? An Exploration of Website Connectedness', *Qualitative Market Research: An*

ボルの哲学』(岩波現代叢書) 岩波書店, 1960年)
Langley, Ann (1999) 'Strategies for Theorizing from Process Data', *Academy of Management Review*, 24(4), 691-710.
Latour, Bruno (2005) *Reassembling the Social: An Introduction to Actor-Network Theory*, Oxford, UK: Oxford University Press.
Laudan, Larry (1984) *Science and Values*, Berkeley, CA: University of California Press.
Lazarsfeld, Paul F. (1934) 'The Psychological Aspect of Marketing Research', *Harvard Business Review*, 13(1), 54-71.
Lee, R.M. (2000) *Unobtrusive Methods in Social Research*, Buckingham: Open University Press.
Leonard, Hillary (2005) 'Imaginative Consumption: The Construction, Meaning and Experience of Consumer Fantasy', unpublished PhD Dissertation, Department of Marketing, University of Utah, Salt Lake City, UT.
Levy, Sidney (1950) 'Figure Drawing as a Projective Technique', in Lawrence E. Abt and Leopold Bellak (eds), *Projective Psychology: Clinical Approaches to the Total Personality*, New York: Grove Press, pp.257-297.
——— (1981), 'Interpreting Consumer Mythology: A Structural Approach to Consumer Behaviour,' *Journal of Marketing*, 45 (Summer), 49-61.
——— (2006) 'History of Qualitative Research Methods in Marketing', in Russell Belk (ed.), *Handbook of Qualitative Research in Methods Marketing and Consumer Research*, Cheltenham, UK: Edward Elgar, pp.3-18.
Lincoln, Sian (2004) 'Teenage Girls' "Bedroom Culture": Codes versus Zones', in Andy Bennett and Keith Kahn Harris (eds), *After Subculture: Critical Studies in Contemporary Youth Culture*, Houndsmills, UK: Palgrave Macmillan, pp.94-106.
——— (2005) 'Feeling the Noise: Teenagers, Bedrooms and Music', *Leisure Studies*, 24 (October), 299-314.
Lincoln, Yvonna and Egon G. Guba (1985), *Naturalistic Inquiry*, Beverly Hills, CA: Sage.
Lofland, John and Lyn Lofland (1995) *Analysing Social Settings: A Guide to Qualitative Observation and Analysis*, New York: Wadsworth.
Liu, Bing (2008) *Web Data Mining: Exploring Hyperlinks, Contents, and Usage Data*, New York: Springer.
Loisos, Peter (2000) 'Video, Film and Photographs as Research Documents', in Martin W. Bauer and George Gaskell (eds), *Qualitative Researching with Text, Image and Sound*, London: Sage, pp.93-107.
Lowrey, Tina, Cele Otnes, and Mary Ann McGrath (1998) 'Shopping with Consumers: Reflections and Innovations', *Qualitative Market Research*, 8(2), 176-188.

——— (2002b) 'The Field Behind the Screen: Using Netnography for Marketing Research in Online Communities', *Journal of Marketing Research*, 39 (February), 61-72.

——— (2006a) 'Netnography 2.0', in Russell W. Belk (ed.), *Handbook of Qualitative Research Methods in Marketing*, Cheltenham, UK and Northampton, MA: Edward Elgar Publishing, pp.129-142.

——— (2006b) 'Click to Connect: Netnography and Tribal Advertising', *Journal of Advertising Research*, 46 (September), 279-288.

——— (2007) 'Inno-tribes: Star Trek As Wikimedia', in Bernard Cova, Robert

——— (2008a) 'Stigmatic Enterprise-Spoken Word, Theorizing with Poetry: An Exercise in Transmutability'. Available at http://kozinets.net/archives/204/stigmatic-enterprise-spoken- word/.

——— (2008b) 'Technology/Ideology: How Ideological Fields Influence Consumers' Technology Narratives', *Journal of Consumer Research*, 34 (April), 864-881.

——— (2010a) *Netnography: Doing Ethnographic Research Online*, London: Sage.

——— (2010b) Netnography: The Marketer's Secret Weapon, White Paper. Available online at http://info.netbase.com/wp-netnography.html.

——— (2012), 'Me/my research/avatar,' *Journal of Business Research*, 65 (April), 478-482.

Kozinets, Robert V. and Belk, Russell W. (2006) 'Camcorder Society: Quality Videography in Consumer Research', in Russell W. Belk (ed), *Handbook of Qualitative Research Methods in Marketing*, Northampton, MA: Edward Elgar Publishing, pp.335-344.

Kozinets, Robert, Kristine De Valck, Andrea Wojnicki, and Sarah Wilner (2010) 'Networked Narratives: Understanding Word-of-Mouth Marketing in Online Communities', *Journal of Marketing*, 71 (March), 71-89.

Kozinets, Robert V. and Richard Kedzior (2009) 'I, Avatar: Auto-netnographic Research in Virtual Worlds', in Michael Solomon and Natalie Wood (eds), *Virtual Social Identity and Consumer Behavior*, Armonk, NY: M.E. Sharpe, pp.3-19.

Kozinets, Robert V. and Avi Shankar (eds) (2007) *Consumer Tribes*, London: Butterworth-Heinemann, pp.194-211.

Kozinets, Robert V., Sherry, John F., Jr., Diana Storm, Adam Duhachek, Krittinee Nuttavuthisit and Benét DeBerry-Spence (2002) 'Themed Flagship Brand Stores in the New Millennium: Theory, Practice, Prospects', *Journal of Retailing*, 78 (Spring), 17-29.

Lang, Dorothea (1981) *Dorothea Lang*, New York: Aperture Foundation.

Langer, Roy and Suzanne C. Beckman (2005) 'Sensitive Research Topics: Netnography Revisited', *Qualitative Market Research: An International Journal*, 8(2), 189-203.

Langer, Suzanne K. (1963) *Philosophy in a New Key: A Study of the Symbolism of Reason, Rite, and Art*, 3rd edn, Cambridge, MA: Harvard University Press. (矢野萬里他訳『シン

of Consumer Research, 36 (April), 1058–1081.
Jayasinghe, Laknath and Mark Ritson (forthcoming) 'Everyday Advertising Context: An Ethnography of Advertising Audiences in the Family Living Room', *Journal of Consumer Research*.
Jones, Robert and Graham Noble (2007) 'Grounded Theory and Management Research: a Lack of Integrity?', *Qualitative Research in Organizations and Management*, 2(2) 84–103.
Joy, Annamma, John F. Sherry, Gabriele Triolo, and Jonathan Deschenes (2006) 'Writing it Up, Writing it Down: Being Reflexive in Accounts of Consumer Behavior', in Russell Belk (ed.), *Handbook of Qualitative Research Methods in Marketing*, Cheltenham, UK: Edward Elgar, pp.345–360.
Karababa, Eminegul and Güliz Ger (2011) 'Early Modern Ottoman Coffeehouse Culture and the Formation of the New Consumer Subject', *Journal of Consumer Research*, 37 (February), 737–762. file://localhost/notes/::pan:852571BC005137D6:8C0869D12E8BE6F0 8525705800561F2D:79627B87C351C9086EDA2D234F0D2DAB
Kassarjian, Harold H. (1977) 'Content Analysis in Consumer Research', *Journal of Consumer Research*, 4 (June), 8–18.
——— (1994) 'Some Recollections from a Quarter Century Ago', in Frank R. Kardes and Mita Sujan (eds), *Advances in Consumer Research*, 22, pp.550–552.
Kershenboom, Saskia (1995) *Word, Sound, Image: The Life of the Tamil Text*, Oxford: Berg.
Kimura, Junko and Russell W. Belk (2005) 'Christmas in Japan: Globalization versus Localization', 14:00 minutes, in special 2-DVD issue of *Consumption Markets and Culture*, 8(3).
Kirby, Sergeo (2006) 'Wal-Town: The Film', 67:00 minutes, Ottawa, ON: National Film Board of Canada.
Kivits, Joëlle (2005) 'Online Interviewing and the Research Relationship', in Christine Hine (ed.), *Virtual Methods; Issues in Social Research on the Internet*, Oxford: Berg, pp.35–50.
Kjeldgaard, Dannie, Fabien Csaba, and Güliz Ger (2006) 'Grasping the Global: Multi-Sited Ethnographic Market Studies', in Russell Belk (ed.), *Handbook of Qualitative Research Methods in Marketing*, Cheltenham, UK: Edward Elgar, pp.521–533.
Kozinets, Robert (1999) 'Desert Pilgrim', presented at Heretical Consumer Research Conference, Columbus, OH, 20:00 minutes.
——— (2001) 'Utopian Enterprise: Articulating The Meanings Of Star Trek's Culture Of Consumption', *Journal of Consumer Research*, 28(1), 67–88.
——— (2002a) 'Can Consumers Escape the Market? Emancipatory Illuminations from Burning Man', *Journal of Consumer Research*, 29 (June), 20–38.

and the Meanings of a Photograph Collection', *Journal of Business Research*, 58(1), 45-61.

Holbrook, Morris and Mark Grayson (1986) 'The Semiology of Cinematic Consumption: Symbolic Consumer Behavior in Out of Africa', *Journal of Consumer Research*, 13(3), 374-381.

Holbrook, Morris B. and Elizabeth C. Hirschman (1993) *The Semiotics of Consumption: Interpreting Symbolic Consumer Behavior in Popular Culture and Works of Art*, New York: Mouton De Gruyter.

Holstein, James A. and Jaber F. Gubrium (1994), 'Phenomenology, Ethnomethodology, and Interpretive Practice,' in *Handbook of Qualitative Research*, eds Norman K. Denzin and Yvonna S. Lincoln, Thousand Oaks, CA: Sage, 262-272.

Holt, Douglas B. (1995), 'How Consumers Consume: A Typology of Consumption Practices,' *Journal of Consumer Research*, 22 (June), 1-16.

——— (2002) 'Why Do Brands Cause Trouble? A Dialectical Theory of Consumer Culture and Branding', *Journal of Consumer Research*, 29 (June), 70-90.

——— (2004) *How Brands Become Icons: The Principles of Cultural Branding*, Cambridge, MA: Harvard Business School（斉藤裕一訳『ブランドが神話になる日』ランダムハウス講談社，2005年）.

Holt, Douglas B. and Craig J. Thompson (2004) 'Man-of-Action Heroes: The Pursuit of Heroic Masculinity in Everyday Consumption', *Journal of Consumer Research*, 31 (September), 425-440.

Hopkinson, Gillian C. and Margaret K. Hogg (2006) 'Stories: How they are Used and Produced in Market (ing) Research', in Russell Belk (ed.), *Handbook of Qualitative Research Methods in Marketing*, Cheltenham, UK: Edward Elgar, pp.156-174.

Hudson, Laurel Anderson and Julie L. Ozanne (1988) 'Alternative Ways of Seeking Knowledge in Consumer Research', *Journal of Consumer Research*, 14 (March), 508-521.

Humphreys, Ashlee (2006) 'The Consumer as Foucauldian "Object of Knowledge"', *Social Science Computer Review*, 24(3), 296-309.

Humphreys, Ashlee (2010) 'Megamarketing: The Creation of Markets as a Social Process', *Journal of Marketing*, 74(2), 19.

Hunt, Shelby (1990) 'Truth in Marketing Theory and Research', *Journal of Marketing*, 54 (July), 1-15.

Iacobucci, Dawn (ed.) (1996) *Networks in Marketing*, Thousand Oaks, CA: Sage.

Jackson, Bruce (1987), *Fieldwork*, Chicago: University of Illinois Press.

Jayanthi, Rama K. and Jagdip Singh (2010) 'Pragmatic Learning Theory: An Inquiry-Action Framework for Distributed Consumer Learning in Online Communities', *Journal*

Films.
Heath, Christian, Jon Hindmarsh, and Paul Luff (2010) *Video in Qualitative Research: Analysing Social Interaction in Everyday Life*, Los Angeles, CA: Sage.
Heisley, Deborah and Sidney Levy (1991) 'Autodriving: A Photoelicitation Technique', *Journal of Consumer Research*, 18 (December), 257–272.
Heisley, Deborah D., Mary Ann McGrath, and John F. Sherry, Jr. (1991) '"To Everything There Is a Season:" A Photoessay of a Farmer's Market', in Russell W. Belk (ed.), *Highways and Buyways: Naturalistic Research from the Consumer Behaviour Odyssey*, Provo, UT: Association for Consumer Research, pp.141–166.
Hen, Wendy and Stephanie O'Donohoe (2011) 'Mobile Phones as an Extension of the Participant Observer's Self: Reflections on the Emergent Role of an Emergent Technology', *Qualitative Market Research: An International Journal*, 14(3), 2011, 258–273.
Henry, Paul (2010) 'How Mainstream Consumers think about Consumers' Rights and Responsibilities', *Journal of Consumer Research*, 37 (December), 670–687.
Hill, Carole and Marietta Baba (1997) 'The International Practice of Anthropology: A Critical Overview', in M. Baba and C. Hill (eds), *The Global Practice of Anthropology*, Williamsburg, VA: Dept of Anthropology College of William and Mary, pp.1–24.
Hill, Ronald Paul (1991), 'Homeless Women, Special Possessions, and the Meaning of "Home": An Ethnographic Case Study', *Journal of Consumer Research*, 18 (December), 298–310.
Hill, Ronald Paul and Mark Stamey (1990), 'The Homeless in America: An Examination of Possession and Consumption Behaviors,' *Journal of Consumer Research*, 17 (December), 303–321.
Hirschman, Elizabeth (1986) 'Humanistic Inquiry in Market Research: Philosophy, Method and Criteria', *Journal of Marketing Research*, 23 (August), 237–249.
——— (1988) 'The Ideology of Consumption: A Structural-Syntactic Analysis of Dallas and Dynasty', *Journal of Consumer Research*, 15 (December), 344–359.
——— (ed.) (1989) *Interpretive Consumer Research*, Provo, UT: Association for Consumer Research.
Hobbs, Dick (2006) 'Ethnography', in Victor Jupp (ed.) *Sage Dictionary of Social Research Methods*, Thousand Oaks, CA and London: Sage.
Holbrook, Morris B. (1988) 'An Interpretation: Gremlins as Metaphors for Materialism', *Journal of Macromarketing*, 8 (Spring), 54–59.
——— (1998) 'Journey to Kroywen: An Ethnoscopic Auto-Auto-Auto-Driven Stereographic Photo Essay', in Barbara B. Stern (ed.), *Representing Consumers: Voices, Views and Visions*, London: Routledge, pp.231–263.
——— (2005) 'Customer Value and Autoethnography: Subjective Personal Introspection

place Management of Illicit Pleasure', *Journal of Consumer Research*, 35(5), 759–771.

Grant, Barry K. (2003) *Five Films by Frederick Wiseman*, Berkeley, CA: University of California Press.

Grant, Barry K. and Jeannette Sloniowski (ed.) (1998) *Documenting the Documentary: Closed Readings of Documentary Film and Video*, Detroit, MI: Wayne State University Press.

Grayson, Kent and David Shulman (2000), 'Indexicality and the Verification Function of Irreplaceable Possessions: A Semiotic Analysis', *Journal of Consumer Research*, 27 (June), 17–30.

Grayson, Kent and Radan Martinec (2004) 'Consumer Perceptions of Iconicity and Indexicality and Their Influence on Assessments of Authentic Market Offerings', *Journal of Consumer Research*, 31, (2) (September), 296–312.

Greenwald, Robert (2005) 'Wal-Mart: The High Cost of Low Price', 97:00 minutes, Retail Project LLC.

Gregson, Nicky (2007) *Living with Things: Ridding, Accommodation, Dwelling*, Wantage, UK: Sean Kingston.

Greimas, Algirdas (1987) *On Meaning: Selected Writings in Semiotic Theory*, trans. Paul J. Perron and Frank H. Collins, London: Frances Pinter.

Grenful, Michael (2004) *Pierre Bourdieu Agent Provocateur*, London, England: Continuum.

Gugenheim, Davis (2006) 'An Inconvenient Truth', 100:00 minutes, Lawrence Bender Productions.

Hagen, Charles (1985) *American Photographers of the Depression*, New York: Pantheon.

Haire, Mason (1950) 'Projective Techniques in Marketing Research', *Journal of Marketing*, 14 (April) 649–656.

Hamilton, Gary G. and Chi-kong Lai (1989) 'Consumerism without Capitalism: Consumption and Brand Names in Late Imperial China', in Henry J. Rutz and Benjamin S. Orlove (eds), *The Social Economy of Consumption*, Lanham, MD: University Press, pp.253–279.

Hampe, Barry (2007) *Making Documentary Films and Reality Videos: A Practical Guide to Planning, Filming, and Editing Documentaries of Real Events*, New York: Holt.

Han, Jiawei, Micheline Kamber, and Jian Pei (2012) *Data Mining: Concepts and Techniques*, Waltham, MA: Elsevier.

Havlena, William J. and Susan L. Holak (1996) 'Exploring Nostalgia Imagery Through the Use of Consumer Collages', *Advances in Consumer Research*, 23, 35–42.

Haythornthwaite, Caroline (2005) 'Social Networks and Internet Connectivity Effects', *Information, Communication and Society*, 8 (June), 125–147.

Hawes-Davis, Doug (2002) 'This is Nowhere', 67:00 minutes, Missoula, MT: High Plains

Gietlman, Lisa (2008) *Always Already New: Media, History and the Data of Culture*, Cambridge, MA: MIT Press.

Giorgi, Amedeo (1985) 'Phenomenological Psychology of Learning and the Verbal Tradition', in Amedeo Giorgi (ed.), *Phenomenology and Psychological Research*, Pittsburgh, PA: Duquesne University Press, pp.23-85.

Glaser, Barney. (2001) *The Grounded Theory Perspective: Conceptualization Contrasted with Description*, Mill Valley, CA: Sociology Press.

Glaser, Barney and Anselm Strauss (1967) *The Discovery of Grounded Theory*, Chicago: Aldine.（後藤隆・大出春江・水野節夫訳『データ対話型理論の発見：調査からいかに理論をうみだすか』新曜社，1996年）

Goffman, Erving (1963) *Stigma: Notes on the Management of Spoiled Identity*, Englewood Cliffs, NJ: Prentice-Hall.（石黒毅訳『スティグマの社会学：烙印を押されたアイデンティティ』せりか書房，2001年改訂版）

——— (1988) *Gender Advertisements*, New York: Harper Collins.

——— (1989) 'On Fieldwork', *Journal of Contemporary Ethnography*, 18, 123-132. Goldberg, Jim (1985) Rich and Poor, New York: Random House.

Goldstein, Barry M. (2007) 'All Photos Lie: Images as Data', in Gregory C. Stanczak (ed.), *Visual Research Methods: Image, Society, and Representation*, Thousand Oaks, CA: Sage, pp.61-81.

Goodenough, Florence (1926) *Measurement of Intelligence by Drawings*, New York: Harcourt, Brace and World.

Gordon, Wendy and Roy Langmaid (1988) *Qualitative Market Research: A Practitioner's and Buyer's Guide*, Aldershot, UK: Gower.

Gosling, Sam (2008) *Snoop: What Your Stuff Says About You*, New York: Basic Books.（篠森ゆりこ訳『スヌープ！：あの人の心ののぞき方』講談社，2008年）

Gould, Leroy C., Andrew L. Walker, Lansing E. Crane, and Charles W. Lidz (1974) *Connections: Notes from the Heroin World*, New Haven, CT: Yale University Press.

Gould, Stephen Jay (1991), 'The Self-Manipulation of My Pervasive, Vital Energy through Product Use: An Introspective-Praxis Approach,' *Journal of Consumer Research*, 18 (September), 194-207.

——— (1995) 'Researcher Introspection as a Method in Consumer Research: Applications, Issues, and Implications', *Journal of Consumer Research*, 21 (March), 719-722.

——— (2006) 'Unpacking the Many Faces of Interpretive Research', in Russell Belk (ed.), *Handbook of Qualitative Research Methods in Marketing*, Cheltenham, UK: Edward Elgar, pp.186-197.

Goulding, Christina, Avi Shankar, Richard Elliott, and Robin Canniford (2009) 'The Market-

Fetterman, David M. (2010) *Ethnography: Step by Step*, 3rd edn, Thousand Oaks, CA: Sage.

Firat, A. Fuat and Alladi Venkatesh (1995) 'Liberatory Postmodernism and the Reenchantment of Consumption', *Journal of Consumer Research*, 22 (December), 239-267.

Fischer, Eileen and Stephen Arnold (1990) 'More Than a Labor of Love: Gender Roles and Christmas Gift Shopping', *Journal of Consumer Research*, 17 (December), 333-345.

Fischer, Eileen and Cele Otnes (2006) 'Breaking New Ground: Developing Grounded Theories in Marketing and Consumer Behavior', in Russell Belk (ed.), *Handbook of Qualitative Research Methods in Marketing*, Cheltenham, UK: Edward Elgar.

Fischer, Eileen, Cele Otnes, and Linda Tuncay (2007) 'Pursuing Parenthood: Integrating Cultural and Cognitive Perspectives on Persistent Goal Striving', *Journal of Consumer Research*, 34(3), 425-440.

Flick, Uwe (2007) *Using Visual Data in Qualitative Research*, London: Sage.

Fournier, Susan (1998) 'Consumers and their Brands: Developing Relationship Theory in Consumer Research', *Journal of Consumer Research*, 24 (March), 343-373.

Fox, Fiona E., Marianne Morris, and Nichola Rumsey (2007) 'Doing Synchronous Online Focus Groups with Young People: Methodological Reflections', *Qualitative Health Research*, 17 (April), 539-547.

Fox, Josh (2010) 'Gasland', 107:00 minutes, HBO Documentary Films.

Freedman, Russell and Lewis Hine (1994) *Kids at Work: Lewis Hine and the Crusade Against Child Labor*, New York: Clarion Books (千葉茂樹訳『ちいさな労働者：写真家ルイス・ハインの目がとらえた子どもたち』あすなろ書房，1996年).

Fullerton, R.A. (1990) 'The Art of Marketing Research: Selection from Paul F. Lazarsfeld's "Shoe buying in Zurich"', *Journal of the Academy of Marketing Science*, 18(4), 319-327.

Füller, Johann, Gregor Jawecki, and Hans Mühlbacher (2006) 'Innovation Creation by Online Basketball Communities', *Journal of Business Research*, 60(1), 60-71.

Garcia, Angela Cora, Alecea I. Standless, Jennifer Bechkoff, and Yan Cui (2009) 'Ethnographic Approaches to the Internet and Computer-Mediated Communication', *Journal of Contemporary Ethnography*, 38(1), February, 52-84.

Garfinkel, Harold (1967) *Studies in Ethnomethodology*, Englewood Cliffs, NJ: Prentice Hall.

Gaskell, George (2000) 'Individual and Group Interviewing', in Martin Bauer and George Gaskell (eds), *Qualitative Research with Text, Image and Sound: A Practical Handbook for Social Research*, London: Sage, pp.38-56.

Geertz, Clifford (1973) *The Interpretation of Cultures*, New York: Basic Books.

Giesler, Markus (2008) 'Conflict and Compromise: Drama in Marketplace Evolution', *Journal of Consumer Research*, 34 (April), 739-753.

Marketing', in Russell Belk (ed.), *Handbook of Qualitative Research Methods in Marketing*, Cheltenham, UK: Edward Elgar, pp.497-508.

Eisenhardt, Kathleen (1989) 'Building Theories from Case Study Research', *Academy of Management Review*, 14(4), 532-550.

Ellen, R.F., ed. (1984), *Ethnographic Research: A Guide To General Conduct*, London: Academic Press.

Elliott, Jane (2005) *Using Narrative in Social Research: Qualitative and Quantitative Approaches*, Thousand Oaks, CA: Sage.

Elliott, Richard and Andrea Davies (2006) 'Using Oral History Methods in Consumer Research', in Russell Belk (ed.), *Handbook of Qualitative Research Methods in Marketing*, Cheltenham, UK: Edward Elgar, pp.255-267.

Ellis, Carolyn (2004) *The Ethnographic I: A Methodological Novel about Autoethnography*, Walnut Creek, CA: AltaMira Press.

Ellis, Jack C. and Betsy A. McLane (2007) *A New History of Documentary Film*, New York: Continuum, pp.61-81.

Ellwood, Alison (2005) 'Enron: The Smartest Guys in the Room', 110:00 minutes, Los Angeles, CA: Magnolia Pictures.

Ely, Margot, Ruth Vinz, Maryann Dowling, and Margaret Anzu (1997) *On Writing Qualitative Research*, London: Falmer Press.

Emerson, Robert M., Rachel I. Fretz and Linda L Shaw (1995), *Writing Ethnographic Fieldnotes*, Chicago and London: University of Chicago Press.（佐藤郁哉・好井裕明・山田富秋訳『方法としてのフィールドノート：現地取材から物語（ストーリー）作成まで』新曜社，1998年）

Emmison, Michael and Philip Smith (2000) *Researching the Visual*, London: Sage.

Epp, Amber M. and Linda L. Price (2010), 'The Storied Life of Singularized Objects: Forces of Agency and Network Transformation,' *Journal of Consumer Research*, 36 (February), 820-837.

Farnell, Brenda and Joan Huntley (1995) 'Ethnogaphy Goes Interactive', *Anthropology Today*, 11 (October), 7-14.

Feenberg, Andrew (2010) *Between Reason and Experience: Essays in Technology and Modernity*, Cambridge, MA: MIT Press.

Fernandez, James (2000) 'The Wild Man and the Elephant: A Revelatory Incident', *Anthropology and Humanism*, 25(2), 189-194.

Fernback, Jan (1999) 'There is a There There: Notes Toward a Definition of Cybercomunity', in Steve Jones, (ed.), *Doing Internet Research: Critical Issues and Methods for Examining the Net*, pp.203-220.

Their Brands in their Kitchen Pantries', *Journal of Consumer Research*, 32 (June), 106-118.

Crandall, David and Noah Snaveley (2011) 'Networks of Photos, Landmarks, and People', *Leonardo*, 44 (June), online journal.

Cresswell, John (2007) *Qualitative Inquiry and Research Design: Choosing Among Give Approaches*, 2nd edn, Thousand Oaks, CA: Sage.

Danes, Jeffrey E., Jeffrey S. Hess, John W. Story, and Jonathan L. York (2010) 'Brand Image Associations for Large Virtual Groups', *Qualitative Market Research*, 13(3), 309-323.

Davies, Bronwyn and Rom Harré (1990) 'Positioning: The Discursive Production of Selves', *Journal for the Theory of Social Behaviour*, 20(1), 44-63.

Davis, Murray S. (1971) 'That's Interesting! Towards a Phenomenology of Sociology and a Sociology of Phenomenology', *Philosophy of the Social Sciences*, 1(2), 309-344.

Denzin, Norman K. (1989) *Interpretive Interactionism*, Newbury Park, CA: Sage.

Dichter, Ernest (1947) 'Psychology in Marketing Research', *Harvard Business Review*, 25 (4), 432-443.

Douglas, Jack (1986) *Creative Interviewing*, Beverly Hills, CA: Sage.

Douglas, Jack, Paul Rasmussen, and Carol Ann Flanagan (1977) *The Nude Beach*, Beverly Hills, CA: Sage.

Douglas, Mary (1966) *Purity and Danger: An Analysis of the Concepts of Pollution and Taboo*, London: Routledge and Kegan Paul.

Duarte, Nancy (2008) *Slide:ology: The Art and Science of Creating Great Presentations*, Sebastopol, CA: O'Reilly（熊谷小百合訳『Slide:ology：プレゼンテーション・ビジュアルの革新』ビー・エヌ・エヌ新社，2014年）.

Duhachek, Adam (2005) 'Coping: A Multidimensional, Hierarchical Framework of Responses to Stressful Consumption Episodes', *Journal of Consumer Research*, 32 (June), 41-53.

Durgee, Jeffrey F. (1991) 'Interpreting Dichter's Interpretations: An Analysis of Consumption Symbolism in *The Handbook of Consumer Motivations*' in Claus Alsted, David Mick and Hanne Larsen (eds), *Marketing and Semiotics: The Copenhagen Symposium*, Copenhagen: Handelshojskolens Forlag, pp.52-69.

Durgee, Jeffrey and Manli Chen (2006) 'Metaphors, Needs and New Product Ideation', in Russell Belk (ed.), *Handbook of Qualitative Research Methods in Marketing*, Cheltenham, UK: Edward Elgar, pp.291-302.

Eckhardt, Giana M. and Anders Bengtsson (2010) 'A Brief History of Branding in China', *Journal of Macromarketing*, 30 (September), 210-222.

Ekström, Karin (2006) 'The Emergence of Multi-Sited Ethnography in Anthropology and

Qualitative Market Research, 1(2), 69-76.

Catterall, Miriam and Pauline Maclaren (2006) 'Focus Groups in Marketing Research', in Russell Belk (ed.), *Handbook of Qualitative Research Methods in Marketing*, Cheltenham, UK: Edward Elgar, pp.255-267.

Chalfen, Richard (1987) *Snapshot Visions of Life*, Bowling Green, OH: Bowling Green State University Popular Press.

Chan, Kara (2006) 'Exploring Children's Perceptions of Material Possessions: A Drawing Study', *Qualitative Market Research*, 9(4), 352-366.

Cherny, Lynn (1999) *Conversation and Community: Chat in a Virtual World*, Stanford: Center for the Study of Language and Information.

Cios, Krzysztof J., Witold Pedrycz, Roman W. Swiniarski (2007) *Data Mining: A Knowledge Discovery Approach*, New York: Springer.

Clark, Cindy Dell (1995) *Flights of Fancy, Leaps of Faith: Children's Myths in Contemporary America*, Chicago: University of Chicago Press.

Clifford, James (1988) *The Predicament of Culture: Twentieth-Century Ethnography, Literature, and Art*, Cambridge, MA: Harvard University Press (太田好信他訳『文化の窮状：二十世紀の民族誌，文学，芸術』人文書院，2003年).

Clifford, James and George Marcus (eds) (1986) *Writing Culture: the Poetics and Politics of Ethnography*, Berkeley, CA: University of California Press (春日直樹他訳『文化を書く』紀伊國屋書店，1996年).

Collett, Peter (1984) 'History and the Study of Expressive Action', in Kenneth Gergen and N.M. Gergen (eds), *Historical Social Psychology*, Hillsdale, NJ: Lawrence Erlbaum, pp.371-396.

Cooper, Charlotte (2008) 'What's Fat Activism?' Working Paper, University of Limerick, Department of Sociology Working Paper Series. Available online http://www.ul.ie/sociology/docstore/workingpapers/wp2008-02.pdf (last accessed 05/11/2011).

Cote, Joseph A., James McCullough, and Michael Reilly (1985) 'Effects of Unexpected Situations on Behavior-Intention Differences: A Garbology Analysis', *Journal of Consumer Research*, 12 (September), 188-194.

Coulter, Robin (2006) 'Consumption Experiences as Escape: An Application of the Zaltman Metaphor Elicitation Technique', in Russell Belk (ed.), *Handbook of Qualitative Research Methods in Marketing*, Cheltenham, UK: Edward Elgar, pp.400-418.

Coulter, Robin, Linda Price, and Lawrence Feick (2003) 'Rethinking the Origins of Involvement and Brand Commitment: Insights from Postsocialist Central Europe', *Journal of Consumer Research*, 30 (September), 151-169.

Coupland, Jennifer Chang (2005) 'Invisible Brands: An Ethnography of Households and

Collaborative Circle Cycle in Creative Consumer Research', *European Marketing Journal*, 42(11/12), 1396–1414.

Brown, Jane D., Carol Reese Dykers, Jeanne Rogge Steele, and Anner Barton White (1994) 'Teenage Room Culture: Where Media and Identities Intersect', *Communication Research*, 31(6), 813-827.

Brown, Stephen (1998) 'Unlucky for Some: Slacker Scholarship and the Well-Wrought Turn', in Barbara B. Stern (ed.), *Representing Consumers: Voices, Views, and Visions*, London: Routledge, pp.365–383.

——— (2005) *Writing Marketing: Literary Lessons from Academic Authorities*, London: Sage.

——— (2006a) 'Autobiography', in Russell Belk (ed.), *Handbook of Qualitative Research Methods in Marketing*, Cheltenham, UK: Edward Elgar, pp.440–452.

——— (2006b) *The Marketing Code*, London: Cyan.

——— (2008) *Agents and Dealers*, Singapore: Marshall Cavendish.

——— (2009) *The Lost Logo*, Singapore: Marshall Cavendish. Available online at http://www. sfxbrown.com/books_list.php?category_name=All.

Brown, Stephen, Robert V. Kozinets, and John F. Sherry, Jr. (2003) 'Teaching Old Brands New Tricks: Retro Branding and the Revival of Brand Meaning', *Journal of Marketing*, 67 (July) 19–33.

Brownlie, Douglas and Paul Hewer (2007) 'Culture of Consumption of Car Aficionados: Aesthetics and Consumption Communities', *International Journal of Sociology and Social Policy*, 27 (January), 106–119.

Bruckman, Amy (2006) 'Teaching Students to Study Online Communities Ethically', *Journal of Information Ethics*, Fall, 82–98.

Bull, Michael (2007) *Sound Moves: iPod Culture and the Urban Experience*, London: Routledge.

Burgess, Jean and Joshua Green (2010) *YouTube*, London: Polity.

Burrell, Gibson and Gareth Morgan (1979) *Sociological Paradigms and Organizational Analysis: Element of the Sociology of Organizational Life*, London: Heinemann.

Calder, Bobby and Alice Tybout (1987) 'What Consumer Research Is ...', *Journal of Consumer Research*, 14(1), 136–140.

Caldwell, Mary Louise, Paul Henry, and Stephen Watson (2008) 'A Right to Life: Reducing Maternal Death and Morbidity in Pakistan', 58:48 minutes, University of Sydney Film Unit.

Caplovitz, David (1963) *The Poor Pay More*, New York: Free Press.

Catterall, Miriam (1998) 'Academics, Practitioners and Qualitative Market Research',

Belk, Russell W. and Güliz Ger (1995) 'Art and Development: Socio-Economic, Cultural, and Historical Perspectives', (abstract), in Annamma Joy, Kunal Basu, and Zheng Hang-sheng (eds), *Marketing and Development*, Beijing: International Society for Marketing and Development, pp.447–450.

——— and ——— (2005) 'Emergence of Consumer Cultures: A Cross-Cultural and (Art) Historical Comparison' (abstract), *The Future of Marketing's Past: Proceedings of the Twelfth Conference on Historical Analysis and Research in Marketing* (CHARM), 337.

Belk, Russell, Güliz Ger, and Søren Askegaard (2003) 'The Fire of Desire: A Multisited Inquiry into Consumer Passion', *Journal of Consumer Research*, 30(3), 326–351.

Belk, Russell W. and Robert V. Kozinets, (2005) 'Videography in marketing and consumer research', *Qualitative Marketing Research*, 8(2), 128–141.

——— and ——— (2012) 'The Last Picture Show', Advances in Consumer Research. Belk, Russell W., Per Østergaard, and Ronald Groves (1998) 'Sexual Consumption in the Time of AIDS: A Study of Prostitute Patronage in Thailand', *Journal of Public Policy and Marketing*, 17(4), 197–214.

Belk, Russell W., Joon Yong Seo and Eric Li (2007) 'Dirty Little Secret: Home Chaos and Professional Organizers', *Consumption, Markets and Culture*, 10(2), 133–140.

Belk, Russell, John Sherry and Melanie Wallendorf (1988) 'A Naturalistic Inquiry into Buyer and Seller Behavior at a Swap Meet', *Journal of Consumer Research*, 14(4), 449–470.

Belk, Russell and Gülnur Tumbat (2005) 'The Cult of Macintosh', *Consumption, Markets and Culture*, 8 (September), 205–218.

Belk, Russell, Melanie Wallendorf and John Sherry (1989) 'The Sacred and the Profane in Consumer Behavior: Theodicy on the Odyssey', *Journal of Consumer Research*, 16(1) 1–38.

Belk, Russell W. and Joyce Yeh (2011) 'Tourist Photography: Signs of Self', *International Journal of Culture, Tourism, and Hospitality*, 5(1), 345–353.

Berger, Peter and Thomas Luckmann (1966) *The Social Construction of Reality: A Treatise in the Sociology of Knowledge*, Garden City, NY: Anchor Books.

Berkowitz, S.D. (1982) *An Introduction to Structural Analysis: The Network Approach to Social Research*, Toronto, ON: Butterworth.

Boellstorff, Tom (2008) *Coming of Age in Second Life: An Anthropologist Explores the Virtually Human*, Princeton, NJ: Princeton University Press.

Bonoma, Thomas (1985) 'Case Research in Marketing: Opportunities, Problems and a Process', *Journal of Marketing Research*, 22(May) 199–208.

Bourdieu, Pierre (1977) *Outline of a Theory of Practice*, Cambridge: Cambridge University Press. Bradshaw, Alan and Stephen Brown (2008) 'Scholars Who Stare at Goats: The

——— (1989) 'Visual Images of Consumption: What you See and What you Get', in Terrence Childers and Richard Bagozzi (eds), *1989 AMA Winter Educators' Conference: Marketing Theory and Practice*, Chicago: American Marketing Association, 122.

——— (1991a) 'Epilogue: Lessons Learned', in Russell Belk (ed.), *Highways and Buyways: Naturalistic Research from the Consumer Behavior Odyssey*, Provo, UT: Association for Consumer Research, pp.234-238.

——— (1991b) 'The History and Development of the Consumer Behavior Odyssey', in Russell W. Belk (ed.), *Highways and Buyways: Naturalistic Research from the Consumer Behavior Odyssey*, Provo: Association for Consumer Research, pp.1-12.

——— (1992) 'Moving Possessions: An Analysis Based on Personal Documents from the 1847-1869 Mormon Migration', *Journal of Consumer Research*, 19 (December), 339-361.

——— (1994) 'Battling Worldliness in the New Zion: Mercantilism Versus Homespun in 19th Century Utah', *Journal of Macromarketing*, 14 (Spring), 9-22.

——— (1998) 'Multimedia Approaches to Qualitative Data and Representations', in Barbara B. Stern (ed.), *Representing Consumers: Voices, Views and Visions*, London: Routledge, pp.308-338.

——— (2006) 'You Ought to be in Pictures: Envisioning Marketing Research', in Naresh Malholtra (ed.), *Review of Marketing Research*, 3, Armonk, NY: M.E. Sharpe, pp.193-205.

——— (2007) 'I See What You Mean: The Role of Video in Transformative Consumer Research', 30:00 minutes, Toronto: Odyssey Films.

——— (2011a) 'Consumer Behavior Odyssey Redux', 20:10 minutes, Toronto: Odyssey Films, (for Marketing Science Institute).

——— (2011b) 'Examining Markets, Marketing, Consumers, and Society through Documentary Films', *Journal of Macromarketing*, 31 (December), 403-409.

Belk, Russell, Kenneth Bahn, and Robert Mayer (1982) 'Developmental Recognition of Consumption Symbolism', *Journal of Consumer Research*, 9 (June), 4-17.

Belk, Russell and Janeen Arnold Costa (1998) 'The Mountain Man Myth: A Contemporary Consuming Fantasy', *Journal of Consumer Research*, 25 (December), 218-240.

Belk, Russell and Janeen A. Costa (2001) 'The Rendezvous as Bounded Utopia', 22:00 minutes, Salt Lake City, UT: Odyssey Films.

Belk, Russell, Timothy Devinney, and Giana Eckhardt (2005) 'Consumer Ethics Across Cultures', *Consumption, Markets and Culture*, with Timothy Devinney and Giana Eckhardt, 8 (September), 275-290, with accompanying 26:00 minute video; also in working paper form. Available online at http://repositories.cdlib.org/crb/wps/23, http://www.inpsicon. com/elconsumidor/archivos/consumer_ethics_eng.pdf (English), and http://www.inpsicon. com/elconsumidor/archivos/consumer_ethics.pdf (Spanish).

in Russell W. Belk and John F. Sherry (eds) *Consumer Culture Theory* (Research in Consumer Behavior, Volume 11), Emerald Group Publishing Limited, pp.3-22.

Arnould, Eric J. and Linda L. Price (1993) 'River Magic: Hedonic Consumption and the Extended Service Encounter', *Journal of Consumer Research*, 20 (June), 24-45.

Arnould, Eric and Melanie Wallendorf (1994) 'Market Oriented Ethnography: Interpretation Building and Marketing Strategy Formulation', *Journal of Marketing Research*, 31 (November), 484-504.

Arsel, Zeynep and Craig Thompson (2011) 'Demythologizing Consumption Practices: How Consumers Protect Their Field-Dependent Identity Investments from Devaluing Marketplace Myths', *Journal of Consumer Research*, 37 (February), 791-806.

Ayers, Michael P. (ed.) (2006) *Cybersounds: Essays on Virtual Music Culture*, New York: Peter Lang.

Baker, Stephen (2009) 'Netflix Isn't Done Mining Consumer Data, Company's Goal is to "Predict People Earlier" -When they First get to Site', *Business Week*, 22 September, accessed online at http://www.msnbc.msn.com/id/32969539/ns/business-us_business/t/netflix-isnt-done- mining-consumer-data/#.T0pybUret1A.

Banks, Marcus (2001) *Visual Methods in Social Research*, London: Sage.

Banks, Marcus (2007) *Using Visual Data in Qualitative Research*, Los Angeles, CA: Sage.

Barbash, Ilisa and Lucien Taylor (1997) *Cross-Cultural Filmmaking: A Handbook for Making Documentary and Ethnographic Films and Videos*, Berkeley, CA: University of California Press.

Barbour, Rosaline (2008) *Doing Focus Groups*, London: Sage.

Basil, Michael (2011) 'Use of Photography and Video in Observational Research', *Qualitative Market Research*, 14(3), 246-257.

Baym, Nancy (2010) *Personal Connections in the Digital Age*, Cambridge: Polity.

Beaven, Zuleika and Chantal Laws (2007) '"Never Let Me Down Again": Loyal Customer Attitudes Towards Ticket Distribution Channels for Live Music Events: A Netnographic Exploration of the US Leg of the Depeche Mode 2005-2006 World Tour', *Managing Leisure*, 12 (April), 120-142.

Belk, Russell (1978) 'Assessing the Effects of Visible Consumption on Impression Formation', in H. Keith Hunt (ed.), *Advances in Consumer Research*, 5, pp.39-47.

——— (1985) 'Materialism: Trait Aspects of Living in the Material World', *Journal of Consumer Research*, 12 (December), 265-280.

——— (1986) 'Art Versus Science as Ways of Generating Knowledge About Materialism', in David Brinberg and Richard J. Lutz (eds), *Perspectives on Methodology in Consumer Research*, New York: Springer-Verlag, pp.3-36.

参考文献

Abrahamson, Eric and David H. Freedman (2006) *A Perfect Mess: The Hidden Benefits of Disorder*, New York: Little, Brown and Company.

Abrams, Bill (2000) *The Observational Research Handbook: Understanding How Consumers Live With Your Product*, Lincolnwood, IL: NTC.

Achbar, Mark and Jennifer Abbott (2005) 'The Corporation', 145:00 minutes, Zeitgeist Films.

Adrian, Bonnie (2003) *Framing the Bride: Globalizing Beauty and Romance in Taiwan's Bridal Industry*, Berkeley, CA: University of California Press.

Agee, James and Walker Evans (1941) *Let Us Now Praise Famous Men*, Cambridge, MA: Riverside Press.

Allen, Douglas (2002) 'Toward a Theory of Consumer Choice as Sociohistorically Shaped Practical Experience: The Fits-Like-A-Glove (FLAG) Framework', *Journal of Consumer Research*, 28 (March), 515-532.

Alvesson, Mats (2003) 'Beyond Neo Positivists, Romantics and Localists: A Reflexive Approach to Interviews in Organizational Research', *Academy of Management Review*, 28(1), 13-33.

Alvesson, Mats and Dan Kärremann (2011) *Qualitative Research and Theory Development: Mystery as Method*. Thousand Oaks, CA: Sage.

Anderson, Paul (1983) 'Marketing, Scientific Progress and Scientific Methods', *Journal of Marketing*, 47 (Fall), 18-31.

Anfara, Vincent and Norma Mertz (2006) *Theoretical Frameworks in Qualitative Research*, Thousand Oaks, CA: Sage.

Angrosino, M. (2007) *Doing Ethnographic and Observational Research*, London: Sage. Arbitron (no date) 'The Bedroom Study'. Available online at http://www.thebedroom-study. com/.

Arnold, Stephen and Eileen Fischer (1994) 'Hermeneutics and Consumer Research', *Journal of Consumer Research*, 21(1), 55-70.

Arnould, Eric J. (1989) 'Toward a Broadened Theory of Preference Formation and the Diffusion of Innovations: Cases from Zinder Province, Niger Republic', *Journal of Consumer Research*, 16(September), 239-67.

Arnould, Eric J. and Craig J. Thompson (2005) 'Consumer. Culture Theory (CCT): Twenty Years of Research', *Journal of Consumer Research*, 31 (March), 868-882.

——— and ——— (2007) Consumer Culture Theory (And We Really Mean Theoretics)

「なぜ？」という質問 …… 59
人間行動学 …… 33
人間主義的探求 …… 98
ネトノグラフィー …… 131, 144, 165-167, 169-174, 176-180, 182

〔は行〕

ハイパーリアリティー …… 108
博士論文 …… 307
ハビトゥス …… 246, 247
バリエーション …… 233-235, 243
バリエーション理論 …… 238, 240
パントリー調査 …… 9, 271
反応性 …… 210
ハンマーの法則 …… 321
ビデオグラフィー …… 121, 122, 124, 126
批判的多元主義 …… 294
批判トラディション …… 37, 38, 43, 230
批判理論 …… 37, 46
分厚い記述 …… 60, 63, 256, 292, 295, 308
分厚い銘記 …… 99
フィールドノーツ …… 111-115, 184, 191, 192, 194
『フィールドワークの物語―エスノグラフィーの文章作法』…… 15
フィルム・フェスティバル …… 10, 206, 290, 300, 306, 307
フォーカスグループ …… 13, 14, 65-69
ブラックスワン …… 139, 276
ブランド・コミュニティ …… 28-30
プローブ …… 56, 60-64, 67, 224, 294
プロセス理論 …… 238, 239
文化変容 …… 30, 99
文章完成法 …… 71, 72
分析的一般化 …… 238
ペルソナ …… 257, 284, 292
変革志向消費研究 …… 38
方法論的道具箱 …… 320
ポストモダニズム …… 36, 46
ポストモダン・トラディション …… 36, 43, 229
保存 …… 177
没入 …… 7, 109, 110, 117, 141, 169

〔ま行〕

マーケティング・ダッシュボード …… 130
マイクロカルチャー …… 30
ミステリー・ショッパー …… 119, 120
命題 …… 11, 242
メタ物語 …… 36, 43, 229, 230
メンバーチェック …… 57, 213
モチベーション・リサーチ …… 12

〔や行〕

欲望の循環 …… 239
欲求階層理論 …… 283

〔ら行〕

ラポール …… 5, 101, 323, 326
リードユーザー …… 274
リサーチ・クエスチョン …… 26-32, 179, 226, 227, 232, 234
リスキー・シフト …… 65
リフレクシブ・ジャーナル …… 111
理論 …… 219, 240, 241, 243, 244, 246-248, 251, 255, 296, 297
理論構築 …… 218, 219, 233, 235, 238, 240, 242, 243, 248
論理経験主義 …… 15

〔わ行〕

ワードクラウド …… 71, 155

実存主義現象学トラディション ……… 34
シネマ・ベリテ ……………………… 123, 124
『ジャーナル・オブ・アカデミー・オブ・ザ・マーケティング・サイエンス』 ……………………… 17
『ジャーナル・オブ・コンシューマー・カルチャー』 ……………………… 19
『ジャーナル・オブ・コンシューマー・リサーチ』…… 17, 19, 35, 100, 116, 235, 247, 307, 324
『ジャーナル・オブ・マーケティング』 ……………………… 17, 19, 35, 235, 247, 307
『ジャーナル・オブ・マーケティング・リサーチ』 ……………………… 18, 307
『ジャーナル・オブ・リテイリング』…… 17
社会運動理論 ……………………… 247
社会ネットワーク分析 ……………… 144, 145, 161-164
車輪の再発明 ……………………… 228
集団浅慮 ……………………… 65, 67, 68
主題統覚検査（TAT） ……………………… 81
じょうごアプローチ ……………… 58, 64, 67
消費研究学会 …… 134, 205, 206, 290, 300, 329
消費サブカルチャー ……………………… 30, 99
消費者行動オデュッセイア ……… 16, 205, 325, 326
消費者主権 ……………………… 229
消費者トライブ ……………………… 269
消費文化理論 …………… ii, 18, 300, 321, 329
ショッピングの科学 ……………………… 259
人工物 ……………………… 132-137
新実証主義 ……………………… 39
新実証主義トラディション ……… 40, 43, 231, 240
深層インタビュー ……… 50, 51, 55-57, 63, 64, 187
シンボリック相互作用論 ……………… 33
シンボルマッチング法 ……………… 71, 73
スティグマ ……………………… 227, 269
制度理論 ……………………… 247
先行文献 …… 30, 227, 228, 232, 234, 244, 296, 297
組織理論のパラダイム―機能主義の分析枠組 ……………………… 15

〔た行〕

タブララサ ……………………… 225, 265
ダブル・ブラインド法 ……………………… 128
調査トラディション ……… 26, 27, 32, 33, 40, 41, 45, 137, 226, 228, 232, 234, 240, 330
定性調査 ……………………… 4-7
定性データ分析（QDA）ソフトウェア ……………………… 265
定量調査 ……………………… 4-7
『データ対話型理論の発見―調査からいかに理論をうみだすか』……… 15, 225
データマイニング …… 140, 145-149, 151, 152, 156, 157, 163
テーマストーリー法 ……………………… 71, 81
デブリーフィング ……………………… 264, 325
テレスノグラフィー ……………………… 134
投影法 ……………………… 13, 70
同伴ショッピング ……………… 120, 257, 259
トライアンギュレーション …… 101, 200, 293, 294
ドリームエクササイズ法 ……………… 71, 83
トレンド・スポッティング ……………… 130

〔な行〕

内容分析 ……………………… 137, 170, 171

オピニオンマイニング …… 153, 154
面白さ …… 297
オンラインインタビュー …… 185, 186

〔か行〕

カートゥーンテスト法 …… 71, 73
絵画統覚検査 …… 145
絵画描画法 …… 71, 77
解釈 …… 4, 218, 219, 233, 235, 240, 242, 248, 292, 293, 295, 308
解釈学 …… 46
解釈学トラディション …… 35, 42, 229
外的妥当性 …… 90
買い物リスト分析 …… 71, 76
会話分析 …… 104
カルチュラル・スタディーズ …… 30, 103
観察 …… 90-92, 95-97
観察型インタビュー …… 118, 119
監視カメラ …… 121-123, 140, 214
記号論 …… 38, 47, 104, 137
記号論的四角形 …… 245
記号論トラディション …… 39, 43, 230
記述 …… 219
擬人化法 …… 71, 75
ギフト …… 7, 8, 54, 61-63, 159
キャプタ …… 91, 145
キャプチャー …… 177
教師あり学習 …… 152
教師なし学習 …… 152
『クオリテイティブ・マーケット・リサーチ』 …… 205
クチコミ …… 130, 163
グラウンデッド・セオリー …… 33, 123, 236, 237, 266
「グランドツアー」質問 …… 58, 64, 187
グループ・ダイナミクス …… 65, 68, 69
経験的現象 …… 26-28, 31
啓示的出来事 …… 276, 280, 281
玄関先エスノグラフィー …… 102
研究倫理審査委員会 …… 129
言語 …… 328
言語連想法 …… 71, 72
現実の社会的構成—知識社会学論考 …… 15
現象学 …… 45, 107
現象学的インタビュー …… 35, 270
現象学的社会学 …… 107
現象学トラディション …… 41, 229
構造化理論 …… 33
コーディング …… 123, 137, 197, 219, 220, 222-230, 232, 241, 243
コード …… 220, 222, 224, 225, 227-230, 232, 235-237
ごみ調査 …… 132, 136, 137
コラージュ構成法 …… 71, 79
ゴルディロックスの原理 …… 282
『コンサンプション・マーケット・アンド・カルチャー』 …… 19
コンテクスト …… 5
コンテントマイニング …… 148

〔さ行〕

再帰性 …… 166, 294
サイコドラマ法 …… 71, 84
査読 …… 10, 243, 309, 310, 312, 313
ザルトマン・メタファー誘引法（ZMET法） …… 79
詩 …… 115, 288, 299
シカゴ学派 …… 92
自然言語処理（NLP） …… 130, 153, 155
実践理論 …… 95
実存主義現象学 …… 34

索　引

人　名

ヴァン＝マーネン …… 15, 112, 299
ヴィトゲンシュタイン …… 328
ウィンフリー，オプラ …… 73
ギアツ，クリフォード …… 60, 291
ギデンズ …… 33
グレイザー，バーニー …… 15, 236
グレマス，アルジルダス …… 245
ジャクソン，ジャネット …… 127
ショー，ジョージ・バーナード …… 314
ストラウス，アンセルム …… 15, 236
チャーチル，ウィンストン …… 92
ディヒター，アーネスト …… 12, 13
バーガー …… 15
パーリン，チャールズ …… 136
バーレル …… 15
フランシス・ゴルトン卿 …… 71
ブルデュー，ピエール …… 33, 246, 247
フロイト …… 12
ヘア，メイソン …… 76
ヘロドトス …… 92, 318
ボードリヤール，ジャン …… 108
ポーロ，マルコ …… 92
マズロー …… 283
マートン，ロバート …… 13
モーガン …… 15
ラザースフェルド，ポール …… 12-14
ラトゥール …… 33
ルックマン …… 15
レヴィ＝ストロース，クロード …… 98
レヴィン，クルト …… 251
レビー，シドニー …… 13, 98

事　項

〔英字〕

Bロール …… 207
EPIC …… 329
NLP …… 154
QDAソフトウェア …… 266
QDAプログラム …… 113
ZMET …… 82, 83, 253

〔あ行〕

アクシャル・コーディング …… 236
アクションリサーチ …… 326
アクター・ネットワーク理論 …… 33, 47, 95
ありのまま（naturalism） …… 5-7, 95, 98, 102, 103, 118, 121, 122, 275
イーミック …… 175, 220, 221, 230
イエス・ノー・クエスチョン …… 60
『インターナショナル・ジャーナル・オブ・カルチャー・ツーリズム・アンド・ホスピタリティ』 …… 205
インフォームド・コンセント …… 53, 55, 123, 203, 204
エウレカ …… 233, 280
エスノグラフィー …… 13, 33, 97-108, 166-171
エスノグラフィック・イヤー …… 109, 117
エスノメソドロジー …… 107
エティック …… 175, 220, 222, 327
オートドライビング法 …… 71, 84
オープン・コーディング …… 236
オッカムの剃刀 …… 148

＜訳者略歴＞

松井　剛（まつい　たけし）

1972年，北海道生まれ。1995年，一橋大学商学部卒業。2000年，一橋大学商学研究科博士後期課程修了，博士（商学）。同年，同研究科専任講師，2004年同助教授，2007年同准教授，2007年～2009年プリンストン大学社会学部客員フェロー（2007年～2008年安倍フェロー），2013年より一橋大学大学院商学研究科教授，2018年より一橋大学大学院経営管理研究科教授。

主な著書に，『ことばとマーケティング：「癒し」ブームの消費社会史』（碩学舎），「アメリカに日本のマンガを輸出する：ポップカルチャーのグローバル・マーケティング」（有斐閣）がある。

碩学舎ビジネス双書

消費者理解のための
定性的マーケティング・リサーチ

2016年6月30日　第1版第1刷発行
2021年4月15日　第1版第2刷発行

著　者　ラッセル・ベルク
　　　　アイリーン・フィッシャー
　　　　ロバート・V・コジネッツ
訳　者　松井　剛
発行者　石井淳蔵
発行所　㈱碩学舎
　　　　〒101-0052 東京都千代田区神田小川町2-1 木村ビル 10F
　　　　TEL 0120-778-079　FAX 03-5577-4624
　　　　E-mail info@sekigakusha.com
　　　　URL http://www.sekigakusha.com
発売元　㈱中央経済グループパブリッシング
　　　　〒101-0051 東京都千代田区神田神保町1-31-2
　　　　TEL 03-3293-3381　FAX 03-3291-4437
印　刷　三英印刷㈱
製　本　誠製本㈱

ISBN978-4-502-17551-0　C3034